Beck-Wirtschaftsberater

Moderation und Training

dtv

Beck-Wirtschaftsberater

Moderation und Training

Ein praxisorientiertes Handbuch

Von Dipl.-Psych. Martin Haberzettl
und Dipl.-Päd. Thomas Birkhahn

Deutscher Taschenbuch Verlag

Im Internet:

dtv.de

beck.de

Originalausgabe
Deutscher Taschenbuch Verlag GmbH & Co. KG,
Friedrichstraße 1a, 80801 München

Druck und Bindung: Druckerei C.H. Beck, Nördlingen
(Adresse der Druckerei: Wilhelmstraße 9, 80801 München)
Satz: Hoffmann's Text Office, München
Illustrationen: Katrin Huber, Friedburg/Österreich
Umschlaggestaltung: Agentur 42 (Fuhr & Partner), Mainz
ISBN 3 423 50866 3 (dtv)
ISBN 3 406 51454 5 (C.H. Beck)

Vorwort

Zwischen der ersten Idee und dem vorliegenden Ergebnis lag eine lange Wegstrecke. Während dieser Zeit feilten wir immer wieder an der Konzeption, wir strichen ganze Passagen und fügten neue hinzu. Vor allem aber mussten wir uns auf einen klaren und stimmigen Titel einigen, was gar nicht so einfach war.

Zwei im Grunde schlichte Fragen überdauerten jedoch all die verschiedenen Entstehungsphasen dieses Buches. Sie dienten uns in dieser Zeit gleichsam als Kompass, um auch bei widrigen und unklaren Wetterbedingungen weiter auf Kurs bleiben zu können. Die beiden Fragen lauten: Was ist das Besondere an diesem Buch und für welche Leser bringt es speziellen Nutzen?

Unser vordringlichstes Ziel war und ist, ein Buch aus der Praxis für die Praxis vorzulegen. Dazu gehört, die wichtigsten Einfluss- und Erfolgsfaktoren für Training und Moderation umfassend darzustellen sowie eine präzise, ausführliche und meist sofort umsetzbare Beschreibung der vorgestellten effektiven Methoden.

Wir wenden uns mit diesem Buch an:

- den jungen lernenden Trainer genauso wie den erfahrenen Trainer, der nach einer Standortbestimmung und nach weiteren Tipps und Tricks sucht
- den Moderator, der in einer lernenden Organisation Prozesse zielorientiert begleiten will
- den Dozenten an Einrichtungen der Erwachsenenbildung, der stets vor Herausforderungen steht, wenn es um die Gestaltung und Begleitung von Gruppenprozessen geht
- den EDV-Spezialisten genau so wie den Projektverantwortlichen, der mit seinen Mitarbeitern einen Workshop moderieren muss
- den Referenten, der seine Inhalte unter Einbeziehung der Teilnehmerfragen darbieten möchte
- den Hochschullehrer, der gemeinsam mit seinen Studenten

forschend lehren möchte und Anregungen für die Umsetzung sucht
- den Teamleiter genauso wie den Geschäftsführer, der mit seinen Mitarbeitern ein ergebnisorientiertes Meeting professionell durchführen will
- den Lehrer, der Lernprozesse initiieren will
- und selbstverständlich jeden interessierten Leser, der die vielfältigen Impulse aus diesem Buch für seine persönliche Situation nutzen möchte.

Viel Freude beim Lesen und noch viel mehr bei der praktischen Umsetzung.

Salzburg und Göttingen,
im Oktober 2003

Martin Haberzettl
Thomas Birkhahn

Inhaltsverzeichnis

1. Einführung

Vorüberlegungen zu einem pragmatischen und handlungsorientierten Ansatz

Wir sitzen in einem Café am Wolfgangsee. Die Sonne scheint, der österreichische Himmel strahlt in tiefem Blau, die Berge bilden ein beeindruckendes Panorama. Doch wir registrieren all dies kaum. Immer wieder dreht sich unser Gespräch um Training und Moderation. Und damit sind wir nicht allein. Wie oft haben wir mit anderen Kolleginnen und Kollegen über unsere Tätigkeit reflektiert. Zum einen, weil wohl viele Trainer gerne reden. Das mag eine Quelle der Motivation für diesen Beruf sein. Aber noch etwas anderes lässt uns immer wieder darüber sprechen. Fragen wollen beantwortet werden: Was macht eine erfolgreiche Moderation, ein effektives Training aus? Welche Rolle spielt dabei die Person des Trainers? Wie können wir problematische Situationen meistern? Welche Strategien wenden wir an, um uns in einen guten Zustand zu versetzen, wenn wir einmal nicht gut drauf sind?

Und doch unterscheidet sich dieses Gespräch von den bisherigen. Denn in diesem wurde der Grundstein zu diesem Buch gelegt.

Wie schon in vielen vorangegangenen Gesprächen wurde uns beim ersten Planungsgespräch deutlich, wie komplex die Prozesse im Training und in der Moderation eigentlich sind. Training und Moderation sind keine eindimensionalen Tätigkeiten, sondern spielen sich auf unterschiedlichen Handlungs- und Reflexionsebenen gleichzeitig ab. Dabei besteht für Trainer und Moderatoren unmittelbarer Handlungsbedarf. Sie befinden sich im Brennpunkt des Geschehens und müssen mit dieser Komplexität zurechtkommen, sie müssen sie meistern.

Bald wurde uns klar, dass es in Training und Moderation darauf ankommt, passende Antworten auf wichtige Fragen zu finden: Worum geht es überhaupt bei der anstehenden Veranstaltung? Welche Einflussfaktoren spielen eine wichtige Rolle und müssen berücksichtigt werden? Was muss und soll ich als Trainer tun, damit das Seminar ein Erfolg wird?

Diese Leitfragen führten uns schließlich zu einem pragmatischen und handlungsorientierten Ansatz. Denn ein Trainer oder Moderator braucht weniger theoretische Konzepte und Modelle, sondern konkrete Anregungen, von denen er so viele wie möglich unmittelbar in die Praxis umsetzen kann.

Der Moderator und Trainer im Mittelpunkt des Prozesses

Jongleure finden sich im Zirkus und auf dem Rummel. Sie gehören zu den Gauklern und Artisten. Sie sind fahrendes Volk.

Passt diese Metapher des Jongleurs auch auf Trainer und Moderatoren? Es scheint so. Viele Trainer und Moderatoren können sich zu einer modernen Version des fahrenden Volkes rechnen. Darunter werden sich einige von ihnen sicherlich zu den Künstlern zählen und sich als die wahren Könner fühlen. Allerdings werden es die meisten mehr oder weniger empört von sich weisen, den Gauklern zugeordnet zu werden. Schließlich geht es um seriöses Training und nicht darum, den Teilnehmern etwas vorzugaukeln!

Wir sind der Auffassung, dass sich Seriosität und Kunstfertigkeit nicht ausschließen – ganz im Gegenteil. Wir glauben daran, dass auch ernste Themen und tiefes Eindringen in die Inhalte durchaus mit Leichtigkeit vonstatten gehen kann. Nicht dass Lernen immer Spaß machen muss, auch Anstrengung darf sein und ihren berechtigten Platz in Lern- und Entwicklungsprozessen einnehmen. Im Zeitalter des Infotainments nicht unbedingt selbstverständlich.

Ein guter Jongleur schätzt seinen Beruf, wenn er ihn nicht sogar liebt. Er ist bereit, Stunden um Stunden an Übung zu investieren, um sein Können zu verfeinern und stetig zu erweitern. Auch gebraucht er, wie alle Gaukler, zuweilen Taschenspielertricks. Damit will er Überraschungseffekte erzielen. Die bleiben hängen und werden erinnert, denn sie sind es wert, erinnert zu werden.

Gaukler, Clowns und Jongleure treten vor Publikum auf. Ihre Aufgabe ist es, die Menschen zu unterhalten und fröhlich zu stimmen. Doch ist das alles? Gerade bei den besten Clowns zeigt sich unter der Oberfläche eine Andeutung von Tiefe, teilweise melancholisch eingefärbt, stets aber ernsthaft. Eine schillernde Oberfläche allein sichert noch keine Qualität. Das gilt in besonderem Maße auch für alle Techniken und Methoden, die in diesem Buch dargestellt werden. Sie sind vielfach erprobt und hochwirksam. Doch ihr volles Potential entfalten sie erst, wenn Sie als Anwender die entsprechende innere Haltung einnehmen: die innere Verpflichtung gegenüber den Zielen und den Inhalten und vor allem Wertschätzung und Respekt gegenüber den Teilnehmern.

Moderatoren und Trainer sind in erster Linie Unterstützer. Sie unterstützen die Teilnehmer, indem sie Inhalte an den geeigneten Stellen einbringen, sodass sie in die bereits vorhandenen individuellen Strukturen und Lernprozesse integriert werden können. Sie sind im wahrsten Sinne des Wortes Vermittler oder Mittler, nicht Schöpfer oder Erzeuger des Wissens.

Im 21. Jahrhundert, dem Zeitalter der Wissensgesellschaft, gewinnt der Beruf des Moderators oder Trainers immer mehr an Bedeutung. Moderatoren und Trainer stehen im Mittelpunkt. Sie sind und werden gefragt. Ihre Unterstützung und Antworten werden gesucht. Sie werden – zumindest wenn sie ihren Job gut machen – bewundert. Sie stellen eine Autorität dar und dienen als Vorbild. Und dies unabhängig davon, ob sie selbst ihre Rolle anders definieren. So mögen sie sich ausschließlich als Prozessvermittler, Begleiter und ähnlich bescheiden verstehen, für viele spielen sie dennoch die Rolle der meist gar nicht so grauen Eminenz.

Zu pauschal, werden Sie vielleicht einwenden. Und doch haben wir dies mit voller Absicht so allgemein formuliert. Wir glauben, dass jeder, der diesen Beruf ausübt oder ausüben will, sich dieser Thematik stellen sollte. Nur derjenige wird nicht Opfer seines eigenen Größenwahns werden, der sich mit ihm auseinander gesetzt hat. Und dies ist unser Ziel: nicht falsche Bescheidenheit, auch nicht arrogante Selbstgefälligkeit, sondern stolzer

Unterstützer und Begleiter individueller Entwicklung zu werden. Und Sie können sicher sein: Dann erst werden die Werkzeuge ihre ganze Effektivität entfalten.

Das Buch wendet sich an Vermittler und Mittler, an Trainer, Präsentatoren und Moderatoren. Es wendet sich aber auch an Dozenten, Referenten, Lehrer und damit an sämtliche Vortragende im weitesten Sinne. Nun sind diese Bezeichnungen nicht eindeutig definiert. Daher halten wir es für notwendig, unser Verständnis dieser Begriffe darzulegen.

Eines ist all diesen Tätigkeiten gemeinsam: An zentraler Stelle geht es um Inhalte, deren Vermittlung und Erarbeitung. Natürlich sind auch in Moderation und Training Gruppenprozesse und Gruppendynamik wichtig. Denn die Beziehungsebene bildet die Basis für die Sachebene und damit für die Inhalte. Aber eben nur die Basis. Dies unterscheidet Präsentation, Training und Moderation deutlich von der an Selbsterfahrung orientierten Gruppenleitung oder gar Gruppentherapie.

Präsentation, Moderation und Training – Wo sind die Unterschiede?

Präsentation und Moderation stellen gegensätzliche Pole der inhaltlichen Arbeit mit Gruppen dar. In diesem Spannungsfeld nähert sich Training mal mehr dem einen, mal mehr dem anderen Pol.

Präsentation		Moderation
• Vermittlung von Inhalten • Trainer sorgt aktiv für Inhalt und Rahmen (Prozess) • Teilnehmer nehmen eher passiv auf	**Training**	• Ermittlung von Inhalten • Trainer sorgt aktiv nur für den Rahmen (Prozess) • Teilnehmer erarbeiten den Inhalt

In einer „reinen" **Präsentation** sind die Teilnehmer mehr oder weniger nur Konsumenten des Inhalts. Die wichtigste Aufgabe des Präsentierenden ist, die Inhalte so appetitlich und geschmackvoll aufzubereiten, dass sie die Empfänger gut aufnehmen und leicht verdauen können. Das Produkt, die zu vermittelnde Information, wird über die Präsentationstechniken anschaulich und verlockend verpackt, so dass es auf die Teilnehmer einleuchtend, stimmig und beeindruckend wirkt. Dann „kaufen" die Teilnehmer dem Präsentierenden die Inhalte ab.

Moderation auf der anderen Seite vermittelt in ihrer reinen Form keinen Inhalt. Sie schafft einen Rahmen, der es den Teilnehmern ermöglicht, Inhalte selbst zu erarbeiten, auszutauschen und zu einer neuen Struktur zusammenzufügen. In gewisser Weise übernimmt der Moderator die Funktion einer Hebamme. Er sorgt dafür, dass Inhalte, die von den Teilnehmern selbst stammen, das Licht der Welt erblicken. Dabei ist der Moderator für die Methode zuständig, die Gruppe für den Inhalt.

Training nimmt eine Mittelstellung ein. Die Aufgabe eines Trainers ist, dass die Teilnehmer eines Seminars die Inhalte nicht nur *kennen*, sondern auch *können*. Dies reicht über die pure Vermittlung von Inhalten weit hinaus. Der Trainer vermittelt Wissen und er leitet die Teilnehmer dazu an, Wissen selbst zu erarbeiten. Aufnehmende und aktive Teilnehmerrolle wechseln sich ab. Auf diese Art und Weise soll sichergestellt werden, dass die Teilnehmer das Wissen später auch anwenden können.

Je länger eine Trainingseinheit oder eine ganzes Seminar dauert, desto wichtiger ist für einen guten Trainer, dass er sowohl präsentieren als auch moderieren kann.

Training nimmt eine Zentralstellung ein. Entsprechend gilt das auch für dieses Buch. Aber auch Präsentatoren und Moderatoren werden es mit großem Gewinn lesen können. Denn diese Funktionen bzw. Rollen fließen mehr denn je in vielen Aufgabenbereichen ineinander über. So mag man in der eigenen Abteilung mit Präsentationen und Moderationen begonnen haben, und ehe man sich versah, sollte man ein Halbtagestraining firmenintern anbieten.

Das Gegenteil passierte in einem Workshop eines der Autoren. Der Auftrag lautete, in einem Team ein Konfliktcoaching durchzuführen, an sich eine klassische Moderationsaufgabe.

Doch schon während der Moderation meldeten die Teilnehmer zunehmend das Bedürfnis an, etwas über den Prozess der Konfliktmoderation selbst kennen zu lernen. Und so wurden kurze Trainingseinheiten in die Moderation mit eingebaut.

Diese Rollenvielfalt im Training von der Präsentation bis zur Moderation ist unserer Ansicht nach eine mitteleuropäische Errungenschaft. Klassische amerikanische Trainer bewegen sich meist nur im Bereich Präsentation und Training. In unseren Breitengraden scheinen jedoch die Teilnehmer und deren Kompetenzen einen größeren Stellenwert zu besitzen. Der Trainer wechselt öfters in die Rolle des Moderators und das Publikum wird zum Star. Wir glauben, dass ein wirklich guter Trainer auch fähig sein muss, in den Hintergrund zu treten, wenn es nötig ist.

Was leistet dieses Buch?

Das Buch stellt einen pragmatischen und handlungsorientierten Ansatz des Trainings- und Moderationsprozesses vor. Ziel ist, die Komplexität der Anforderungen und sich gegenseitig bedingenden Einflussfaktoren kreativ in den Griff zu bekommen.

Im Mittelpunkt dieses Buches steht die Person desjenigen, der präsentiert, trainiert oder moderiert. Exzellentes Training hat eine sehr „handwerkliche" bzw. „stimmwerkliche" Basis. Denn primär ist es der Einsatz von Körper und Stimme, der entscheidend zu einem gelungenen Training beiträgt. Folgerichtig bieten wir Ihnen in diesem Buch eine Fülle von Werkzeugen und Methoden an. Sie sind so konkret und präzise beschrieben, dass Sie diese meist sofort in Ihren eigenen Trainings anwenden können. Es geht uns jedoch nicht nur um das konkrete körperliche und sprachliche Verhalten. Sie finden auf der anderen Seite auch viele Hinweise und Anmerkungen, welche innere Haltungen es ermöglichen, diese Verhaltensweisen leicht und authentisch zeigen zu können.

Für professionelles Training und für professionelle Moderation bedeutet das, sich auch mit dem eigenen Wertesystem und dem eigenen Selbstverständnis als Trainer oder Moderator auseinander zu setzen. Wir halten das für unerlässlich.

In diesem Buch werden Sie keine Hinweise zur Arbeit mit Medien und technischen Hilfsmitteln finden. Für uns sind sie in erster Linie Hilfsmittel und damit Verlängerung der eigenen Person. Eben Medien. Wir glauben, dass Hilfsmittel erst dann tatsächlich eine Präsentation oder ein Training unterstützen, wenn sie von einer kongruenten und authentischen Persönlichkeit benutzt werden. Anders ausgedrückt: Die Arbeit mit der eigenen Person und damit auch die Beherrschung des Instrumentariums des Körpers und der Stimme steht an erster Stelle – auch zeitlich. Dann erst folgen die Erweiterungen durch die Hilfsmittel. Vielleicht haben Sie – wie wir – zu oft erlebt, wie Trainer versuchten, den Rekord für Folien pro Minute zu brechen. Andere wiederum befanden sich in einem Privatkrieg mit dem Beamer. Voll konzentriert auf die Tätigkeit, hat der Trainer nur eine winzige Kleinigkeit übersehen – die Teilnehmer.

Sie werden erstaunt feststellen, wie viele Möglichkeiten es gibt, nur mit Stimme und Gestik zu visualisieren und optimale Lernzustände hervorzurufen. Guten Medieneinsatz zeichnet aus, dass er ergänzt und nicht ersetzt!

„NLP" als methodischer Werkzeugkoffer

Wie jeder „Handwerker" stets das richtige Werkzeug für seine Arbeit dabei haben sollte, sind auch Trainer und Moderatoren mit ihrem „Werkzeugkoffer" mit methodischen Kompetenzen und inhaltlichen Kenntnissen ausgerüstet. Ebenso sollte jeder „Handwerker" wissen, wie er seine Werkzeuge einsetzen muss.

Viele der „Werkzeuge" und Ansätze, die wir Ihnen in diesem Buch vorstellen, stammen aus dem NLP – dem Neuro-Linguistischen-Programmieren. NLP beschreibt – ausgehend von den Erkenntnissen unterschiedlicher Wissenschaften – die wesentlichen Prozesse, wie Menschen sich selbst und ihre Umwelt wahrnehmen, diese Reize auf individuelle Weise verarbeiten und auf dieser Grundlage mit anderen Menschen kommunizieren, lernen und sich verändern.

NLP versteht sich als eine Methode, mit deren Unterstützung Menschen lernen können,

- die für sich richtigen Ziele zu formulieren und sie umzusetzen
- alle Sinne zu aktivieren und dadurch die eigene Wahrnehmung zu erweitern
- persönliche Stärken bewusst zu erleben und sie für seine Ziele zu nutzen
- Kommunikationsprozesse mit sich selbst und anderen auszubauen
- bisherige Erlebnisse lösungsorientiert zu reflektieren
- ein persönliches Management zu konzipieren, sodass mehr Wahlmöglichkeiten zur Verfügung stehen und dadurch eine höhere individuelle Flexibilität erreicht wird.

Viele von Ihnen werden einiges oder mehr davon kennen. Wir präsentieren Ihnen auch anspruchsvolle Methoden und Techniken auf eine Art und Weise, die keine Vorkenntnisse in NLP erfordern. Dazu haben wir „the best of NLP“ für den Trainingskontext ausgewählt. Übrigens: Wie Sie wahrscheinlich beim Lesen schon bemerkt haben, vertreten wir ein NLP der leisen Töne. Unserer Ansicht nach finden sich im NLP viele sehr effektive und respektvolle Methoden und Techniken, die es unnötig machen, sie großspurig zu verkünden und mit ihnen zu protzen. Auch sehen wir NLP als ethisch sehr „sauberes“ Modell an – was den einen oder anderen vielleicht überraschen mag. Den Kern des NLP bilden Grundsätze oder Grundannahmen, die – wenn sie ernst genommen werden – eine sehr wertorientierte und wertschätzende Haltung Menschen gegenüber transportieren. Ein Beispiel mag dies skizzieren.

Eine Grundannahme des NLP lautet „Hinter jedem Verhalten steckt eine positive Absicht“. In ihrer ganz allgemeinen Form erweist sich diese Grundannahme in manchen Kontexten als problematisch. Da sich NLP auch als „ökologischer Ansatz“ versteht, entspricht es vollständig dem Geist von NLP, diese und andere Grundannahmen zu kontextualisieren, d.h., ihren Anwendungsbereich zu beschreiben. So kann diese Annahme in der Arbeit mit psychosomatisch Erkrankten zu Problemen führen, ist jedoch im Kontext Trainer nahezu immer angebracht.

Dazu folgendes **Beispiel**: Ein Teilnehmer in einem Training fällt durch „unangebrachte“ und „unpassende“ Fragen auf. Er scheint zu stören. (Den meisten Trainern wird dieses Szenarium sehr bekannt vorkommen.) Ich reagiere emotional, fühle mich kritisiert oder nicht respektiert. In so einer Situation wählen wir in der Regel meist zwischen zwei Strategien: Entweder geben wir uns selbst die Schuld („Ich bin nicht gut, vielleicht aber auch nicht kompetent genug.“) oder dem Teilnehmer. In diesem Fall stempeln wir ihm das Etikett „schwieriger Teilnehmer“ oder ähnliches auf.

Ausgehend von der Grundannahme, dass hinter dem Fragen des Teilnehmers in dieser Situation eine positive Absicht steht, ergibt sich daraus eine wertschätzende Haltung zur Frage und zur Person. Aus dieser Sicht erscheint das Verhalten des Teilnehmers schlicht als Oberfläche, die mehr oder weniger wirksam die eigentlichen Motive - die gute Absicht - verbirgt. Nun kann ich ganz anders auf den Teilnehmer eingehen und seine eigentliche Motivation erfragen. Gemeinsam können wir dann konstruktive Klärungen und Lösungen vorantreiben.

Im Kapitel „Unsere Philosophie“ stellen wir etwas ausführlicher unser Verständnis von NLP dar. Die fachspezifischen Begriffe aus dem NLP sind jeweils mit „(→ Glossar)“ gekennzeichnet und werden im Glossar näher beleuchtet und erklärt. Betrachten Sie die Hinweise auf das Glossar als Unterstützung und Anker (→ Glossar). Wir wünschen Ihnen viel Freude beim Lesen und Anwenden.

2. Die Aufgaben von Moderatoren und Trainern – Der Moderator und der Trainer als Jongleur

„Werde ich den Ablauf im Kopf behalten?“ – „Sollte ich wirklich mit dieser Anekdote beginnen?“ – „Hätte ich mich doch nur ausführlicher vorbereitet!“ – „Ob diese Übung wirklich die richtige für die Teilnehmer ist?“ – „Reiß dich zusammen, du weißt doch, du bist gut, bisher warst du auch immer erfolgreich!“ – „Ja, aber …“

So oder ähnlich klingen wohl bei vielen Trainern und Moderatoren die inneren Zwiegespräche kurz vor Beginn eines Seminars. Meist enthalten sie mehr oder weniger hilfreiche Fragen und selbstkritische Äußerungen, gelegentlich unterbrochen von eingestreuten Aufmunterungen.

Zum einen können diese inneren Dialoge mitunter verhindern, dass der Trainer oder Moderator seine volle Präsenz und Kompetenz entfaltet. In erster Linie jedoch spiegeln die inneren Zwiegespräche die außerordentliche dynamische Komplexität von Trainings- und Moderationsprozessen wider.

Zahlreiche Aspekte müssen während eines Trainings oder einer Moderation beachtet werden. An erster Stelle steht natürlich das Thema. Ohne Thema bestünde ja gar kein Anlass für das Training oder die Moderation. Als nächstes haben es Trainer und Moderatoren mit Teilnehmern zu tun. Denen reicht es bei weitem nicht, einfach nur die Inhalte vermittelt zu bekommen. Teilnehmer wollen gesehen werden sowie ihren Platz in der Gruppe finden und einnehmen.

Häufig steht zusätzlich noch ein Auftraggeber im Hintergrund. Er rechnet damit, dass sich seine Investitionen lohnen und das Seminar seinen Erwartungen entspricht. Schließlich muss noch berücksichtigt werden, wie die Trainingsgruppe in die Strukturen und die Hierarchien der ganzen Organisation eingewoben ist. Wir erahnen zahlreiche Möglichkeiten, uns in diesem Gewebe zu verstricken.

Es würde uns nicht wundern, wenn Sie sich durch diese vielfältigen Aspekte verunsichert fühlten. Lassen Sie sich davon jedoch nicht irritieren! Ihre Unsicherheit spiegelt einen wesentlichen Gesichtspunkt von Trainings- und Moderationsprozessen wider: Seminare sind nicht hundertprozentig planbar. Bereits im Einzelkontakt verhalten sich Menschen bisweilen unberechenbar.

Dies potenziert sich, wenn, wie zu einem Seminar, viele Menschen zusammenkommen. In der Sozialpsychologie firmiert dies unter dem Begriff Gruppendynamik. Diese entpuppt sich beim näheren Hinschauen als äußerst vielschichtiges Geflecht aus unterschiedlichsten Interessen, Bedürfnissen und Verhaltensweisen.

Auf den Punkt gebracht: Training, Präsentation und Moderation bleiben bis zu einem gewissen Grad unberechenbar. Selbst perfekte Vorbereitung macht ein Training nicht völlig planbar. Bewahren Sie sich daher eine positive Restunsicherheit. Sie wird gewährleisten, dass Sie im Training wach und präsent bleiben.

Zum Glück ist „nicht planbar“ etwas anderes als „nicht steuerbar“. Natürlich können wir nie mit absoluter Gewissheit voraussagen, wie unser Training im Einzelnen verlaufen wird. Genauso wenig würde es reichen, zu Beginn eines Segeltörns das Ruder ein für allemal festzustellen. Hier wie da kennen wir nicht alle Strömungsverhältnisse – und werden mitunter von heftigem Gegenwind überrascht. Jedoch können wir das Steuerruder immer wieder neu justieren und an die vorherrschenden Bedingungen anpassen.

Dieses Kapitel skizziert die unterschiedlichen Aufgaben, die es dem Seminarleiter ermöglichen, das hochkomplexe Seminargeschehen zu meistern. Mit Aufgabe meinen wir hier etwas, was der Trainer, Moderator oder Präsentator *tun* sollte. Viele dieser Aufgaben müssen gleichzeitig angegangen werden. Gute Balance und geschicktes Jonglieren mit diesen Anforderungen sind hier gefordert. Das gilt gleichermaßen für Trainer, Moderatoren und Präsentatoren. Deshalb verwenden wir den Begriff „Trainer“ stellvertretend für alle drei. Gelten bestimmte Aufgaben jeweils nur für Training, Moderation oder Präsentation, weisen wir darauf hin.

In dem Bild des Trainers als Jongleur deutet sich bereits an, dass es uns vorrangig um das Tun und Handeln des Trainers geht, mit anderen Worten um die konkrete Trainingspraxis.

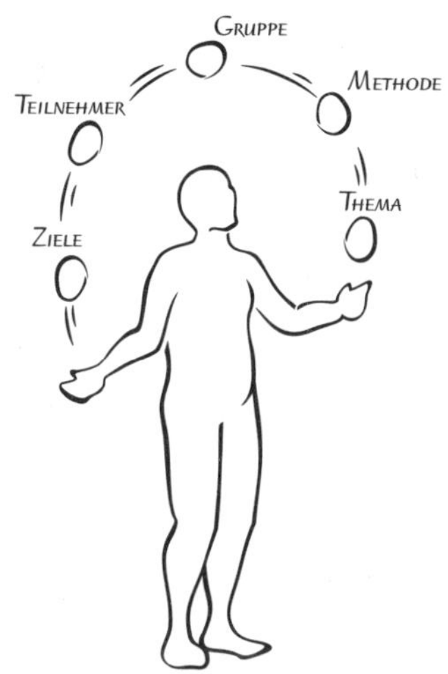

Was ist nun die vordringlichste Aufgabe des Trainers? Die Antwort darauf klingt im ersten Moment überraschend banal:

> Die wichtigste Aufgabe eines Trainers ist, das von allen Beteiligten – Teilnehmer, Auftraggeber und Trainer – festgelegte Seminarziel zu erreichen.

Dies mag Ihnen selbstverständlich erscheinen, gerät jedoch allzu leicht wieder aus dem Blick. Überlegen Sie sich daher vor und während des Seminars immer wieder, ob das, was Sie planen und tun, Sie und Ihre Teilnehmer dem Seminarziel näher bringt.

Aus dieser zentralen Aufgabe lassen sich alle weiteren Aufgaben ableiten:

- Erwartungen, Themen und Ziele abklären (Kapitel „Ziele formulieren“)
- Sich selbst positionieren/Selbstmanagement (Kapitel „Im Mittelpunkt stehen“)
- Beziehung zu den Teilnehmern aufbauen und gestalten (Kapitel „Beziehungen aufbauen – Mensch bleiben“)
- Gruppenprozesse initiieren und aufrecht erhalten (Unterkapitel „Gruppendynamik in Aktion“)
- Mit schwierigen Situationen umgehen (gleich lautendes Kapitel)
- Inhalte auswählen und strukturieren (Kapitel „Inhalte in den Griff bekommen“)
- Inhalte präsentieren und vermitteln (Kapitel „Vermitteln können“)
- Planen und Konzeptionen erstellen (Kapitel „Ein eigenes Seminar planen“)
- Den Seminarrahmen gestalten
- Auswerten und Bewerten (Kapitel „Zielorientiertes Vorgehen – Reflexion und Auswertung“)
- Transfer (Kapitel „Lerntransfer“)

Was Training und Moderation von rein gruppendynamischen und anderen psychologischen Seminaren unterscheidet, ist die Grundorientierung auf ein inhaltliches Thema. Dieses bildet den zentralen Bestandteil des Seminarziels. Aus Erfahrung wissen wir jedoch, dass die Bearbeitung der inhaltlichen Themen nur dann gut gelingt, wenn sich die Teilnehmer untereinander und mit dem Trainer wenigstens halbwegs gut verstehen. Ausdruck findet dies in einem positiven Gruppen- und Lernklima.

Vier Aspekte bilden den Kern des Trainings- oder Moderationsprozesses:

- die Person des Trainers
- der einzelne Teilnehmer
- die gesamte Gruppe
- das (inhaltliche) Thema

Sie stellen gewissermaßen die wichtigsten Bälle dar, mit denen der Trainer während des Seminars jonglieren muss.

Die ersten drei Punkte betreffen die Menschen, die im Seminarkontext zusammenkommen: der Trainer, die einzelnen Teilnehmer sowie die Gruppe als Ganzes. Dem Trainer kommt nun die Aufgabe zu, die Balance zwischen sämtlichen beteiligten Menschen herzustellen.

An erster Stelle stehen die eigene Person und der eigene Zustand. Es hängt entscheidend von der Kompetenz und der Verfassung des Trainers ab, ob die Seminarziele erreicht werden. Befindet er sich in einem schlechten Zustand, kann der Seminarerfolg gefährdet sein.

Eine wichtige Aufgabe des Trainers besteht daher darin, stets dafür zu sorgen, während der Veranstaltung in einem guten Zustand zu bleiben. Wie das geht, erfahren Sie in Kapitel 3 unter dem Stichwort „Selbstmanagement“. Als nächstes richtet sich die Aufmerksamkeit des Trainers auf den Zustand der gesamten Gruppe. Deren Wohlergehen steht für ihn noch vor dem Wohlergehen des einzelnen Teilnehmers. In Kapitel 5 wird detailliert beschrieben, wie es dem Trainer gelingen kann,

- ein positives Lernklima zu schaffen,
- Vertrauen und Sicherheit in der Gruppe aufzubauen,
- die Gruppenbildung zu unterstützen,
- Gruppenzustände wahrzunehmen,
- gewünschte Gruppenzustände zu aktivieren,
- die Gruppendynamik zu erkennen und zu berücksichtigen.

Nun endlich rückt der einzelne Teilnehmer ins Blickfeld. Die Maxime des Trainers lautet: „Akzeptiere jeden Teilnehmer als eigenständige Persönlichkeit“. Er weiß, dass er die unterschiedlichen Bedürfnisse und Lernstile der Teilnehmer beachten und individuell auf sie eingehen muss, um erfolgreich zu arbeiten. In Kapitel 6 finden Sie präzise beschriebene Wege, wie Sie

- die einzelnen Teilnehmer individuell „abholen“,
- ein stabiles Arbeitsbündnis zwischen den Teilnehmern und dem Trainer etablieren,
- die Integration einzelner Teilnehmer in die Gruppe fördern,
- Konflikte zwischen Teilnehmern in der Gruppe klären, soweit sie das Trainingsziel gefährden, sowie

- mit Kritik, schwierigen Fragen und problematischen Verhaltensweisen von Teilnehmer konstruktiv umgehen.

Das solide Fundament des Beziehungsgewebes zwischen dem Trainer, dem einzelnen Teilnehmer und der gesamten Gruppe ist jedoch kein Selbstzweck. Wir erinnern uns: Das Seminarziel kann nur dann erreicht werden, wenn auch die inhaltlichen Ziele im Blickfeld bleiben. Hier verschränken sich die beiden Ebenen:

> Die erfolgreiche Vermittlung von Inhalten lebt von der tragfähigen Beziehungsebene.

Als nächstes steht der Trainer vor der Aufgabe, sich, jeden einzelnen Teilnehmer und die Gruppe als Ganzes mit dem Thema zu verbinden. Ab jetzt jongliert er gewissermaßen mit vier Bällen. Je mehr Menschen von einem Thema „berührt" werden, desto größer ist der Nutzen eines Seminars. Es fällt ihnen dann viel leichter, sich selbst zu motivieren und die Inhalte auch anzuwenden und umzusetzen. Die Rolle des Trainers, Moderators und auch des Präsentators ist hier im wahrsten Sinne des Wortes die Rolle des Vermittlers. Er bringt den Teilnehmern das Thema „näher".

Wichtige Aspekte sind hierbei:

- Die Beziehung des Trainers zum Thema. Wie viel Fachwissen und praktische Erfahrung hat er selbst? Wie steht es um seine Motivation? Wie kann er sich für das Thema begeistern und sich voll und ganz mit dem Thema identifizieren – zumindest während des Trainings?
- Die Beziehung der Gruppe zum Thema. Wie motiviert und interessiert am Thema ist die ganze Gruppe? Wie passt das Thema – die Inhaltsebene – zum Gruppenprozess – der Beziehungsebene? Wird das Thema im Trainingsdesign, der Gestaltung und dem Aufbau des Trainings, widergespiegelt? Es wäre sicher widersinnig, wenn ein Seminar zum Thema „Kommunikation" ausschließlich in Vortragsform stattfände. Stimmiger ist es, die Teilnehmer immer wieder direkt miteinander kommunizieren zu lassen.

- Die Beziehung des einzelnen Teilnehmers zum Thema. Wie stark ist der einzelne Teilnehmer am Thema interessiert und motiviert? Welche Bedeutung hat das Thema für ihn? Wo deckt es sich mit seinen Interessen? Welchen Nutzen hat er davon? (Siehe zu diesen Aspekten auch Kapitel 7)

Die zentrale **Fähigkeit** des Trainers besteht also darin, mit allen Einflussfaktoren so zu jonglieren, dass sie sich in einem ausgewogenen und ausbalancierten Zustand befinden.

Um diesen eigentlichen Kern des Trainierens und Moderierens gruppieren sich weitere Aufgaben. Zum größten Teil können diese Aufgaben jedoch außerhalb des eigentlichen Seminars bereits im Vorfeld bearbeitet werden.

Zuerst müssen Ziele und Thema des Trainings oder der Moderation geklärt werden. Der Trainer setzt sich dazu mit dem Auftraggeber zusammen oder klärt schon im Vorfeld wichtige Seminarziele mit den Teilnehmern. Ohne eine klare Vorstellung davon, wohin das Seminar gehen soll, ist eine vernünftige Planung und Konzeption unmöglich. (Siehe dazu auch Kapitel 4)

Im nächsten Schritt legt der Trainer fest, *wie* er die Seminarziele erreichen und umsetzen will.

Um die Themen zu den Teilnehmern „rüberzubringen", braucht er Methoden. Zusätzlich fertigt er ein Konzept bzw. ein „Seminardesign" an. Es beschreibt den grundsätzlichen Aufbau des gesamten Seminars.

Eine gute Seminarplanung mit der Auswahl der passenden Methoden ist die Grundlage, um

- die persönlichen und die inhaltlichen Ziele der Teilnehmer miteinander zu vernetzen,
- ein optimales Lernklima – optimale Lernbereitschaft und Lernfähigkeit – zu schaffen und
- die Teilnehmer zu motivieren, das Erlernte auch umzusetzen.

Uns ist es ein zentrales Anliegen, in diesem Handbuch hochwirksame gruppendynamische Methoden vorzustellen und didaktische Überlegungen anzustellen. Sie finden die Anregungen und Ausführungen zu Methoden und Seminardesign besonders in den Kapiteln 8 und 10.

Training und Moderation finden nicht im luftleeren Raum statt. Bereits während der Planung fließen wichtige Aspekte des Umfelds in die Seminargestaltung mit ein. So sorgt der Trainer dafür, dass das Seminar „nicht aus dem Rahmen fällt". Die gute Einbettung des Seminars ins Umfeld mit den jeweils passenden Rahmenbedingungen bilden das i-Tüpfelchen des Trainingserfolges! Unter anderem gehören dazu Ort und Zeit des Trainings. Ein Trainer kann sich noch so gut vorbereiten und hochgradig kompetent sein, diese Vorteile können durch einen hässlichen, ungeeigneten Raum oder eine falsche Zeitplanung zunichte gemacht werden. Legen Sie daher bereits in der Vorbereitungsphase Ihr Augenmerk auf die „Äußerlichkeiten".

Im Vorfeld sollte sich der Trainer auch schon darüber informieren, aus welchem Umfeld die Teilnehmer kommen. Nützliche Fragen dafür sind:

- Aus welchem Kulturkreis kommen die Teilnehmer? Das betrifft nationale Kulturen als auch einzelne Firmenkulturen.
- Treffen unterschiedliche Kulturen im Training aufeinander? Das ist bereits dann der Fall, wenn Teilnehmer aus unterschiedlichen Hierarchieebenen gemeinsam am Seminar teilnehmen. Verschiedene Funktionen und Hierarchieebenen weisen meist unterschiedliche Kommunikationskulturen auf.
- Was ist im Trainingsumfeld „politically correct", was nicht? Gibt es Tabuwörter? Welche Themen bergen gewaltigen Zündstoff?

Schließlich wartet noch eine weitere Aufgabe auf den Trainer. Bereits während des Seminars, aber auch danach, sollte er sich (und die Teilnehmer) fragen, ob sich das Training noch auf Kurs befindet. Feedbackschleifen und Instrumente der Auswertung sind für den „richtigen Kurs" im doppelten Sinn des Wortes unerlässlich. Kapitel 9 beschäftigt sich eingehend mit Auswertung und Reflexion.

Um die klare Übersicht über die verschiedenen Aufgaben des Trainers oder Moderators zu bewahren, können wir sie in die **Phasen des Trainingsprozesses** eingliedern.

Training oder Moderation beginnen bereits weit vor dem Veranstaltungstermin und enden auch nicht mit dem offiziellen Seminarabschluss. Am Anfang stehen **Seminaridee** und **Akquise**. Damit wenden wir uns an potentielle Auftraggeber und Teilnehmer und erhalten einen **Seminarauftrag**.

Als nächstes folgt die **Planungsphase**. Die **Ziele** von Auftraggebern und Teilnehmern werden mit unseren eigenen abgeglichen. Wir recherchieren Informationen zum Seminarthema. Schließlich erstellen wir ein **Seminarkonzept** und wählen geeignete **Methoden** sowie **Bewertungsinstrumente** aus, um die gesetzten Ziele zu erreichen. Aus der Idee wird Wirklichkeit. Die eigentliche **Trainingsphase** beginnt. Sie lässt sich weiter unterteilen:

Zunächst steht die Phase der **Gruppenbildung** im Vordergrund. Wir erarbeiten uns in dieser Phase das Fundament des Trainings.

Nach einem ersten Kennenlernen folgt das Gerangel um den eigenen Platz innerhalb der Gruppe. Erst wenn dies für die Teilnehmer befriedigend geklärt ist, ist die Gruppe bereit, in die eigentliche **Arbeitsphase** überzuwechseln. Wir haben nun die Spitze der Pyramide erklommen. Das **Thema** des Seminars erlangt seine ihm gebührende Position. Den Abschluss der Trainingsphase bilden **Verabschiedung** und **Transferplanung**.

Doch damit endet unsere Arbeit noch lange nicht. Die **Auswertungsphase** steht an. Alleine oder gemeinsam mit dem Auftraggeber überprüfen wir das Seminarergebnis. Wir verbessern unser Seminarkonzept und gewinnen neue Aufträge. Ein neuer Seminarzyklus kann beginnen.

Wie wir gesehen haben, sind Training und Moderation hochkomplexe dynamische Prozesse. Allein die Fülle der Aufgaben, die ein Trainer oder Moderator zu bewältigen hat, kann erheblichen Druck erzeugen.

> Die wirksamste Lösung ist eine gute Vorbereitung. Je besser sie erfolgt, umso weniger Bälle müssen vom „Trainerjongleur" gleichzeitig in der Luft gehalten werden. Aber selbst perfekte Vorbereitung macht ein Training nicht völlig planbar.

Solange wir planen, bewegen wir uns auf festem Boden. Wenn

es ernst wird und wir vor den Teilnehmern stehen, verlassen wir vertrautes Gelände und gehen auf Entdeckungstour. Um all die Untiefen eines Trainings sicher zu umschiffen, benötigen wir vor allem dreierlei:

- ein Ziel, denn nur so können wir das Training auf Kurs halten
- wache Aufmerksamkeit, um zu merken, ob wir noch auf Kurs sind oder ob das Training „aus dem Ruder läuft" sowie
- effektive Steuerungsinstrumente, um auf das aktuelle Geschehen angemessen zu reagieren.

Die folgenden Kapitel geben Ihnen die nötigen Instrumente und Methoden an die Hand, mit denen Sie Ihre Seminare erfolgreich meistern können.

3. Im Mittelpunkt stehen – Der Moderator und Trainer im Zentrum des Geschehens

Vor einigen Jahren wurden zahlreiche Menschen in den USA befragt, vor was sie die meiste Angst hätten. Für die Interviewer überraschend rangierte die Angst, öffentlich eine Rede halten zu müssen weit vor der Angst vorm eigenen Tode. Im Mittelpunkt zu stehen und die Erwartungen des Publikums auf sich gerichtet wissen, löst unterschiedlichste Emotionen aus. Einerseits zieht es Menschen an, im Zentrum der Aufmerksamkeit zu stehen. Andererseits fürchten sie, abgelehnt zu werden und dann alleine im Regen dazustehen.

Trainieren und Moderieren ist nicht einfach irgendein Job. Ob Sie wollen oder nicht, immer geht es auch um Ihre Person als ganzes. Sie stehen im Brennpunkt des Geschehens und damit gewissermaßen auch auf dem Prüfstand. Manche versuchen dem zu entfliehen, indem sie die Aufmerksamkeit der Teilnehmer von sich ablenken und das Publikum mit zig Folien oder aufwendigst vorbereiteten Powerpoint-Präsentationen beglücken. Andere verstecken sich hinter einem Rednerpult oder einem mächtigen Tisch, bis sie kaum mehr sichtbar sind. Doch letztlich sind all diese Versuche vergeblich. Bei einem Training, einer Moderation oder einer Präsentation wird immer auch die **Person des Trainers**, des Moderators oder des Präsentators bewertet.

Sich ausschließlich Trainerfähigkeiten und Präsentationskompetenzen anzueignen, reicht nicht aus. Zusätzlich ist es absolut unerlässlich, sich mit dem eigenen Selbstverständnis der Rolle als Trainer oder Moderator auseinander zu setzen. Dazu braucht es Selbst-Bewusstsein im wahrsten Sinne des Wortes: Zu wissen und sich dessen bewusst sein, was die eigenen Stärken aber auch Schwachpunkte sind.

Als Trainer müssen Sie sich im Klaren sein, wo Sie verletzlich sind und wo Ihre Teilnehmer Sie treffen könnten. Sie werden dann selbstbewusst, wenn Sie den Mut aufbringen, sich immer wieder den Spiegel vorzuhalten. Dies fällt nicht schwer, wenn es um die hellen, strahlenden Seiten geht.

Unangenehm wird es, wenn wir uns die eigenen Schattenseiten und Schwächen eingestehen müssen. Jedoch wird es noch weit unangenehmer, wenn uns die Teilnehmer einen Schritt voraus sind und ihrerseits uns den Spiegel aufzwingen! Kommen Sie Ihren Teilnehmern zuvor und freuen Sie sich über jeden blinden Flecken, den Sie aufdecken. Ihr Selbstbewusstsein und damit verbunden Ihre Fähigkeit, selbst schwierigste Trainingssituationen meistern zu können, wächst mit jeder dieser Entdeckungen.

Sie sind dann als Trainer souverän, wenn Ihre Persönlichkeit so weit gereift ist, dass Sie mit unsachlichen Attacken und Angriffen aber auch mit berechtigter Kritik angemessen und konstruktiv umgehen können. Weder erdulden Sie dann Kritik stoisch als Märtyrer noch brechen Sie bei der kleinsten Kritik zusammen.

Auf den Punkt gebracht: Ein selbstbewusster Trainer ist der, der sich seiner selbst bewusst ist und sich mit der eigenen Person auseinander gesetzt hat.

3.1 Trainerfähigkeiten

Bevor wir uns mit der Person des Trainers oder Moderators genauer beschäftigen, widmen wir uns zunächst den zentralen Trainerfähigkeiten.

Wahrnehmen können

Geschärfte Sinne und waches Aufnahmevermögen sind elementare Trainerqualifikationen. Dabei nimmt der Trainer oder Moderator nach zwei Seiten hin wahr, nach außen und nach innen. Die Außenwahrnehmung erfasst, wie es den Teilnehmern geht. Wer hört gerade zu, wer nicht? Wie reagieren die Teilnehmer auf die Themen und Inhalte? Wie reagieren sie auf andere Teilnehmer, wie auf die Person des Trainers usw.? Die Aufmerksamkeit des Trainers oder Moderators richtet sich jedoch auch nach innen.

Er nimmt den eigenen Zustand und die damit verbundenen Empfindungen, Gedanken, Emotionen und Intuitionen wahr. Wahrnehmung und Beeinflussung des eigenen inneren Zustands bilden die wichtigsten elementaren Mittel, das Seminar in die richtige Richtung zu steuern.

Wie können wir aber gewährleisten, dass die beiden Wahrnehmungsrichtungen sich nicht gegenseitig in die Quere kommen und sich stören? Dazu liefert uns unser Auge ein überaus passendes Modell, wie zwei Wahrnehmungsmodi optimal zusammenarbeiten können. Wir verfügen über zwei parallele Sehweisen, das fokussierte und das periphere Sehen. Das fokussierte Sehen ist spezifisch auf ein Objekt gerichtet. Scharf und klar erkennen wir sämtliche Details. Umgekehrt verhält es sich mit dem peripheren Sehen. Unspezifisch erfasst es die gesamte Peripherie unseres Gesichtsfeldes, die Objekte werden ziemlich unscharf wahrgenommen. In einem Aspekt ist es jedoch dem fokussierten Sehen überlegen: Peripheres Sehen erfasst selbst kleinste Bewegungen. Es fungiert wie ein Bewegungsmelder, der das fokussierte Sehen auffordert, das, was sich da bewegt genauer unter die Lupe zu nehmen. Peripheres Sehen ist mehr eine Hintergrundwahrnehmung und erfordert nicht die volle bewusste Aufmerksamkeit, während fokussiertes Sehen den Vordergrund ausleuchtet und von wacher bewusster Aufmerksamkeit begleitet ist.

Die beiden Sehweisen dienen uns hier als Vorbild. Wach, klar und in allen Details nehmen wir die Teilnehmer und die Gruppe wahr. Eher im Hintergrund vernehmen wir die Signale unseres Organismus, werden jedoch hellwach, wenn uns etwas „bewegt". Auf diese Art ergänzen sich beide Wahrnehmungsmodi optimal.

Unter Stress neigen wir dazu, uns nur auf einen Modus zu beschränken. Entweder kümmern wir uns dann ausschließlich um die Teilnehmer und versuchen allen ihren Wünschen gerecht zu werden oder wir sind vollauf mit unserem eigenen Befinden beschäftigt und bekommen nicht mehr mit, was sich um uns herum abspielt. In beiden Fällen bleiben uns wesentliche Informationen verschlossen, tragischerweise häufig gerade solche Informationen, die uns effektive Lösungswege aufzeigen könnten.

> **Auf den Punkt gebracht:** Achten Sie immer wieder darauf, dass Ihre „Wahrnehmungskanäle“ in beide Richtungen, nach innen und nach außen, offen bleiben. Dadurch verfügen Sie über einen der besten Wege, Stress vorzubeugen.

Die folgende einfache Übung zum peripheren Sehen wird es Ihnen erleichtern, unterschiedliche Wahrnehmungsmodi zur selben Zeit aktivieren zu können.

Übung zum peripheren Sehen

- Halten Sie beide Arme eng nebeneinander gestreckt nach vorne. Betrachten Sie mit Ihrem fokussierten Sehen Ihre Hände. Beginnen Sie damit, sich zuzuwinken.
- Führen Sie nun langsam beide Arme zu den jeweiligen Seiten, die Hände weiterhin winkend. Ihr Blick bleibt nach vorne gerichtet. Verfolgen Sie die Bewegung der Arme und der Hände ausschließlich mit dem peripheren Blick, ohne Ihre Augen zu bewegen.
- Führen Sie die Arme so weit auseinander, bis Sie an die Grenze Ihres Blickfeldes angelangt sind. Nehmen Sie wahr, wie präzise Sie mit dem peripheren Sehen Bewegungen wahrnehmen, auch wenn Sie kaum erkennen, was sich da bewegt.
- Lassen Sie nun die Arme sinken. Nehmen Sie wahr, was sich in Ihrem fokussierten Blickfeld befindet. Fokussieren Sie auf einige Details während Sie gleichzeitig die Peripherie wahrnehmen.
- Üben Sie dies mehrmals täglich, bis Ihnen diese parallele Wahrnehmung völlig vertraut erscheint.

Weitere Übungen und Anregungen zu Wahrnehmung finden Sie in Kapitel 5.

Selbstmanagement

Souveränen Trainern und Moderatoren gelingt es, auch in kritischen Situationen Ruhe und Gelassenheit zu bewahren. Gerade in kritischen Situationen hängt viel von der Reaktion des

Trainers oder des Moderators ab. Die Teilnehmer wünschen sich Sicherheit, Klarheit und Orientierung von Seiten der Leitung. Dies gilt sogar für diejenigen, die die Krise mit herbeigeführt hatten, indem sie beispielsweise den Trainer unsachlich attackierten.

Gutes Selbstmanagement bedeutet nicht, sich immer und zu jeder Sekunde in einem guten Zustand zu befinden. Sich für einen Moment aus der Ruhe bringen zu lassen ist menschlich und natürlich. Gutes Selbstmanagement zeigt sich vielmehr daran, dass es dem Trainer oder Moderator relativ leicht und schnell gelingt, sich wieder in einen ressourcevollen Zustand zu versetzen. Von *John Grinder*, einem der Mitbegründer des NLP stammt dazu folgender Anspruch: „Wenn du lernst, deinen emotionalen Zustand selbst zu wählen, dann fließen deine Fähigkeiten wie von selbst und du wirst in der Lage sein mit der geringsten Anstrengung die ganze Zeit über das Beste zu tun."

In Abschnitt 3.2 gehen wir nochmals ausführlich auf diese Thematik ein.

Menschen in ihren Bedürfnissen wahrnehmen können

Trainer, Moderatoren und Präsentatoren arbeiten mit Menschen. Sie brauchen daher vielfältige soziale Kompetenzen:

- Leicht Beziehungen zu Menschen knüpfen zu können,
- Menschen wirklich erreichen und emotional berühren zu können
- Menschen vermitteln zu können, dass sie wahrgenommen und wert geschätzt werden.
- Die Wirkung des eigenen Verhaltens einschätzen zu können.
- Sich in die Bedürfnisse und Standpunkte der anderen hineinversetzen zu können.

In diesem und dem weiteren Kapitel zeigen wir Ihnen zahlreiche Wege, diese sozialen Kompetenzen weiter zu entwickeln.

Physische und psychische Präsenz

Diese vierte Grundfähigkeit ist im Wesentlichen die Kombination der drei vorherigen: die Präsenz des Trainers oder des Moderators. Zusätzlich setzt sie genügend psychische und physische Energie sowie ein gutes Selbstbewusstsein voraus. Die Präsenz des Trainers oder Moderators zeigt sich darin, dass er zwischen den Wahrnehmungspositionen (→ Glossar) flexibel wechseln kann. Ihm fällt es leicht, sich in die Teilnehmer hineinzuversetzen und damit auch seine Wirkung nach außen abzuschätzen. Er kann seine eigenen Interessen klar erkennen und vermitteln und er kann das „lernende System", sei es Training, sei es Moderation, als ganzes überblicken und erkennen. Hohe Präsenz setzt dem Training Glanzlichter auf. Die charismatische Wirkung des Trainers motiviert die Teilnehmer zusätzlich zur bereits vorhandenen Aktivierung.

Fachliche Kompetenz

All diese Fähigkeiten betreffen zunächst die Beziehungsebene. Zusätzlich benötigt der Trainer oder Moderator jedoch eine gut ausgeprägte fachliche Kompetenz. In der Moderation ist dies vor allem die Fähigkeit, Prozesse zu moderieren und zu gestalten. Für Training und Präsentation kommt noch inhaltliche Kompetenz hinzu.

Hier gilt: Je mehr es um Training im engeren Sinn geht, desto umfassender und höher entwickelt sollte die inhaltlich-fachliche Kompetenz des Trainers sein.

> **Auf den Punkt gebracht:** Hohe inhaltlich-fachliche Kompetenz sorgt dafür, dass Ihr Wissen auch in kritischen Situationen „stressresistent" und Ihnen nach wie vor zugänglich bleibt.

Lehren können

Ein anderer Begriff für Lehren können ist didaktische Kompetenz. Gute Trainer wissen um Wege, den Teilnehmern die Themen so zu präsentieren, dass sie von diesen so leicht wie möglich aufgenommen, verstanden und umgesetzt werden können. Sie können bewusste und unbewusste Lernprozesse aktivieren. In gewisser Weise gehört dazu auch die Kunst, stimmige und kongruente Botschaften zu senden. Inhalt, Wort, Stimme und Körpersprache bilden eine Einheit. Speziell in Kapitel 6 können Sie Ihre didaktischen Kompetenzen weiter aufrüsten.

Führen können

Die Rolle des Trainers oder Moderators ähnelt in vielem der einer Führungskraft. Die wichtigste Aufgabe einer Führungskraft ist, dass die Kompetenzen und Potentiale der Mitarbeiter optimal entfaltet werden können. Dazu braucht sie Instrumente und Befugnis, den Prozess zu steuern. Das eigene Expertentum der Führungskraft ist in diesem Zusammenhang kaum von Bedeutung. In Reinform finden wir dies in der Rolle des Moderators wieder. Er braucht kein Experte für den Inhalt zu sein. Seine Aufgabe ist es, ausschließlich den Prozess zu steuern und zu führen. Im Gegensatz dazu ist der Trainer sowohl Führungskraft als auch Experte in der Sache.

Die Rolle der Führungskraft einnehmen zu können, erfordert zweierlei: Zum einen braucht sie spezifische Führungsfähigkeiten. Dazu finden Sie zahlreiche Anregungen in den Kapiteln 5 und 6. Führen können ist aber auch eine Frage der Persönlichkeit. Wie leicht fällt es Ihnen, das Zepter in die Hand zu nehmen und in Prozesse gestaltend einzugreifen? Haben Sie ab und zu Skrupel, streng zu sein? Besitzen Sie bereits eine natürliche Autorität? Hier wird erneut deutlich, wie wichtig es für den Beruf des Trainers oder Moderators ist, sich mit der eigenen Persönlichkeit zu beschäftigen.

Wir haben eine ganze Reihe für den Trainer oder Moderator essentiell notwendiger Kompetenzen und Fertigkeiten aufgezählt. Müsste man nicht Superman und Superfrau sein, um das alles zu können, immer und überall? Wir können Sie beruhigen. Uns sind eine ganze Reihe sehr guter Trainer bekannt, doch keiner von ihnen ist absolut perfekt. In erster Linie ist ein Trainer auch Mensch und keine perfekte fehlerlose Maschine. Gerade das Menschliche setzt einer hohen Trainerqualität das i-Tüpfelchen auf.

Und dennoch sollten Sie nicht unterschätzen, welche Anforderungen an den Trainerberuf gestellt werden. Stehen Sie noch am Beginn Ihrer Trainingskarriere, sollten Sie sich ausreichend „Spielwiesen" schaffen. Bilden Sie mit Gleichgesinnten Übungsgruppen für „Trockenübungen". Wenden Sie Neues zuerst in Praxisfeldern an, in denen Sie sich bereits relativ wohl und sicher fühlen. Jeder Premiere geht die eine oder andere „Katastrophe" in der Generalprobe voraus.

3.2 Ressourcezustände und Selbstmanagement

Selbstmanagement umfasst mehrere Bereiche. Zu aller erst muss ich um meine Ressourcen (→ Glossar) wissen. Welche Stärken habe ich zur Verfügung? Welche Fähigkeiten standen mir wann und wo bereits zur Verfügung? Wissen allein reicht jedoch nicht. Ich muss auch in der Lage sein, meine Kraftquellen und Ressourcen anzuzapfen und zu aktivieren.

Der entscheidende Unterschied ist dabei, ob ich nur um meine Stärken und Fähigkeiten weiß oder ob ich sie auch erlebe, empfinde und umsetze. Um in kritischen Situationen den eignen guten Zustand aufrecht erhalten zu können und nicht außer Tritt zu geraten, muss ich zusätzlich wissen, wie ich mich wieder von schlechten Zuständen lösen kann, um erneut meine Ressourcen zu aktivieren.

„Wache Flexibilität" als Meta-Ressource

Je nach Situation müssen Sie als Trainer oder Moderator unterschiedlichste Ressourcen aktivieren.

- Verfügen Sie über Humor und Leichtigkeit, helfen Sie vielen Teilnehmern über deren Unsicherheit zu Beginn.
- Bei einer sachlich-kritische Frage eines Teilnehmers ist Ihr klarer Verstand gefordert.
- Ihr beherztes und entschlossenes Vorgehen ist vonnöten, um einen aufkeimenden Konflikt zwischen Teilnehmern konstruktiv bearbeiten zu können.
- Angesichts sehr knapper Zeit müssen Sie nebenbei noch Ihre Seminarplanung umstellen und den veränderten Umständen anpassen.

So unterschiedlich im Einzelnen diese Herausforderungen auch sein mögen, Sie benötigen vor allem zwei Eigenschaften, um diese schwierigen Situationen zu meistern:

- Wachheit – das Wissen und Erfassen dessen, was gerade jetzt erforderlich ist – und
- Flexibilität – die Fähigkeit, schnell die benötigten Ressourcen und Zustände aktivieren zu können.

In der Kombination bilden diese zwei Eigenschaften den Zustand „wacher Flexibilität“. Dieser Zustand versetzt Sie in die Lage, unterschiedlichste spezifische Zustände und Ressourcen nahezu jederzeit und prompt aktivieren zu können. Deshalb bezeichnen wir „wache Flexibilität“ auch als Meta-Ressource.

Malen Sie sich folgendes Szenario aus: Ihr Seminar läuft schon seit einigen Tagen sehr gut. Sie schätzen das Gruppenklima als gut ein und auch die Teilnehmer scheinen sich in der Gruppe wohl zu fühlen. Wie aus heiterem Himmel greift ein Teilnehmer einen anderen sehr heftig verbal an. Die verbleibende Gruppe reagiert für einen Moment wie gelähmt. Ihnen selbst bleibt keine Zeit, sich erst zu sammeln oder nachzudenken. Sie sind gefordert, sofort und angemessen zu reagieren. Da auch für Sie die Aktion dieses Teilnehmers überraschend kam, fällt dies Ihnen dies nicht notwendigerweise leicht. Jetzt zeigt es sich, ob Sie über die Meta-Ressource „wache Flexibilität“ wirklich verfügen können!

Frank Farrely, der Begründer der provokativen Therapie und des provokativen Stils, hat für die Beziehung zwischen Klient und Therapeut den Satz geprägt: „Der Therapeut sollte immer unberechenbarer sein als der Klient.“ Wir können dies auf das Dasein eines Trainers oder Moderators hin umformulieren:

> „Der Trainer oder Moderator sollte zu noch größeren Überraschungen in der Lage sein als seine Teilnehmer!“

Und dazu braucht es Wachheit gepaart mit Flexibilität, denn Überraschungen resultieren nicht aus einem festgefahrenen Zustand.

Übung: Zustand wache Flexibilität aufrufen bzw. „wachrufen“

Vorbemerkung: Diese Übung eignet sich gut, alleine durchgeführt zu werden. Mit einem Übungspartner, der Sie durch den Prozess begleitet, können Sie jedoch einen noch stärkeren Effekt erzielen.

- Vergegenwärtigen Sie sich in einem ersten Schritt, welche Vorstellungen, Erinnerungen und Gedanken beim Lesen der vorherigen Seiten auftauchten. Mit Sicherheit hat es in Ihrem Leben zahlreiche Situationen und Gelegenheiten gegeben, in denen Sie die Grundfähigkeit „wache Flexibilität“ intensiv erleben konnten. Lassen Sie diese Situationen an sich vorbeiziehen und tauchen Sie in die Atmosphäre „wacher Flexibilität“ an sich ein. Achten Sie dabei weniger auf das ganz konkrete Erleben, was Sie genau mit wem in diesen Situationen gemacht haben. Machen Sie sich vielmehr den Zustand „wacher Flexibilität“ als allgemeines Empfinden zugänglich. Dies hat einen guten Grund. Ich erinnere mich an ein Seminar in der Karibik. Ich fühlte mich toll und absolut wach und flexibel. In diesem Zustand hat sich mir der Blick auf Strand und Palmen besonders eingeprägt. Mein Trainingsalltag findet jedoch weit entfernt von Palmenstränden statt. Wäre ich auf diesen Ausblick angewiesen, um den Zustand wieder aktivieren zu können, hätte ich im wahrsten Sinne des Wortes „schlechte Aussichten“. Daher nochmals: Lösen Sie sich von einer ganz konkreten einzelnen Situation. Versetzen Sie sich mehr in die Stimmung „wacher Flexibilität an sich“. „Wache Flexibilität“ ist ein innerer Zustand, unabhängig von den jeweiligen konkreten äußeren Umständen.
- Intensivieren Sie nun Ihr Erleben. Sie können dazu ein Modell aus dem NLP, das Modell der logischen Ebenen (→ Glossar) benutzen. Genauer stellen wir es Ihnen noch in Kapitel 6 vor. Hier dient es uns in erster Linie als Frageraster, um Zustände zu verknüpfen und zu aktivieren.
  - Die Ebene der **Umgebung** können wir hier überspringen. Es geht ja gerade nicht um eine konkrete Örtlichkeit.
  - **Verhalten:** Was genau tun Sie, wenn Sie wach und flexibel sind? Achten Sie dabei vor allem auf Ihre Körperhaltung. Wie stehen Sie da? Sind die Knie durchgedrückt oder flexibel? Wie geht Ihr Atem? Fast immer ist dieser Zustand mit fließendem und freiem Atem verknüpft. Er muss nicht tief sein, geht jedoch meist bis in den Bauch. Wie ist Ihre Mimik, vor allem Ihre Mundpartie? Achten Sie auch auf inneres Verhalten. Welcherart ist Ihr innerer Dialog? Wie ist Ihr Blick, eher scharf auf einen Punkt fokussiert, eher weit gefächert peripher oder sogar beides? Wie sind Ihre Bewegungen, schnell oder langsam, in einem gleichmäßigen oder eher wechselnden Rhythmus? Wie klingt Ihre Stimme, was ist Ihr Tonfall „wacher Flexibilität“? Wie

entspannt oder gut gespannt sind Ihre Muskeln? Wenn Sie sich von außen sehen würden, woran würden Sie am deutlichsten diesen Zustand ersehen können? Falls Sie einen Übungspartner zur Verfügung haben, spielen Sie „Bildhauer“. Weisen Sie Ihren Partner an, die oben angesprochenen Haltungen, Bewegungen, Atem- und Sprechweisen anzunehmen. Seien Sie dabei ruhig detailgetreu und fahren Sie so lange fort, bis Sie mit Ihrem „Kunstwerk“ so richtig zufrieden sind.
- **Fähigkeiten:** Achten Sie vor allem auf den geeigneten „Schlüssel“. Welches der auf Ebene „Verhalten“ aufgeführten Details ist fähig, die anderen Verhaltensweisen nahezu automatisch und allein nach sich zu ziehen? Dies kann der Beginn der Aufrichtung des Körpers sein, eine ganz spezielle Position der Beine mit einer spezifischen Gewichtsverteilung, eine bestimmte Gestik, ein tiefer oder weniger tiefer Atemzug usw.
- **Glauben und Werte:** Welche Annahme über sich selbst und über andere ist mit dem Zustand „wache Flexibilität“ eng verknüpft? Welchen Annahmen und Überzeugungen können diesen Zustand stabilisieren oder gar verstärken?
- **Identität:** Als wen sehen Sie sich selbst in diesem Zustand? Wie ergänzen Sie den Satz „Ich bin …“? Finden Sie zu Ihrem Selbstkonzept passend auch ein Symbol oder eine Metapher.
- **Zugehörigkeit:** Wie erfahren Sie Ihre Verbindung zu anderen Menschen und zur Welt? Wem oder was sonst noch fühlen Sie sich zugehörig? Finden Sie auch dazu ein passendes Symbol oder eine Metapher. Ideal ist, wenn dieses Symbol das Symbol der Identität bereits enthält, wie z. B. das Bild eines Baumes für Identität gut in einem Wald aufgehoben ist.

• Gehen Sie langsam die gesamten logischen Ebenen wieder zurück. Nehmen Sie die Erfahrungen auf der einen Ebene mit in die nächste, bis Sie „wache Flexibilität“ gleichzeitig auf allen Ebenen erleben. Genießen Sie diesen Zustand in vollen Zügen und aus ganzem Herzen.
• Was ist Ihr eigener Name für „wache Flexibilität“? Wenn es für diesen Zustand als gesamtes, als „Gesamtkunstwerk“ über die logischen Ebenen, ein Symbol gäbe, welches fällt Ihnen ein oder taucht auf?
• Steigen Sie kurz aus dem Erleben aus. Wie steht es mit dem „Schlüssel“? Ist er noch derselbe? Experimentieren Sie. Welche Haltung, welche Bewegung, welche Gestik unterstützt Sie am stärksten darin, den gesamten Zustand so leicht wie möglich wieder zu aktivieren? Oder gelingt es leichter, wenn Sie an Ihren Begriff oder Ihr Symbol für „wache Flexibilität“ denken. Wichtig ist nur, dass Sie wissen, welcher eigene persönlicher „Schlüssel“ – im NLP „Anker“ (→ Glossar) genannt – es

Ihnen ermöglicht, sich „wache Flexibilität" jederzeit wieder zu „erschließen".

„Wache Flexibilität" – Erweiterung 1

Vergegenwärtigen Sie sich jetzt unterschiedlichste Situationen und Erfahrungen, in denen Sie sich im Zustand der „wachen Flexibilität" befanden. Steigen Sie nacheinander in die einzelnen Erinnerungen ein. Am leichtesten gelingt Ihnen das, wenn Sie sich durch die Einzelheiten der jeweiligen Umgebung – Orte, Menschen, Dinge – einfach an den dazugehörigen inneren Zustand erinnern lassen. Erleben Sie die Erfahrung so intensiv, wie es Ihnen jetzt zum jetzigen Zeitpunkt leicht möglich ist. Es ist dabei nicht so wichtig, dass Sie die damalige Situation klar und deutlich sehen und visualisieren können. Das wichtigste ist das Echo der Situation in Ihrem Innern, das Erleben der „wachen Flexibilität".

Achten Sie darauf, dass der jeweilige Schlüssel, Name oder Symbol für all diese Erlebnisse jeweils gleich bleibt. Denn durch die Überlappung verschiedener ähnlicher Erinnerungen verstärken diese sich gegenseitig. Im NLP nennt man dies „Anker stapeln".

Die nächste Übung ermöglicht Ihnen, „wache Flexibilität" auch im Seminarkontext aufzurufen.

„Wache Flexibilität" – Erweiterung 2 für den realen Seminarkontext

- Begeben Sie sich in Ihren Seminarraum, bevor das Seminar oder Training beginnt, idealer weise bereits einige Stunden vorher. Nutzen Sie die Gelegenheit jedoch auch, wenn Ihnen nur noch fünf Minuten zur Verfügung stehen.
- Stellen Sie sich auf die Position, von der aus Sie präsentieren werden (dem Präsentationsort) und malen Sie sich kurz aus, wie Ihnen die Teilnehmer zusehen und zuhören.
- Wählen Sie einen Blickfang aus, irgendeinen Gegenstand oder Punkt an der Wand, an der Decke oder sonst wo, der sich vor Ihnen und über den Köpfen der Teilnehmer befindet.
- Aktivieren Sie mit all den Schlüsseln, die Sie besitzen, den Zustand „wache Flexibilität" und fixieren Sie dabei diesen Blickfang. Der Blickfang selbst wird nun zu einem Schlüssel und Erinnerungshilfe für „wache Flexibilität". Er steht Ihnen ab jetzt jederzeit während des Trainings Verfügung. Das ist auch der Grund, weshalb dieser Blickfang sich vor Ihnen und über den Köpfen der Teilnehmer befinden sollte. Denn wäre er wo anders platziert, könnte er verdeckt werden und außer Sicht geraten.

- Stellen Sie sich nun einen Teilnehmer vor, der Ihnen ein schwierige Frage stellt oder Sie verbal angreift. Atmen Sie einmal tief durch, lösen Sie den Blick von diesem Teilnehmer und aktivieren Sie durch den Blick auf Ihren Schlüssel die Ressource „wache Flexibilität".

Falls Ihnen ein Übungsszenario zur Verfügung steht, können Sie diese Sequenz so oft durchspielen, bis Ihnen es beinahe zur zweiten Natur wird, bei aufkommenden Schwierigkeiten auf Ihren sichtbaren Schlüssel zurückzugreifen. (Genaueres zur Arbeit mit Szenarien erfahren Sie in Kapitel 6)

Tipp: Platzieren Sie etwas Konkretes an die Stelle, die den Blickfang bildet, beispielsweise eine beschriftete Metaplankarte (→ Glossar). Durch die sichtbare und augenscheinliche Erinnerung an die Ressource kann diese noch leichter wieder wachgerufen werden.

Diese Basisübung des Selbstmanagements kann nahezu unbegrenzt erweitert und ergänzt werden.

Erweiterung 3: Der Mentor der „wachen Flexibilität"

- Identifizieren Sie eine Botschaft in Form eines kurzen und bündigen Satzes, der Sie daran erinnert, dass Sie über „wache Flexibilität" verfügen.
- Finden Sie eine Person bzw. einen Mentor, dem Sie diese Botschaft „abnehmen" können, jemand, der in diesem Zusammenhang für Sie glaubwürdig ist.
- Begeben Sie sich wie in Erweiterung 2 (vor dem realen Seminarbeginn) in Ihren Seminarraum. Stellen Sie sich vor, wie sich Ihr Mentor an einer Stelle im Raum befindet. Diese Stelle kann identisch sein mit dem Blickfang für die Ressource, aber jede andere Ihnen passend erscheinende Position ist ebenso möglich. Wichtig ist, dass Sie Ihren Mentor nicht plastisch in allen Farben wahrnehmen müssen. Möglicherweise gelingt es Ihnen leichter, nur die Stimme der Person zu hören oder Sie belassen es bei einer pur gedanklichen abstrakten Vorstellung. Zahlreiche Studien belegen, dass pure „Gedankenbilder" ähnlich wirksam sein können wie lebendige Visualisationen.
- Stellen Sie sich nun vor, wie Ihr Mentor zu Ihnen spricht und Ihnen seine Botschaft übermittelt. Wird alleine dadurch „wache Flexibilität" noch nicht ausreichend aktiviert, benutzen Sie alle anderen Ihnen zur Verfügung stehenden Schlüssel.

- Wiederholen Sie dies einige Male, bis der Satz alleine ausreicht, Sie in diesen Zustand zu versetzen.
- Verfahren Sie dann weiter wie in der zweiten Erweiterung und malen Sie sich eine für Sie schwierige Trainingssituation aus. Blicken Sie zu nun zu der Position, an der sich in Ihrer Vorstellung Ihr Mentor befindet. Erleben Sie, wie Sie die Botschaft „wache Flexibilität" im wahrsten Sinne des Wortes wieder wachruft.

Von großem Vorteil ist es, wenn Ihnen eine Übungsgruppe zur Verfügung steht. Ihre Mitspieler agieren solange in der Teilnehmerrolle, bis Sie bei sich tatsächlich einen Problemzustand bemerken. Üben Sie ein, gerade dann zu Ihrem Mentor und den anderen Schlüsseln zu blicken. Bei jeder Wiederholung wird Ihnen dies immer leichter und automatischer gelingen.

Die Münchhausen-Strategie – Raus aus dem Sumpf

Im Ernstfall reichen die Schlüssel und Botschaften nicht immer aus, um sich wieder mit Ressourcen auftanken zu können, zu tief befinden Sie sich bereits im Problemzustand. Möglicherweise haben Sie erste Anzeichen von Stress nicht wahrgenommen. Nahezu unbemerkt wuchs das Stressempfinden allmählich an.

Mit einmal war es dann zu spät, um sich an die Schlüssel zu erinnern, und damit auch zu spät, um die volle Wirkung der Schlüssel entfalten zu können. Mitten im Stressempfinden erreichen uns diese Erinnerungshilfen nicht mehr emotional. Sie lassen uns unberührt.

Schauen wir uns diesen Zustand genauer an. Die unmittelbare Stressreaktion ist mit dem Schreckreflex vergleichbar. Wir atmen scharf ein, ziehen die Schultern hoch, spitzen die Ohren, spannen uns an und erstarren mehr oder weniger in dieser Position. Bis dahin ist dies völlig in Ordnung und natürlich. Probleme treten erst dann auf, wenn dieser Zustand über längere Zeit aufrecht erhalten bleibt.

Dieses Phänomen tritt besonders häufig dann auf, wenn sich, wie oben beschrieben, das Problem- oder Stressgefühl langsam und allmählich aufbaut. Es ist, als ob der Schreckreflex „eingefroren“ wäre. Der Atem ist dauerhaft flach, verhalten und angespannt. Die damit einhergehende körperliche Verspannung löst immer mehr unangenehme Gefühle aus. Über kurz oder lang führt die körperliche Starre zu einer kognitiven und seelischen Starre und damit zum Gegenteil von Flexibilität. Nahezu sämtliche Problemzustände weisen einige dieser Eigenschaften auf.

Im NLP nennen wir diese mehr oder weniger erstarrten Zustände „stuck state“ (→ Glossar). In dieselbe Richtung deuten zahlreiche umgangssprachlichen Bezeichnungen dafür: Von „versumpft“ und „versackt“ hin zu „festgerannt“ und „festgefahren“. Dieser Zustand hat noch eine fatale Eigenschaft: Er kann Amnesie - Gedächtnisverlust - auslösen. Solange wir uns in das Problem verrannt haben, haben wir völlig vergessen, dass wir nur unsere Erinnerungshilfen bzw. Schlüssel vergegenwärtigen müssten.

Sie kennen bestimmt das Phänomen, dass es Ihnen im nachhinein wie Schuppen von den Augen fällt und Sie sich an all das erinnern können, was Sie hätten tun können - wenn Sie daran gedacht hätten!

Die folgende „SOS-Übung“ unterstützt Sie darin, sich auch von festgefahrenen Zuständen wieder lösen zu können.

Wenn Sie schon im Sumpf sitzen - Die SOS-Übung: Ihr Training läuft nicht optimal. Mehr und mehr schlittern Sie in einen blockierten Zustand. Keine flotten Formulierungen wollen mehr über Ihre Lippen kommen und zunehmend verzweifelter suchen Sie nach passenden Begriffen. Zusätzlich stürzt Sie noch Frage eines Teilnehmers in große Verlegenheit. Ihre sonstige Souveränität ist wie weggeblasen. Mit einem Wort: Sie befinden sich im stuck state (→ Glossar)!

Es ist, als hätten Sie den Schlüssel zu Ihren Ressourcen verlegt. Je hektischer Sie Ihre Ressourcen suchen, umso schwieriger wird es, sie auch zu finden. Dabei ist die Lösung bzw. Auflösung dieses Zustands überraschend einfach: Raus aus diesem Zustand. **Jeder andere Zustand ist hilfreicher!** Ziehen Sie sich wie der Baron von Münchhausen am eigenen Schopfe aus dem Sumpf.

In Ihrem Erste-Hilfe-Kasten für schwierige Seminarsituationen sollten Sie unbedingt die **SOS-Übung** mitführen. Sie ist einfach und schnell wirksam.

- Das erste **S** steht für **„Schnaufen"** – Atmen. Sie erinnern sich: Atmen ist das allerwichtigste und im Grunde sehr einfache Werkzeug des Selbstmanagements. Machen Sie in schwierigen Situation einen etwas tieferen Atemzug. Trainieren Sie dies bei allen Gelegenheiten, auch außerhalb des Trainingskontextes. Sobald irgendein Stressempfinden auftaucht, erinnern Sie sich daran, zu atmen. Wenn Sie tiefer und freier atmen, kehrt Ihre Beweglichkeit, das Gegenteil des stuck state, wieder zurück.
- Das **O** steht für **„Ortswechsel"**. Treten Sie an eine andere Position, wenn Sie im Stehen trainieren. Aber auch im Sitzen existieren eine Menge an Möglichkeiten, die Position zu wechseln. Sie können sich vor- oder zurück lehnen, sich mehr auf die eine oder die andere Seite setzen usw. Experimentieren Sie damit. Auch der Ortswechsel bringt wieder Bewegung ins Spiel. Ein neues Spiel ermöglicht neues Glück. Weitere sehr effektive Methoden des Positionswechsels werden in den Kapiteln 6 und 8 ausführlich behandelt.
- Das zweite **S** steht für **„Sehen"**. Befreien Sie Ihren Blick! Wie das Kaninchen die Schlange starren wir oft unentwegt den Auslöser des Stresses an. Der Begriff der „Problemhypnose" beschreibt mit am besten diesen Zustand. Bleiben Sie nicht länger mit Ihren Augen an der Stressquelle haften. Lösen Sie sich von diesem Anblick, selbst wenn Sie sich zunächst dazu zwingen müssen! Wenden Sie Ihren Blick ab, schauen Sie sich im Raum um und nehmen Sie die einzelnen Teilnehmer Ihrer Gruppe wahr.

Trainieren Sie diese drei Punkte bei allen möglichen und unmöglichen Gelegenheiten, bis es Ihnen in Fleisch und Blut übergegangen ist. Meist stellt sich dann eine sehr erwünschte Nebenwirkung ein: Sie nehmen immer früher wahr, wann Sie Ihren Atem anhalten und wann die Tür zu Ihren Ressourcen ins Schloss zu fallen droht. Relativ leicht können Sie dann die Weichen wieder in Richtung Ressourcen stellen.

Vorbeugen ist besser als versumpfen: Pointiert ausgedrückt scheinen manche unserer kognitiven Mechanismen dem Motto „Es kann nur einen geben" zu unterstehen. Je höher der Stresspegel steigt, desto mehr schränken sich unsere Wahrnehmungsfähigkeiten ein. Dies reicht vom Tunnelblick bei starker Angst bis zum „inneren Stromausfall", dem Black out. Umgekehrt gilt dies jedoch auch. Solange wir klar und differenziert wahrnehmen, sind wir in gewisser Weise stressresistent.

Wahrnehmungsübung: Erkennen der inneren Alarmzeichen

Vergegenwärtigen Sie sich eine Situation, in der Sie stark gestresst reagierten und sich im stuck state (→ Glossar) befanden. Woran genau können Sie diesen Zustand erkennen? Was lässt Sie wissen, dass Sie sich gestresst fühlen? Wie fließt oder stockt währenddessen Ihr Atem? Wie bewegen Sie sich? Fühlen Sie sich starr, unbeweglich und doch irgendwie unruhig oder reagieren Sie eher mit gehetzter oft planloser Aktivität? Klingt Ihre Stimme brüchiger? Bekommen Sie einen trockenen Mund? Werden Ihre inneren Selbstkommentare immer hektischer und schriller?

Durchlaufen Sie in Ihrer Erinnerungen noch einige weitere Stresssituationen. Lassen Sie nun den Erinnerungsfilm zurücklaufen. Woran hätten Sie in der Situation erkennen können, **dass die Stressreaktion gerade beginnt**? Was sind erste Anzeichen und Warnsignale? Stellen Sie eine Liste der Vorboten und Alarmsignalen zusammen. Was sind davon die wichtigsten? Welche davon vermögen Sie am leichtesten wahrzunehmen?

Installieren Sie Ihren persönlichen Seismographen. Lenken Sie in der nächsten Zeit Ihre Aufmerksamkeit immer wieder bewusst in den Bereich, in dem das Warnzeichen ansiedelt. Ist es vor allem die Atmung, so überprüfen Sie immer wieder, wie flüssig oder stockend Ihr Atem gerade jetzt fließt. Ist es das Tempo Ihrer inneren Selbstkommentare, so überprüfen Sie diese, usw. Mit der Zeit gewinnen Sie ein feines Gespür für die Ausschläge Ihres Seismographen. Bei Gefahr bleibt Ihnen dann noch ausreichend Zeit, Gegenstrategien zu entwerfen.

Allein mir fehlt der Glaube: Sie haben die SOS-Übung fleißig angewandt. Oft hat sie gut funktioniert. In einige Situationen konnten Sie jedoch noch so tief atmen, Ihre Position verändern und Ihren Blick schweifen lassen – all das hat kaum etwas genutzt. Für einen Moment konnten Sie Ihre Selbstzweifel verscheuchen, diese kehrten jedoch wie lästige Fliegen sogleich wieder zurück. In diesem Fall sind es nicht fehlende Fähigkeiten, die das Problem darstellen, sondern es ist der fehlende Glaube!

Im Folgenden zeigen wir Ihnen Wege auf, hilfreiche Überzeugungen zu stärken und aufzubauen.

Nun gibt es eine ganze Reihe für Training und Moderation nützliche und hilfreiche Überzeugungen. Eine davon hebt sich jedoch besonders heraus: Der mehr oder weniger unerschütterliche Glaube daran, selbst in sehr kritischen Situationen immer einen Weg und eine Lösung zu finden.

Ich selbst habe im Laufe meiner nun bald 20-jährigen Erfahrung in der Leitung von Gruppen schon etliche derartiger Situationen erlebt. Im Nachhinein betrachtet waren es aber gerade diese Beinahe-Katastrophen, die heute das Fundament wichtiger Ressourcen darstellen. Ich bin froh darüber, diese Schwierigkeiten erlebt zu haben. Wäre immer alles glatt gegangen, ich wäre weit weniger fähig, tatsächlich auftretende schwierige Situationen meistern zu können. Und ich hätte nicht die tiefe Überzeugung aufbauen können: „Irgendetwas geht immer!“

Übung: Überzeugung aufbauen

- Denken Sie an eigene „Heldentaten“. Wählen Sie eine davon aus. Versetzen Sie sich in den Moment des Ereignisses, der Ihnen am deutlichsten vor Augen führt, diese Heldentat vollbracht zu haben. Welche Verallgemeinerung haben Sie daraus entwickelt? Welche Überzeugung kann darauf aufbauen? Welche Schlussfolgerungen über Ihre eigenen Fähigkeiten und Möglichkeiten können Sie daraus ziehen?
- Formulieren Sie einen Satz, der dies ausdrückt. Schreiben Sie ihn nieder. Sprechen Sie ihn innerlich aus. Wie ist die Resonanz in ihrem Innern? Zu welchen anderen positiven Überzeugungen passt er? Welche Auswirkungen hat diese Überzeugung auf Ihr Selbstbild? Achten Sie auch auf die Korrespondenz von innerer Haltung und Verhalten, hier speziell auch die konkrete körperliche Haltung. Welche Haltung drückt die innere Haltung am besten aus?
- Nehmen Sie diese Haltung ein. Identifizieren Sie von dieser Haltung aus, welche Gesten, welche Tonalität, welcher Bewegungs- und Atemrhythmus sich automatisch daraus ergibt.
- Verfahren Sie nun so wie in der Basisübung des Selbstmanagements. Suchen Sie vor Seminarbeginn den Seminarraum auf. Stellen Sie sich die Teilnehmer und das Seminar vor. Spüren Sie Ihre positive Überzeugung wieder auf. Wahrscheinlich genügt schon die Aussage selbst. Aber auch die anderen Schlüssel – das Symbol oder das Niedergeschriebene – können Sie unterstützen.
- Finden Sie wieder einen Blickfang im Raum, den Sie mit dieser Über-

zeugung „aufladen". Fixieren Sie den Blickfang, während Sie die Aussage innerlich immer wieder aufsagen – und auch spüren!
- Wenn sich die Möglichkeit bietet, platzieren Sie die Überzeugung auch schriftlich, vielleicht ganz klein auf der Flipchart oder – wenn Sie einen benutzen – auf Ihrem Handzettel während der Präsentation.

3.3 Selbstverständnis als Trainer

Ein Trainerkollege rief mich an und bat um ein Coaching. Er hatte gerade das erste Modul eines Seminars mit Führungskräften aus dem höheren Management durchgeführt, das nach seinen Worten mehr schlecht als recht lief. Er kam mit der Gruppe nicht zurecht. Das noch ausstehende zweite Modul bereitete meinem Coachee heftige Bauchschmerzen und Stress. Klar war, dass seine Probleme nichts oder kaum etwas mit mangelnden Fähigkeiten zu tun hatten.

Als ich ihn bat, für sich und für die Teilnehmer jeweils eine passende Metapher zu finden, stießen wir sehr bald auf die eigentliche Wurzel seines Problem. Er sah sich selbst als „armes Würstchen" umgeben von Teilnehmern, die er als „hungrige Wölfe" empfand. Für uns beide war sofort ersichtlich, dass dieses - vorher unbewusste - Selbstverständnis als Trainer fast zwangsläufig zu Schwierigkeiten führen musste. Im weiteren Verlauf der Sitzung arbeiteten wir daran, ein positiveres Selbstbild aufzubauen.

Die folgende Übung dient dazu, Ihr eigenes Selbstverständnis als Trainer oder Moderator zu klären.

Übung: Ermitteln des Selbstkonzepts

- Arbeiten Sie im ersten Schritt heraus, wie Sie sich selbst als Trainer sehen oder sehen möchten, falls Sie noch nicht als Trainer arbeiten. Benutzen Sie bei Bedarf die weiter unten aufgeführten Fragen.
  (Wenn Sie in unterschiedlichen Bereichen tätig und beispielsweise sowohl Firmentrainings als auch offene Seminare anbieten, können Sie diese Übung getrennt für den jeweiligen Kontext durchführen).
- Beschreiben Sie besonders Ihr Rollenverständnis und geben Sie sich einen Rollennamen (beispielsweise „Dompteur", „Freund" usw.).

- Arbeiten Sie all die darin enthaltenen metaphorischen Aspekte heraus.
- Ermitteln Sie nun Ihre Vorstellungen und Bilder über Ihre Teilnehmer. Geben Sie auch diesen Rollennamen und arbeiten Sie den metaphorischen Gehalt heraus.
- Reflektieren Sie im nächsten Schritt die Implikationen dieser Vorstellungen und Metaphern. Wann immer möglich, tun Sie dies mit einem Übungspartner oder Coach. Sie werden mit dessen Hilfe mehr erkennen und herausarbeiten können als allein und es wird Ihnen leichter fallen, sich offen und ehrlich mit Ihren Vorstellungen auseinander setzen zu können.

  Fragen Sie sich nun:
- Welche Auswirkungen haben Ihre Vorstellungen auf die die Art und Weise, wie Sie Ihre Beziehung zu den Teilnehmern gestalten?
- Welche Wirkungen üben Ihre Bilder von sich und den Teilnehmern auf die Art Ihrer Didaktik aus?
- Passen die Metapher und das Rollenkonzept von Ihnen selbst als Trainer überhaupt mit denen der Teilnehmer zusammen?
- Erforschen Sie sowohl die Vorteile als auch die Nachteile Ihrer Sichtweisen. Erstellen Sie dazu eine Liste.

Folgende Fragen können Ihnen zusätzliche Hilfen darstellen, Ihr Selbstverständnis als Trainer zu bestimmen:

- Was sind Ihre Stärken und Schwächen als Trainer?
- Was glauben Sie über sich selbst als Trainer?
- Warum sind Sie Trainer oder wollen Trainer werden?
- Was glauben Sie über die Gruppe, die Sie trainieren oder trainieren werden? Überprüfen Sie Ihre Überzeugungen:
  - Wie leicht können Menschen lernen?
  - Wie schnell können sie sich verändern?
- Wie würde Ihre Arbeit aussehen, wenn Sie Ihr eigenes Potential voll und ganz verwirklichen könnten? Welche Werte wären Ihnen dann wichtig?
- Welchen Glauben hätten Sie gerne über sich selbst als Trainer? Über welche Rückmeldung von Kollegen freuen Sie sich am meisten?
- Welcher Glauben wäre noch nützlich in Bezug auf die Gruppe, die Sie trainieren?
- Was hält Sie davon ab, diesen Glauben zu haben?

Falls Sie Ihr Selbstverständnis erweitern wollen, tun Sie dies am besten mit Hilfe eines Coach. Auch die Übung „Überzeugungen aufbauen“ kann Ihnen dazu sehr dienlich sein.

4. Ziele formulieren und abstimmen

Sinnesspezifische Formulierungen als Grundlage für lösungsorientiertes, didaktisches Denken und Handeln

Auch erfahrene Trainer stellen sich immer mal wieder die Frage, ob es sinnvoll ist, Ziele für ein Seminar oder eine Veranstaltung zu formulieren. Mittlerweile werden Sie festgestellt haben, dass der Verlauf einer Veranstaltung oft bereits nach kurzer Zeit in eine andere Richtung tendiert, als Sie es sich vorgestellt haben. Wenn dann noch Teilnehmer in der Vorstellungsrunde ihre Erwartungen mit der Weisheit von Laotse „Der Weg ist das Ziel" verbinden und Sie in Akquisegesprächen feststellen, dass das Denken zukunftsorientierter Manager das Modell der „lernenden Organisation" darstellt – ist dann die Orientierung an Zielen überhaupt noch zeitgemäß? Wenn sich alles so schnell verändert, ist es dann noch sinnvoll, Ziele zu setzen? Gehören Ziele nicht bereits der Vergangenheit an, bevor sie formuliert und niedergeschrieben sind? Können wir noch auf neue Situationen und spontane Veränderungen reagieren oder führen festgelegte Ziele nicht dazu, dass wir uns in einer nicht vorhandenen Sicherheit wägen?

Die Antwort lautet: Nein. Ziele sind stets prozessorientiert zu erreichen. Doch um Ziele zu erreichen, müssen sie erst einmal formuliert werden. So ist es zunächst wichtig, die Frage nach dem „Was will ich erreichen" und nicht sofort nach dem „Wie will ich es erreichen" zu stellen. Egal ob man alleine wie Hannes Lindemann über den Ozean segelt oder mit seiner Mannschaft unterwegs ist, immer wieder ist es notwendig, den eigenen Standort zu bestimmen, die wechselnden Winde, die unterschiedlichen Strömungen und die sich daraus ergebenden Abweichung zu berücksichtigen. Wir reagieren darauf, wenn wir vom Sturm abgetrieben werden, in Flauten stecken, ein zerrissenes Tuch oder einen gebrochenen Baum ersetzen oder ein Leck in der Bordwand reparieren müssen. Die Mannschaft muss aber nicht nur bei Laune gehalten werden, ohne die Teilnehmerinnen und Teilnehmer sind die rettenden Maßnahmen gar nicht denkbar. In solchen Situationen muss der Kurs, also der Weg, immer wieder neu bestimmt werden – aber das Ziel verändert sich nicht.

Zielabstimmung zwischen dem Trainer und den Teilnehmern zu Beginn und während der Veranstaltung

Stellt man unterwegs fest, dass das festgelegte Ziel nur unter erheblichen Schwierigkeiten zu erreichen wäre, ohne Unterstützung und Einverständnis der anderen vielleicht gar nicht, ist Flexibilität und Innovation gefragt. Denn auf hoher See zu dümpeln, ohne zu wissen, wann und wo man ankommen wird, ist nur eine gewisse Zeit auszuhalten. Dann ist der Trainer als „Kapitän“ gefordert, ein für alle zu akzeptierendes Ziel festzulegen. Tut er das ohne Berücksichtigung der anderen Beteiligten in der Veranstaltung, wird er sehr schnell eine Meuterei zu bewältigen haben. Da dies viel zu kraftraubend und für den weiteren Verlauf wenig förderlich ist, moderiert er in wertschätzender Weise die „Werte“ und „Störungen“ der Mannschaft und formuliert sie als ein für alle akzeptables Ziel. Zielformulierungen sind also einerseits vorab bei der Seminarplanung erforderlich, andererseits aber im Prozess selbst ein ständig zu nutzendes Instrument.

Richten wir den Blick zunächst auf die Seminarplanung. Je nachdem ob Sie eine offene Veranstaltung planen oder aufgrund eines Auftrages handeln, werden Sie sich Gedanken über das konkrete Ziel machen. Die Vorgehensweise bei einer konkreten Zielformulierung für offene Veranstaltungen weicht von den nachfolgenden Ausführungen nicht ab und ist auch hier gültig.

In unseren Moderations- und Trainingsveranstaltungen haben wir immer wieder festgestellt, dass etwa 95 % der Menschen keine Ziele haben oder ihre Ziele für sich nicht richtig formulieren. Das heißt, ihre vorhandenen Ressourcen sind nicht auf ein Ziel ausgerichtet und selbstbestimmt, sondern werden überwiegend durch äußere Prozesse, also fast ausschließlich fremdbestimmt. Es geht hier nicht nur um die Zielformulierung selbst, sondern um ein Instrumentarium, das jedem zur Verfügung steht, um sein individuelles Ziel kurzfristig wie langfristig herauszufinden. Es geht um die Ziele, die zu der jeweiligen Person passen und somit auch gewollt sind.

Zielformulierung und Absprachen mit dem Auftraggeber

Nützlich für eine erfolgreich verlaufende Veranstaltung ist die genaue Absprache über ihr Ziel. Was weiß ich eigentlich vom Auftraggeber? Was weiß ich von den Teilnehmern? Wenn es überhaupt Ziele gibt, sind sie selten konkret und stimmig. Sehr häufig stehen die Inhalte im Vordergrund.

So sagte der Leiter eines Betriebes, er wolle für sein nationales Team eine Veranstaltung haben, um den Umsatz zu steigern. Gleich zu Beginn des Gesprächs wollte er von mir wissen, wie ich mir die Veranstaltung vorstelle und welche Inhalte ich geplant hätte. Daraufhin fragte ich ihn, welches Ziel er mit dieser Veranstaltung verfolge. Zunächst war er über diese Frage sehr überrascht. Ich war doch der Fachmann für das Seminar. Selbstverständlich konnte ich Inhalte für die Veranstaltung zusammenstellen. Nur nach welchen Kriterien sollte ich das tun? Sollte ich das Ziel allein formulieren? Was war das Ziel? Stimmte mein Ziel mit dem Ziel des Unternehmens überein? Nachdem ich meinem Gesprächspartner zusätzlich erklärt hatte, dass für mich zielorientiertes Arbeiten die Grundlage für erfolgreiches Handeln sei, waren wir uns schnell einig. Er teilte mir mit, er wolle nicht, dass die beiden nationalen Vertriebsleiter am Seminar teilnähmen. Er wolle auch nicht, dass die Mitarbeiter … .

Auf meine erneute Frage, was denn für ihn wichtig sei und welches konkrete und attraktive Ziel er mit der Veranstaltung erreichen wolle, skizzierte er kurz die derzeitige Situation im Unternehmen. Heraus kam, dass die Verhaltensweisen und die Denkprozesse der Mitarbeiterinnen und Mitarbeiter ausschließlich problemorientiert waren. Gesprächssituationen waren geprägt von den Aussagen „… da haben wir ein Problem". Im Umgang miteinander ergab sich so ein Klima, das alle Beteiligten eher unzufrieden machte und wenig energiereich war. Auswirkungen hatte dieses Klima selbstverständlich auch auf den Umgang mit den Kunden. An dieser Stelle des Gespräches hätte man durchaus die Frage stellen können: „Warum sind die Mitarbeiter unzufrieden?" oder „Warum denken und sprechen sie fast ausschließlich in Problemen?" Mit solch einer Frage geht der Fokus des Gesprächs aber genau in diese Richtung. Und die ist nicht gewollt. Das Problem wird verstärkt und die Situation lediglich wieder problemorientiert betrachtet. Hilfreich ist deshalb eine lösungsorientierte Fragestellung, eine Fragestellung, die sofort den Fokus und damit die Energie in die beabsichtigte Richtung führt. Ich fragte ihn also: „Was wollen Sie erreichen? Was ist Ihr Ziel? Was soll mit dieser Veranstaltung erreicht werden? Was ist Ihnen wichtig?"

Und plötzlich sagte der Chef zu mir, ihm sei es wichtig, dass jeder Mitarbeiter mit seinen Stärken einen Beitrag zur Gesamtsituation leisten solle. Im weiteren Verlauf gingen wir dann der Frage nach, was denn nützlich sein könnte, um das zu erreichen. Heraus kam, dass jeder Mitarbeiter sich selbst die Frage stellen könnte: „Welche Bedeutung hat die Unternehmensphilosophie und das Motto des Unternehmens für meinen unmittelbaren Bereich? Was kann ich in und mit meinem Bereich leisten, um das Motto des Unternehmens zu leben und dadurch einen nicht unwesentlichen Beitrag für das gesamte Unternehmen zu leisten?"

Nun wollen wir die analytische Betrachtung des Problems nicht grundsätzlich ausschließen. Es ist sogar sehr hilfreich, den Kontext, in dem das Problem auftritt, zu nennen und das Problem kurz zu skizzieren. So werden die Eckpunkte des Problems benannt. Sie sind die Grundlage für Lösungsansätze und Zielformulierungen.

> Zielformulierung: Mitarbeiter sollen nicht mehr aggressiv und unfreundlich miteinander reden.
>
> Frage: Was sollen die Mitarbeiter stattdessen? Was ist das Ziel? Was sollen die Mitarbeiter konkret tun? Wie sieht ihr Verhalten aus, wenn das Ziel erreicht ist?

4.1 Eindeutige Ziele setzen

Kriterien für wohlgeformte und lösungsorientierte Ziele

Oft sind wir erstaunt, warum wir ein Ziel nicht erreichen, obwohl wir es uns doch ganz fest vorgenommen haben. Betrachten wir einmal näher, welche Parameter hilfreich sein können, vorausgesetzt alle Chancen werden genutzt, um ein Ziel dann auch wirklich zu erreichen. Die Zielformulierung sollte sieben Kriterien entsprechen, um überhaupt realisierbar zu sein.

Ein Ziel sollte **(1) positiv, konkret und attraktiv** formuliert werden.

Eine positive Formulierung hat in diesem Kontext nichts mit positivem Denken im Sinne von „alles ist in Ordnung" zu tun. Positiv bedeutet nach unserem Verständnis: auf etwas ausgerichtet sein, sagen, in welche Richtung ich will, etwas Konkretes bejahen. Es ist für den individuellen Prozess förderlich, zu beschreiben, was ich konkret erreichen will und nicht das, was ich nicht will. Wenn ich vor einer Gruppe stehe und mir vornehme: „Ich will nicht mehr nervös sein und keine feuchten Hände bekommen", dann wird genau das eintreten. Die Gedanken gehen genau in diese Richtung, ich werde nervös sein und feuchte Hände bekommen. Die Zielsetzung soll aber dazu dienen, Energie und Handlungen einer Person in angestrebter Weise zu aktivieren und zu kanalisieren.

Dazu ist es erforderlich, sich vorzustellen, was statt des nicht gewünschten Zustandes eintreten soll oder welche Verhaltensweise hilfreich und förderlich sein könnte. Ein weiterer Aspekt kommt hinzu. In der Zielbestimmung ist eine Negation enthalten: „Ich will nicht mehr nervös sein und keine feuchten Hände mehr haben." Negationen können wir mit unseren Sinnen jedoch nicht wahrnehmen. Zum einen ist diese Formulierung weder attraktiv noch positiv, zum anderen ist sie so gewählt, dass wir in späteren Verhaltensprozessen genau daran erinnert werden, was wir nicht wollen. Wir haben aber keine Vorstellung formuliert, wie es denn stattdessen sein soll.

Wenn Sie zu jemandem, der Angst vor einer Redesituation hat, sagen: „Sie brauchen keine Angst zu haben, die Teilnehmer wollen Ihnen nichts Böses!", dann muss sich die Person erst den Vorgang des Angsthabens vorstellen, um zu verstehen, was Sie da gesagt haben. Sie wird auch in Redesituationen immer wieder an die Begriffe „Angst" und „Böses" denken. Insofern sind solche Ratschläge wenig hilfreich. Sie sind eher zur Verfestigung von Verhaltensweisen geeignet.

Hier ein weiteres **Beispiel**, um den Vorgang noch konkreter abzubilden: Jemand hält ein randvolles Glas in der Hand. Vielleicht überlegen Sie zunächst selbst, was Sie zu ihm sagen. Es gibt sicher viele Möglichkeiten. Wenn Sie Ihre Aussage formuliert haben, gleichen Sie diese mit den folgenden Überlegungen ab.

Wenn Sie sagen: „Sei vorsichtig, dass du nichts verschüttest", wird sich die Person erst den Vorgang des Verschüttens vorstellen, um zu verstehen, was gemeint ist. Sie wird in Gedanken die Bewegungsvorgänge konstruieren. Unser Unterbewusstsein reagiert jedoch unmittelbar auf das Wort „verschütten". Das Ergebnis hängt davon ab, wie bewusst wir den dann ablaufenden Vorgang kontrollieren und wie bewusst wir damit umgehen können. Welche Aussage ist hilfreicher?

Wirksamer wird es sein, wenn Sie sagen: „Halte dein Glas gerade, dann bleibt das Wasser im Glas."

Hier wird formuliert, was erreicht werden soll. Was sagen Sie also zu jemandem, der vor einer Redesituation nervös ist und feuchte Hände hat? Haben Sie schon eine Formulierung gefunden?

An dieser Stelle möchten wir Ihnen einen Tipp geben, aber entscheiden Sie selbst, ob Sie diese Möglichkeit in Zukunft für sich in Anspruch nehmen wollen.

Fragen Sie Ihr Gegenüber einfach nach eigenen Ideen, nach eigenen Lösungen. Oft werden Sie dann zur Antwort bekommen: „Ja, gerade das weiß ich ja nicht! Deswegen frage ich Sie ja als Fachmann." Lassen Sie an dieser Stelle nicht locker. Bleiben Sie dran. Menschen reagieren oft sehr irritiert, wenn sie ein weiteres Mal gefragt werden, welches Verhalten sie ganz konkret beabsichtigen. Fragen Sie trotzdem weiter: „Sie haben sicherlich eine Idee. Vielleicht nur eine kleine Idee!" … „Ja, ich könnte einen Stift in die Hand nehmen, aber … ."

Sie werden feststellen, dass die Befragten Ihnen zwar eine Antwort geben, aber sofort einen Einwand oder Skepsis äußern. Sie glauben nicht an die eigene Ressource (→ Glossar), die sie für sich herausgefunden haben. Es findet eine „Unter"-Bewertung statt. Und genau da liegt in unserem Verständnis eine der wichtigen Aufgaben eines Trainers oder Moderators – die individuellen Ressourcen (→ Glossar) der betreffenden Person zu „heben". Auch wenn Sie nun einwenden: „Na ja, wo ist da ein Unterschied, ob ich der Person sage, was sie tun soll, oder ob sie es mir selber sagt." Für die Nachhaltigkeit einer Verhaltensveränderung ist gerade die Selbsterkenntnis von Bedeutung.

Fragen Sie sich einmal, was für Sie nachhaltiger wirkt. Wenn Sie selbst Möglichkeiten für Ihr Verhalten erkennen und diese dann einsetzen oder wenn Ihnen andere Menschen Ratschläge geben und Ihnen sagen, was für sie gut und richtig ist. Vielleicht ist die vorgeschlagene Verhaltensweise für andere Menschen in dieser Situation genau die richtige. Für Sie aber eben nicht. Es geht sogar noch weiter: Es ist von entscheidender Bedeutung, dass Sie Ihr „Ergebnis" eher akzeptieren und annehmen können, weil es von Ihnen persönlich herausgefunden wurde. Und das stärkt das Selbstbewusstsein.

Sollte die betreffende Person nun wirklich keinen Lösungsvorschlag haben, fragen Sie zunächst, ob sie eine Idee hören möchte. Ihr Gesprächspartner wird also um Erlaubnis gefragt. Im Umgang miteinander, in der Gesprächssituation erfährt er eine Wertschätzung. Er entscheidet selbst, ob er Unterstützung erhält oder nicht. Wir stellen in Seminaren immer wieder fest, dass Menschen genau an dieser Stelle sagen, nein, sie wollten keine Unterstützung. Genau darum geht es: Andere Menschen nur dann zu unterstützen, wenn sie es wollen. Gerade in diesen vermeintlichen „Kleinigkeiten" ist der wertschätzende Umgang versteckt.

Wie können Sie diese Überlegungen in einen Prozess umsetzen? Hat der unsichere Redner nun eine Möglichkeit für sich herausgefunden, so fragen Sie weiter. „Welche Möglichkeiten gibt es noch? Was könnten Sie noch tun?" – „Ich könnte vielleicht den Stift in die Jacke stecken und eine Karteikarte in die Hand nehmen!" –„Ja, O.k., eine weitere Möglichkeit. Was könnten Sie noch tun?" – „Ich könnte für einen kleinen Moment die Hände ineinander legen." – „Ja, jetzt haben Sie bereits drei Möglichkeiten für sich herausgefunden, die Sie einsetzen können, wenn Sie nervös sind und feuchte Hände bekommen!"

Lassen Sie Ihr Gegenüber die herausgefundenen Möglichkeiten noch einmal wiederholen. „Wenn ich vor einer Gruppe stehe und eine Rede halte, werde ich einen Stift in die Hand nehmen. Ich habe aber auch die Möglichkeit, den Stift in das Jackett zu stecken, eine Karteikarte in die Hand zu nehmen oder für einen kurzen Moment die Hände ineinander zu legen." Vergleichen Sie: Welche Formulierung ist für die Verhaltensveränderung konkreter und attraktiver? Die gerade gelesene Formulierung oder „Ich will nicht mehr nervös sein und keine feuchten Hände haben?" Entscheiden Sie selbst!

Die Zielformulierung und das Mittel zur Zielformulierung weisen in die gleiche Richtung. Die Energie der Umsetzung geht in die Richtung, die mir wichtig ist. Damit habe ich gleichzeitig die Ebene der Motivation, die Grundlage meines Handelns berührt.

> Neben der positiven, konkreten und attraktiven Formulierung ist deshalb **(2) der Kontext meiner Zielformulierung mit den dazugehörigen individuellen Werten** von entscheidender Bedeutung, ob ich das formulierte Ziel auch erreichen kann.

Wenn mir etwas nicht wirklich wichtig ist, werde ich vermutlich auch keine Energie für die Umsetzung verwenden. Zunächst stellt sich aber die Frage der Situation bzw. des jeweiligen Kontextes. In welchem Kontext soll das Ziel erreicht werden? Da wir in jeder Situation unseres Lebens unterschiedliche Werte haben, wird unser Handeln durch die Beantwortung dieser Frage geleitet. Hier können Sie sehen, dass dies ein lebenslanger Prozess sein wird. Denn mit jeder erlebten Situation verändern sich unsere Werte.

Die Veränderungen sind manchmal kaum wahrnehmbar, dann wieder erscheint uns das, was uns vor zwei Wochen noch wichtig war, jetzt plötzlich nicht mehr so wichtig. Um herauszufinden, was im Moment wichtig ist, beantworten Sie selbst oder Ihre Teilnehmer genau diese Frage: „Was ist mir in dieser Situation wichtig?" So wird auch verständlich, wenn wir in einem fortschreitenden Prozess manchmal nicht mehr so „motiviert" sind wie noch vor einiger Zeit.

Aus diesem Grund erreichen wir auch unsere Ziele nicht, weil wir unser Handeln mit „Werten" bestimmen, die nicht mehr aktuell sind.

In unserer individualisierten Gesellschaft wird es immer wichtiger, auch individuelle Zielformulierungen vorzunehmen. Werte werden nicht mehr automatisch aufgrund gesellschaftlicher Prozesse tradiert. Gesellschaftliche Prozesse werden aber mehr und mehr durch die Individualisierung bestimmt. Individualisierung meint hier sowohl die Auflösung vorgegebener sozialer Lebensformen als auch das Brüchigwerden von lebensweltlichen Kategorien wie Klasse und Stand, Geschlechtsrollen, Familie und Nachbarschaft oder auch den Zusammenbruch staatlich verordneter Normalbiographien, Orientierungsrahmen und Leitbilder. Wenn es solche Auflösungstendenzen gibt, stellt sich gleichzeitig die Frage: Welche neuen Lebensformen entstehen dort, wo die alten zerbrechen?

Die andere Seite der Individualisierung zeigt uns täglich, dass auf den Einzelnen neue institutionelle Anforderungen, Kontrollen und Zwänge zukommen. Über Arbeitsmarkt, Wohlfahrtsstaat und Bürokratie wird er in ein Netz von Regelungen und Anspruchsvoraussetzungen eingebunden.

Das entscheidende Kennzeichen dieser modernen Vorgaben ist, dass der Mensch sie weit mehr als früher gewissermaßen selbst herstellen und sie durch eigenes Handeln in sein Leben hereinholen muss. Uns ist dieser kurze Exkurs so wichtig, um auf die Bedeutung von individuellen Werten im Zusammenleben mit anderen Menschen in unserer heutigen Zeit und den Möglichkeiten des persönlichen Handelns hinzuweisen.

Für eine individuelle Zielformulierung ist es hilfreich, sich vorzustellen, dass das Ziel bereits erreicht wurde. Jetzt werden Sie vielleicht fragen, wie das möglich ist. Gehen wir von der Vorstellung aus, dass es um uns herum eine objektive Realität nicht gibt, sondern dass wir uns diese Realität selber konstruieren, und das geschieht bei jedem Menschen unterschiedlich. Wir können also genau diese Fähigkeit nutzen. Wenn wir die vorgestellten Ziele erreichen wollen, konstruieren wir sie uns selbstverständlich attraktiv, konkret und positiv. Wir beziehen die vorangegangenen Überlegungen also stets mit ein.

(3) Ziele können und sollten sinnesspezifisch formuliert werden.

Damit es uns gelingt, ein Ziel mit allen Sinnen zu erfassen, tun wir so, als ob es bereits erreicht wäre. Wir stellen uns die Zielerreichung sinnesspezifisch vor. Dazu können wir das *VAKOG-Modell* benutzen.

Das VAKOG-Modell (s. Abbildung S. 53)

V = visuell = Was gibt es zu sehen?
A = auditiv = Was gibt es zu hören?
K = kinästhetisch = Was gibt es zu fühlen?
O = olfaktorisch = Was gibt es zu riechen?
G = gustatorisch = Was gibt es zu schmecken?

Das Abfragen der Wahrnehmungskanäle unterstützt uns beim Herausfinden der Dinge, die uns im Moment wichtig sind. Genau darum geht es zunächst, auch wenn sie sich im Laufe der Zeit verändern. Solche Überlegungen stellen Menschen meist nicht an. Deshalb kommt es erst gar nicht zu Zielentwürfen, weil sie sich sagen: „Ich weiß doch gar nicht, was nach dem Seminar oder was in zwei Jahren für mich wichtig ist und was dann sein wird." Genau! Deswegen können manche Menschen auch nicht das erreichen, was ihnen wichtig ist. Sie „gehen" erst gar nicht los. Denn um ein Ziel zu erreichen, muss man auch Umwege in Kauf nehmen. Gehen Sie diese Umwege, denn nur so werden Sie die Welt erleben und durch Reflexion zu neuen Erkenntnissen gelangen. Denn Umwege erhöhen die Ortskenntnisse!

Beziehen wir das Modell nun auf eine **konkrete Situation**: Wenn Sie beispielsweise mal **so tun, als ob ...**

... das Seminar beendet ist
... Sie mit den Seminarteilnehmern in der Feedbackrunde sprechen
... Sie selbst ein Feedback aus der Gruppe erhalten
... Sie mit dem Auftraggeber nach dem Seminar sprechen

Umsetzung des VAKOG – Modells

... was gibt es hier zu sehen?
... was gibt es hier zu hören?
... was gibt hier zu fühlen?
Gibt es vielleicht auch etwas zu riechen oder zu schmecken?

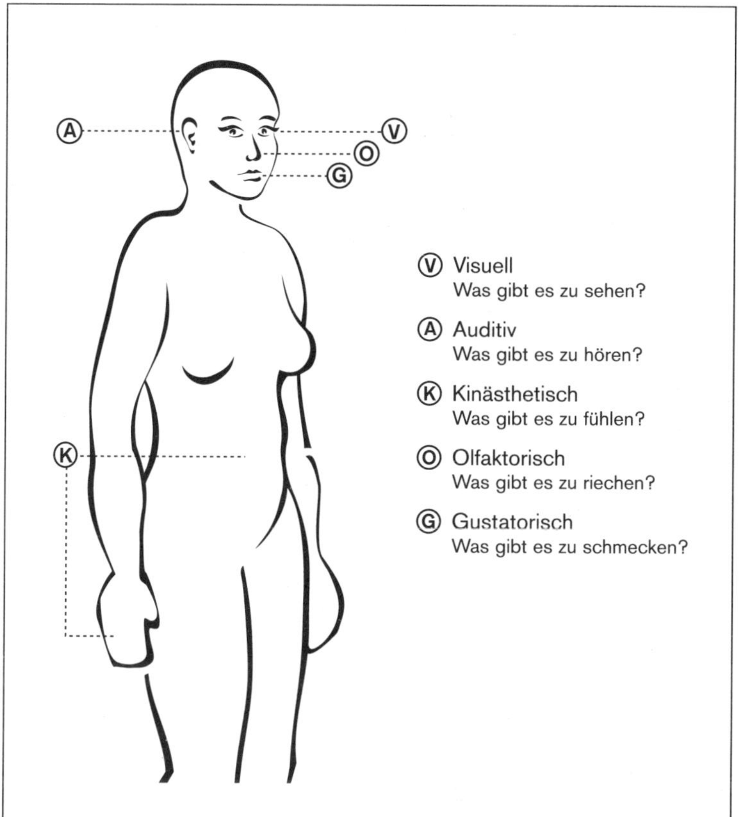

Vielleicht kann es auch sehr nützlich sein, sich als Regisseur einen eigenen Film zu dieser Situation zu drehen. Bestimmt soll dieser Film interessant und spannend sein und ein Happy End haben. Also, was wird es in diesem Film zu sehen geben? Welche Personen sind zu sehen? Wie sehen sie aus und wie hört es sich an, wenn sie etwas sagen? Wie fühlt es sich an, wenn Sie sich den Film ansehen? Vielleicht gibt es dazu auch noch bestimmte Düfte oder auch einen bestimmten Geschmack? Und wenn Sie diesen Film dann vor Ihrem inneren Auge ablaufen lassen, gibt es vielleicht zusätzliche Informationen, die Sie integrieren möchten. Die so herausgefundenen sinnesspezifischen Informationen sind die konkreten, realistischen und somit auch die für Sie kontrollierbaren Zielformulierungen. Genießen Sie dann Ihre Wahrnehmung so, wie es Ihnen gefällt!

Werden Ziele sinnlich konkret mit der Gelassenheit der momentanen Gedanken formuliert, so können wir **(4) das Erreichen dieser Ziele unmittelbar kontrollieren.**

Das führt dazu, dass durch das kurzfristige Erreichen der Ziele Energie entsteht, die im laufenden Prozess hilfreich für weitere Zielformulierungen sind. Zielformulierungen sollten somit einen kurzen Feedbackbogen enthalten.

Ebenso hinderlich wie Negationen sind **(5) Vergleiche in der Zielformulierung.**

Wir erwähnen diesen Punkt deshalb, weil hier die sinnesspezifische Formulierung sehr nützlich ist. Wenn ich sage: „Ich will selbstbewusster vor einer Gruppe auftreten", dann fehlt mir der Maßstab. Selbstbewusster als wann und wer? Was heißt selbstbewusst ganz konkret? Wie sieht selbstbewusster aus? Wie hört und fühlt sich selbstbewusster an?

Wenn das Ziel nun positiv, konkret und attraktiv ist, sollten Sie die Zielformulierung einer **(6) Überprüfung** unterziehen.

Stellen Sie fest, ob das formulierte Ziel für Sie und für das jeweilige soziale Umfeld auch wirklich hilfreich und förderlich ist. Oder haben Sie Einwände? Was passiert, wenn andere Menschen mit dem Ergebnis konfrontiert werden? Wie werden sie reagieren? Wichtig ist auch hier, dass Sie mit dem Ergebnis umgehen können. Es muss für Sie in Ordnung sein. Also, was gibt es „Negatives" an dem „Positiven?" Wenn es etwas „Negatives" gibt, wie bewerten Sie es persönlich? Ist das Ergebnis für Sie und den Seminarablauf förderlich und dienlich? Sie müssen überprüfen, ob die Zielformulierung in Ihre gesamte Lebenssituation oder die Ihrer Teilnehmer hineinpasst. Bei dieser Art von „Öko-Check" (→ Glossar) geht es weniger darum festzustellen, ob jemand überhaupt fähig ist, ein Ziel zu erreichen. Denn wenn das Ziel wirklich attraktiv ist und uns magnetisch anzieht, entwickeln wir ungeahnte Kräfte und setzen verborgene Potentiale frei. Vielmehr geht es darum, dass man die erreichte Veränderung so in sein Leben integrieren kann, dass sie keine nachteiligen Folgen hat. Lernprozesse sind stets mit Veränderungsarbeit verbunden. Die Verantwortung von Trainern und Moderatoren, dies zu berücksichtigen die Beteiligten darauf hinzuweisen, kann nicht hoch genug veranschlagt werden.

Woran erkennen Sie nun, ob sich die Zielsetzung „ökologisch" ins soziale Umfeld einbettet? Dabei ist es wichtig, auch kleinste Einwände ernst zu nehmen. Sie sind an der Physiologie (→ Glossar) feststellbar. Achten Sie auch darauf, ob ein Teilnehmer bei der Überprüfung der Zielformulierung eine symmetrische Körperhaltung einnimmt. Dass die Zielsetzung in aller Konsequenz förderlich und nützlich für einen Menschen ist, erkennen Sie deutlich daran, dass sich seine Körperhaltung während der Formulierung mit der Aussage stimmig und passend verhält. Wir sprechen hier auch von einem kongruenten und authentischen Verhalten während der Zielformulierung.

(7) Die Zielformulierung muss im eigenen Kompetenzbereich der betreffenden Person liegen.

Trainer wünschen sich häufig, dass die Teilnehmer ein anderes Verhalten zeigen. Aber auch die Teilnehmer erwarten oft, dass sich die anderen „dort oben" ändern. Das Erreichen solcher Ziele ist jedoch von vielen Faktoren abhängig, auf die beide keinen Einfluss haben. Veränderungsprozesse kommen nur dort in Gang und haben nur dort Erfolg, wo das Erreichen des Ziels ausschließlich das Ergebnis der eigenen Fähigkeiten und des eigenen Einsatzes ist.

Wenn im Moderations- und Trainingsprozess Ziele angestrebt werden, die nicht im Kompetenzbereich der Beteiligten liegen, sollten sie so formuliert werden, dass sie in den eigenen Kompetenzbereich fallen. Ein Trainer kann sich die Frage stellen: „Was kann ich selbst tun, damit sich die Teilnehmer so verhalten, wie ich es mir vorstelle?“ Und die Frage an die Teilnehmer lautet entsprechend: „Was könnten Sie tun, damit Sie das erreichen, was Sie sich von den anderen „dort oben“ wünschen?“

Fassen wir noch einmal zusammen, welche Kriterien für ein wohlgeformtes Ziel förderlich und hilfreich sind:

Zielformulierungen sollten
(1) positiv, konkret und attraktiv sein
(2) situationsspezifisch, d. h. im jeweiligen Kontext mit den dazugehörigen individuellen Werten formuliert werden
(3) sinnesspezifisch formuliert sein
(4) unmittelbar kontrolliert werden können
(5) keine Vergleiche enthalten
(6) einer Überprüfung unterzogen worden sein
(7) im eigenen Kompetenzbereich liegen

Übung: Zielformulierung

Um ein wohlgeformtes Ziel für den Kontext herauszufinden, der Ihnen im Moment wichtig ist, können Sie die folgende Übung nutzen.

(1) Schreiben Sie zunächst in Form eines Brainstormings alle Ideen und Gedanken auf! Nehmen Sie sich dafür drei Minuten Zeit! Wählen Sie selbst aus, welche Form der Ideenfindung Sie nutzen wollen!
- Derzeitige Situation: ....
....
....
....

- Was will ich verändern: ....

. . . .

. . . .

Vielleicht haben Sie auch Freude daran, eine „gedankliche Landkarte" (Mind Map) zu erstellen? Nutzen Sie die Möglichkeit!

(2) Formulieren Sie anschließend aus diesen Wünschen und Ideen anhand der Kriterien ein für Sie wohlgeformtes Ziel!

- Was ist mir wichtig: . . . .
  . . . .
  . . . .
- Was will ich erreichen? . . . .
  . . . .
  . . . .
- Ist das Ziel positiv, konkret und attraktiv?
- Um welche Situation handelt es sich?
- In welchem Kontext habe ich das Ziel erreicht?

Tun Sie so, als ob das Ziel bereits erreicht ist…
Wenn ich das Ziel erreicht habe,

- was gibt es hier.....
- … zu sehen?
- … zu hören?
- … zu fühlen?
- … zu schmecken?
- … zu riechen?
- Woran genau stelle ich fest, dass ich das Ziel erreicht habe?
- Was ist genau geschehen?
- Was gibt es Negatives an dem Positiven?
- Welche Auswirkungen hat das auf mein soziales Umfeld?
- Sind die Auswirkungen für mich in Ordnung?
- Bin ich damit zufrieden? Wenn nicht – machen Sie eine Schleife, starten Sie bei der ersten Frage: **Was ist mir wirklich wichtig?**

Ergebnis: Mein Ziel ist, ...
. . . .
. . . .

- Was kann ich konkret zum Erreichen des Zieles beitragen? . . . .
  . . . .
  . . . .
- Welche Ressourcen (→ Glossar) kann ich aktivieren? . . . .
  . . . .
  . . . .

4.2 Unterschiedliche Ziele ausbalancieren

Ziele und Erwartungen von Teilnehmern während des Seminars und der Umgang damit

Im weiteren Verlauf wollen wir die Orientierung im Seminarprozess betrachten. Nachdem Sie die Inhalte je nach Konzept ausführlich dargestellt oder nur kurz skizziert haben, fragen Sie die Seminarteilnehmer nach ihren Zielen. Das Ergebnis dieser Erwartungsabfrage reicht häufig von klaren Vorstellungen bis hin zu „mal sehen“ oder „ich will neue Dinge einsammeln“. Für den weiteren Ablauf ist eine Konkretisierung nützlich. Offene, lösungsorientierte Überlegungen und möglichst direkt auf den Inhalt bezogene Fragen unterstützen gleich zu Beginn den Rapport (→ Glossar) (Vertrauen und Verständnis) und somit das Gesamtergebnis:

Mögliche Fragen:

- Sie nehmen heute und morgen am Führungskräftetraining teil! Welche konkreten Erwartungen haben Sie an diese Veranstaltung?
- Wenn Sie aus welchen Gründen auch immer mit unkonkreten Zielvorstellungen in diese Veranstaltung gekommen sind, was wäre für Sie wichtig?
- Was ist Ihnen wichtig in dieser Veranstaltung?
- Was wollen Sie in dieser Veranstaltung erreichen?
- Wenn Sie so tun, als ob das Führungskräftetraining bereits vorbei wäre, was müsste dann passiert sein?
- Welche Erwartungen haben Sie?
- Was ist wichtig für Sie?

Die Zielvorstellungen der Teilnehmer in Form der Erwartungsabfrage sind wichtig, weil

- jeder Teilnehmer die Möglichkeit hat, seine Vorstellungen zu Beginn der Veranstaltung mit einzubringen
- dadurch Rapport hergestellt wird, denn es werden individuelle Überlegungen – das, was jedem Einzelnen wichtig ist, die eigenen „Werte“ – offen ausgesprochen und in den Gruppenprozess eingebracht

- durch wertschätzende Aufnahme der Ziele, also ohne wertende Diskussion, weiterer Rapport zwischen dem Trainer und den Teilnehmern, aber auch unter den Teilnehmern entsteht

Häufig formulieren Teilnehmer Sätze, die aussagen, was sie nicht wollen. Negationen werden von unserem Unterbewusstsein jedoch nicht registriert. Wir können unser Ziel nur erreichen, wenn wir konkret sagen, was wir erreichen wollen. Diese Formulierung sollte so eindeutig wie möglich und für den weiteren Prozess nützlich und förderlich sein. Eine Aussage, die sich nur angenehm und positiv anhört, ist unzureichend, weil sie für die weitere Vorgehensweise wenig oder gar nicht hilfreich ist. Hier einige Beispiele für eine unterstützende und fragende „Um-Formulierung".

Diese Form lässt dem Teilnehmer Freiraum für eigene Vorstellungen. Dadurch stellen Sie die wichtige Wertschätzung ihm gegenüber sicher. Außerdem formuliert der Teilnehmer „den für ihn nützlichen Satz" so, dass er die Aussage akzeptieren kann und sie zu seiner Persönlichkeit passt.

Tipps und Anregungen: Beispiele für eine fragend-unterstützende und zielorientierte „Umformulierung":

A: In dieser Veranstaltung möchte ich nichts über das Thema X hören! Das war beim letzten Mal schon störend und unangemessen.
B: Einverstanden! Was wollen Sie stattdessen hören?
A: Ich habe keine konkreten Vorstellungen.
B: Was wäre denn für Sie interessant! Was könnten Sie denn gebrauchen?
A: Ich höre mir erst mal an, was so passiert!
B: Was könnten Sie dazu beitragen, um insgesamt etwas für Sie Nützliches mitzunehmen?

Ziele von Besuchern und Co-Trainer in Trainingsprozessen

An dieser Stelle ist es angebracht, auf die unterschiedlichen Erwartungen und Ziele von Teilnehmern im Trainingskontext einzugehen. In Anlehnung an *Steve de Shazer* und *G. Schmidt* wollen wir die Teilnehmer als

- Besucher
- Konsumenten
- Kunden
- Co-Trainer

betrachten. Dabei geht es uns darum, dass es sich um eine Beschreibung dessen handelt, was zwischen Teilnehmern und dem Trainer geschieht, nicht um eine Charakterisierung der Persönlichkeit der Teilnehmer. Diese Betrachtung ist auch nicht konstant, sondern verändert sich mit der Dynamik und Gestaltung der Beziehung.

Der „Besucher" in Trainingsprozessen: Besucher verbinden mit dem Besuch des Seminars keine besondere Eigenmotivation und auch kein besonderes Eigeninteresse. Möglicherweise wurden sie in das Seminar geschickt, d.h., jemand anderes hat daran ein Interesse und verknüpft damit bestimmte Zielvorstellungen. Der Besucher selbst hat keine konkreten Erwartungen oder Ziele oder gar ein brennendes Bedürfnis nach Veränderung und einer Lösung.

Die Aufgabe für den Trainer: Wenn die Besucher nicht freiwillig am Training teilnehmen, sollte sich der Trainer bewusst sein, dass dieser Kontext für den Besucher die Bedeutung eines Unterwerfungsrituals oder ähnlichem besitzen kann. Der Trainer sollte zunächst unbedingt die Selbstdefinitionen der potentiellen Kunden („ich habe kein eigenes Ziel, Interesse ...") akzeptieren. Allmählich kann er den Besucher unterstützen, Eigennutzen zu entdecken („Da Sie schon mal hier sind, ..."). Hilfreich ist auch, dem Besucher viel positives Feedback über das zu geben, was richtig läuft.

Der Konsument: Wenn Kunden (Konsumenten) zwar ein Eigeninteresse am Lern- bzw. Trainingskontext haben, die Erfüllung der Lernziele aber als fremdgemacht erleben (Opferposition) und entsprechend auch die Gestaltung des gewünschten Lernstils und -kontextes komplett nach außen delegieren, fallen sie in die Kategorie „Konsument". Der Konsument hat zwar Ziele, aber zugleich die Einstellung „Mach du, dass ich meine Ziele erreiche!"

Aufgabe für den Trainer: Grundsätzlich ist es günstig, zunächst diese Fremddefinitionen zu akzeptieren und zu pacen (→ Glossar), wobei sich der Trainer bewusst sein sollte, dass er den Auftrag des Konsumenten im Grunde gar nicht erfüllen kann, da in unserem Verständnis Lernen nicht ohne Selbstregulation und Eigeninitiative geschehen kann.

Die Aufgabe des Trainers ist daher, die Konsumentenhaltung zu utilisieren (→ Glossar), d.h. dem Konsumenten Lern- und Übungskontexte vorgeben („Ich mache es für dich“), die implizit Eigenaktivität erfordern. Unterstützt wird dies, wenn - genau wie beim Typus Besucher - der Trainer sehr viel positives Feedback über die Dinge gibt, die der Teilnehmer richtig macht. Zusätzlich kann er dem Konsumenten Beobachtungsaufgaben für die Zeit zwischen den Seminaren geben.

Der Kunde: Bei dieser Art von Beziehung besitzt der Teilnehmer eigene, formulierte Ziele, die er mit Erwartungen an den Trainer verknüpft. Der Kunde ist sich der Tatsache bewusst, dass jedes Lernen sein aktives Zutun erfordert und er ist - verbal oder nonverbal - bereit, etwas zum Lernerfolg beizutragen.

Aufgabe für den Trainer: Hier findet der Trainer optimale Trainingsbedingungen vor. Er kann auch für die Zeit zwischen den Seminaren dem Kunden spezifische Handlungs- und Übungsaufgaben geben. Auch hier ist viel positives Feedback günstig, auf dessen Basis konstruktive Kritik den weiteren Lernerfolg mit stabilisiert.

Der Co-Trainer: Der Teilnehmer präsentiert sich als Experte für den Trainingsprozess. Dies kann sich auf den Inhalt beziehen oder auf die Gruppendynamik. In diesem Fall profiliert sich der Co-Trainer häufig in der Retter-Rolle. Häufig fühlen Trainer dadurch ihre eigene Rolle gefährdet und starten Führungsversuche, um ihre Position zu behaupten. Das ist verständlich, sehr oft aber nicht zieldienlich.

Aufgabe für den Trainer: Fast immer wirkt es sich günstig aus, die Co-Trainer-Angebote zu akzeptieren und sie dann für sich zu nutzen.

5. Beziehungen aufbauen – Mensch bleiben

Eine wichtige Fähigkeit von Moderatoren und Trainern ist das Herstellen einer wertschätzenden Beziehung zu den Teilnehmern. Erinnern Sie sich an eine Seminarsituation, in der Sie mit den Teilnehmern in völligem Einklang gewesen sind! Welches Gefühl hatten Sie da? Welche Stimmung haben Sie festgestellt?

Vielleicht waren es Menschen, die auch gerade – wie Sie – das Buch von Paulo Coelho „Der Alchimist" gelesen hatten oder den Film „Buena Vista Social Club" besonders interessant fanden. Vielleicht hatten Sie aber auch das gleiche Sprechtempo oder den gleichen Atemrhythmus. Sie werden es nie genau herausfinden. Eins ist jedoch sicher: Es hat Rapport (→ Glossar) zwischen Ihnen und den anderen Beteiligten bestanden.

Rapport basiert auf Verständnis und Vertrauen und ist dann erreicht, wenn ein Gefühl der gegenseitigen Wertschätzung, der Bedeutung und Komplexität individueller Erfahrungen vorhanden ist.

In unserer heutigen Wissensgesellschaft nehmen wir täglich unzählige Reize auf und verarbeiten sie zu Informationen. Diese erzeugten Informationen verbinden wir mit bereits erlebten Situationen, die wir durch Reflexion als Erfahrungen gespeichert haben. Es entstehen dadurch persönliche, mentale Landkarten, die wir Menschen uns von der Welt herstellen. Sind diese Landkarten, mit denen wir uns orientieren, bei anderen Menschen ähnlich konstruiert, sprechen wir davon, dass wir andere Menschen verstehen.

Rapport ist also die Fähigkeit, in die mentale Welt eines anderen Menschen überzugehen und sie zu betreten. Dies ist verbunden mit dem Gefühl, einander zu verstehen und die persönlichen Erfahrungen mit der jeweiligen Bedeutung und Wertigkeit zu würdigen. Rapport ist insbesondere dann vorhanden, wenn von den beteiligten Personen das situative Verhalten als angemessen und glaubwürdig erlebt wird.

Über unser Nervensystem nehmen wir in jeder Sekunde ungefähr zwei Millionen Informationseinheiten auf. Die Eingangstür, hinter der diese Informationen durch innere kognitive und emotionale Prozesse verarbeitet werden, ist die Wahrnehmung. Den Sinn des jeweiligen Reizes erschließen wir, indem wir über unsere Sinneswahrnehmung innere individuelle Entwürfe und somit Repräsentationen erzeugen. „Repraesentare" bedeutet im Lateinischen: sich vergegenwärtigen. Die Art und Weise, wie wir Informationen aufnehmen, abspeichern und in unseren Gehirnen kodieren, bezeichnen wir als Repräsentationssysteme.

Dieses Modell der Repräsentationssysteme basiert auf zwei Überlegungen:

(1) Wir Menschen nehmen über unsere sinnliche Wahrnehmung (VAKOG) (→ Glossar), also über
- Bilder = visuell
- Geräusche und Töne = auditiv
- Gefühle = kinästhetisch
- Düfte und Gerüche = olfaktorisch
- Geschmack = gustatorisch

an der Umwelt teil. Aufgrund dieser wahrgenommenen Reize erzeugen wir innerlich persönliche „sinnesspezifische Konstruktionen" – unsere individuelle mentale Landkarte. Das persönliche Erleben in und mit der Welt setzt sich aus Informationen zusammen, die über qualitativ unterschiedliche Sinnessysteme aufgenommen werden.

(2) Diese persönlichen Konstruktionen bezeichnen wir als die Basis des Bewusstseins. Diese Gerüste sind die Grundlage unserer Denkprozesse, unserer kognitiven Operationen. Verbunden sind diese Prozesse mit Emotionen, unseren Motiven und der Motivation, die an der Ausgangstür durch unser Verhalten zum Ausdruck kommt. Diese bei jedem Menschen in jeder Sekunde ablaufenden inneren Vorgänge bezeichnen wir auch als die vorsprachliche Ebene. Sie ist unendlich reichhaltiger als die sprachliche Ebene. Alle sinnesspezifischen Informationen, die wir wahrgenommen und zu persönlichen inneren Denkgerüsten konstruiert haben, werden durch Worte und somit über Sprache reprä-

sentiert. Wir bezeichnen dies als das Repräsentationssystem der Sprache. Durch Worte in unserer Sprache spiegeln sich somit die sinnesspezifischen Wahrnehmungen wider.

Wenn ein Seminarteilnehmer sagt, dass ihm eine Aussage einleuchtet, dann beschreibt er ein inneres visuelles Bild.

Visuell orientierte Menschen verwenden Sätze wie: „Ich sehe das genauso." oder „Wir können doch nicht zusehen, wie die Angelegenheit nach und nach immer undurchsichtiger wird."

„Diese Aussage ist für mich stimmig", erklärt ein anderer Teilnehmer und sagt damit etwas über seine auditive Konstruktion aus. Auditive Menschen verwenden Sätze wie: „Das hört sich aber gut an." oder „Das klingt stimmig."

Menschen, die eher kinästhetisch orientiert sind, verwenden Sätze wie: „Mein Standpunkt in dieser Angelegenheit ist noch nicht fest." oder „Mein Gefühl sagt mir etwas anderes."

Menschen, die olfaktorische oder gustatorische Wörter benutzen, äußern sich durch solche Aussagen: „Ich habe einen Riecher für diese Angelegenheit." oder „Das ist nicht nach meinem Geschmack!"

Die Sprache (die Repräsentationssysteme der Sprache) und das individuelle innere Erleben (die Repräsentationssysteme) korrespondieren miteinander. Durch Prädikate werden die sinnesspezifischen Wahrnehmungen über unsere Sprache zum Ausdruck gebracht.

5.1 Die Beziehung zu den Teilnehmern – gute Stimmung herstellen

Wie stellen wir das Gefühl von Vertrauen und Verständnis (Rapport → Glossar) zu Teilnehmern her? Durch das Verwenden der gleichen Muster sprachlichen Ausdrucks können wir uns dem Weltmodell anderer Menschen annähern. Die Aufgabe eines Moderators und Trainers zu Beginn einer Veranstaltung besteht nun nicht darin, die einzelnen Repräsentationssysteme zu identifizieren. Das wäre ein Vorhaben, das kaum zu verwirklichen ist. Sie können aber etwas anders tun: Sie können möglichst viele Wahlmöglichkeiten anbieten!

In diesem Zusammenhang wird von Lernstilen, Denkstilen oder auch Lerntypen gesprochen. Manche Informationen werden bevorzugt wahrgenommen. Dies kann bei jedem Menschen unterschiedliche Gründe haben, die ohne Wertung zu betrachten sind. Es gibt also Wahrnehmungen, denen Menschen eine Präferenz in einer Situation zukommen lassen. Man spricht deshalb auch von einer „präferierten Wahrnehmung".

Also bieten Sie als Trainer in der Einstiegsphase Wahlmöglichkeiten für die persönlich bevorzugte Wahrnehmung in Lernsituationen an. Das Tor zum Rapport haben Sie bereits geöffnet, indem Sie die Teilnehmer per Handschlag (kinästhetisch) begrüßt oder eine Tasse (kinästhetisch) Kaffee (olfaktorisch, gustatorisch) angeboten haben. Auf einer Präsentation auf dem Flipchart oder dem Beamer konnten die Teilnehmer „Herzlich willkommen" lesen (visuell). Im Hintergrund spielt leise eine der Situation angemessene Musik (auditiv). Vielleicht reichen aber auch Ihre persönlichen Worte (auditiv) zur Begrüßung aus.

Um das Tor zum Rapport (→ Glossar) weiterhin offen zu halten, sprechen Sie im Verlauf der allgemeinen Eröffnung, der Vorstellung der Inhalte und den Informationen zur organisatorischen Gestaltung möglichst viele Wahrnehmungskanäle an. Durch die Benutzung von Wörtern aus allen Repräsentationssystemen können alle Teilnehmer erreicht werden, egal welches System sie zum Lernen und Verarbeiten bevorzugen.

„Sie sind zu dieser Veranstaltung gekommen (K), um neue Inhalte zum Thema x zu hören und im Erfahrungsaustausch mit anderen Teilnehmern gemeinsam darüber zu sprechen (A). Vielleicht sind aber auch die hier angebotenen Übungen (K) hilfreich. In den vor Ihnen liegenden Unterlagen können Sie die Inhalte nachlesen." (V) (s. Abbildung S. 67)

Aufgrund der von Ihnen gewählten Darstellung hat jeder Teilnehmer die Gelegenheit, sich von dem „Büfett" etwas auszuwählen.

Das Repräsentationssystem jedes einzelnen Teilnehmers wird bestimmen, welche Informationen verarbeitet werden. Sollte ein Teilnehmer nun eine Frage stellen, obwohl Sie die Information Ihrer Meinung nach gerade geäußert haben, wissen Sie: Auch

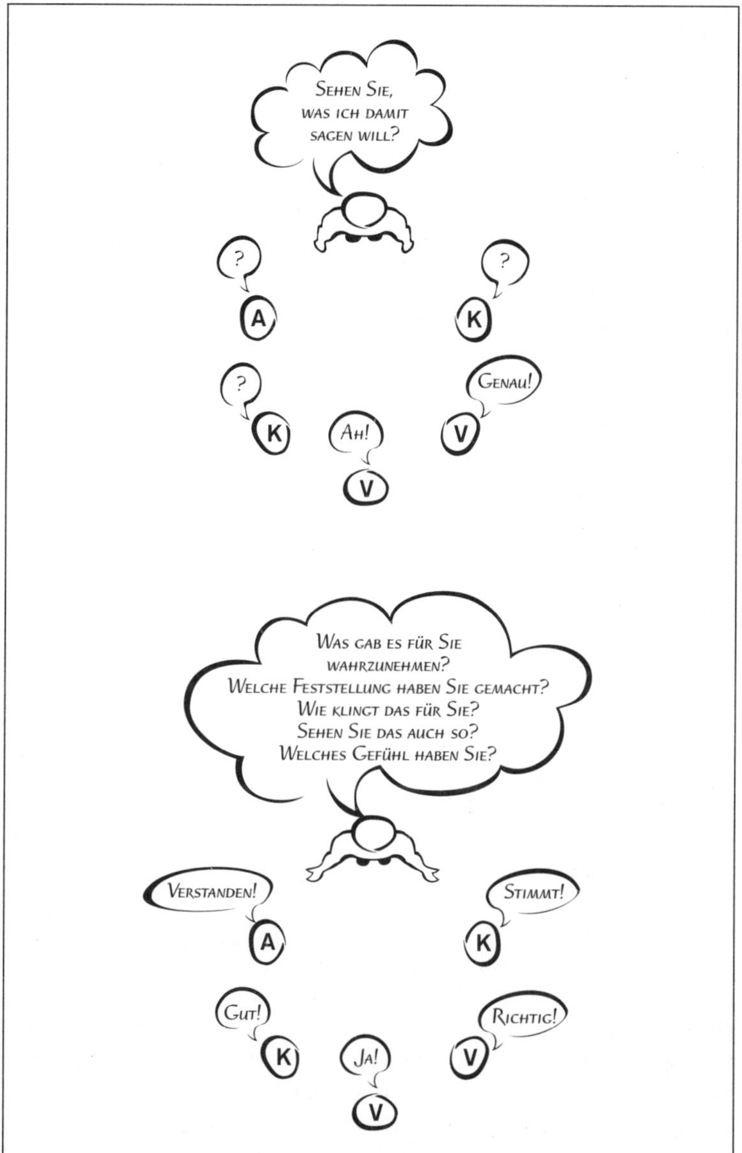
Sehen Sie, was ich damit sagen will?
?
?
?
Genau!
Ah!
A
K
K
V
V
Was gab es für Sie wahrzunehmen?
Welche Feststellung haben Sie gemacht?
Wie klingt das für Sie?
Sehen Sie das auch so?
Welches Gefühl haben Sie?
Verstanden!
Stimmt!
A
K
Gut!
Richtig!
K
Ja!
V
V

wenn er Ihnen zugehört hat, könnte vielleicht sein Repräsentationssystem nicht bedient worden sein. Nun ist es möglich, dass auch Sie eine Präferenz für ein bestimmtes Wahrnehmungs- und somit für ein Repräsentationssystem haben. Aber wie heißt es so schön: „Wer übt wird Meister!"

Übung: Repräsentationssysteme ansprechen

Sorgen Sie also für einen Ausgleich und für ein Gleichgewicht zwischen den verschiedenen Repräsentationssystemen. Wählen Sie beispielsweise jeden Tag ein System aus, an dem Sie arbeiten wollen. Wenn Sie bewusst das visuelle System zum Üben ausgewählt haben, dann werden Ihnen besonders die visuellen Wörter auffallen. An dem Feedback in Form der Physiologie (→ Glossar) der Teilnehmer werden Sie feststellen, wie sie auf die ausschließliche Nutzung reagieren werden. Stellen Sie fest, dass sich einige besonders angesprochen fühlen, haben Sie die visuell orientierten Teilnehmer erreicht. Stellen Sie fest, dass andere „aussteigen", ist das ein sicheres Zeichen, diese „Übung" sofort zu beenden!

Gruppenrapport unterstützen und fördern durch die Minderung von Erfolgsdruck

Wie können Sie den Gruppenzusammenhalt unterstützen und fördern? Was benötigen Teilnehmer, damit es ihnen gut geht?

Menschen definieren sich in wesentlichen Bereichen über Leistung. Ob wir das gut finden oder nicht, Leistung ist auch ein wichtiger Faktor für die eigene Stellung und Position in der Gruppe. Daher ist besonders zu Beginn ein hoher Erfolgsdruck die Regel.

Gleichzeitig gilt aber: Je höher der Erfolgsdruck, desto schwerer fällt der Erfolg – in gewisser Weise ein Dilemma. Manche Teilnehmer schrauben sich in einem eskalierenden Prozess immer mehr in eine fatale Dynamik: Es entsteht Druck, etwas lernen zu müssen. Die Leistung gelingt nicht besonders gut, was gerade zu Beginn ja ganz normal ist, schließlich lernen die Teilnehmer etwas Neues. Es erfolgt eine persönliche negative Bewertung. Der Druck wird noch größer.

Mindern Sie deshalb den Erfolgsdruck bei Ihren Teilnehmern. Fordern Sie die Teilnehmer zu Fehlern auf. Eine Grundannahme des NLP lautet: Es gibt keine Fehler, es gibt nur Feedback. Würzen Sie diese Aufforderung mit Humor und mit Leichtigkeit.

Ich erzähle gerne, dass einer meiner Trainer damals sagte „Machen Sie Ihre ersten hundert Fehler so schnell wie möglich!"

Es besteht die Ansicht, es wäre besser, das Wort Fehler überhaupt nicht anzusprechen und gänzlich durch andere wie „Feedback" oder „Lernerfahrung" zu ersetzen. Nach langem Experimentieren sind wir wieder zum Begriff „Fehler" zurückgekehrt. Denn auch wenn der Kopf sich an den neuen Begriff halten kann, die emotionale Ebene fühlt meist auch ein „Feedback" als Fehler! Inzwischen halten wir es für nützlicher, den Begriff Fehler mit anderen Bedeutungen zu versehen und damit auch zu einer emotionalen Leichtigkeit zu gelangen.

Stellen Sie sich vor, Sie hätten als Kleinkind schon über das Konzept „Fehler" verfügt: Sie versuchen, Schritte zu gehen, torkeln, es scheint zunächst zu gelingen, doch dann landen Sie wieder auf dem Boden. Sie sagen sich: „Wie konnte das passieren. Ich werde das Laufen niemals lernen. Das hat einfach keinen Sinn, wie die Erfahrung beweist! Warum kann ich nicht einfach aufstehen und losgehen?" Was haben wir für ein Glück, dass wir als kleine Kinder zu dieser negativen Bewertung einfach noch nicht in der Lage waren. Kleine Kinder probieren es immer wieder. Sie stehen auf, fallen hin, stehen auf, fallen hin, stehen auf – bis es eines Tages so richtig gut „läuft". Kinder in diesem Stadium sind so weise wie Winston Churchill. Er meinte, Erfolg haben heiße, mindestens einmal mehr aufstehen, als man hingefallen ist.

Solange Fehler sich negativ anfühlen, stehen sie gewissermaßen zwischen dem Teilnehmer und seinem Ziel. Das Ziel wird dadurch weniger attraktiv. Denken Sie wieder an kleine Kinder, wenn sie sprechen lernen: Sie wollen unbedingt mitreden können! Egal ob das zu Anfang korrekt ist oder überhaupt schon Sinn ergibt!

Ein Teilnehmer einer Ausbildungsgruppe setzte sich enorm unter Druck. Er hatte extrem „hohe Ansprüche". Er sprach davon, dass er bei sich die Messlatte sehr hoch ansetzte. Zwar wusste er, dass es nicht nötig war, ja, fürs Lernen sogar kontraproduktiv ist. Aber er konnte sich nicht einfach befehlen, etwas anderes zu fühlen. In den Übungen konnte er die aktive Rolle kaum einnehmen, da ihm öfter der Faden riss und er kaum mehr ein Wort hervorbrachte. Da kam ihm eine Idee: Wie wäre es, die Messlatte – seine Ansprüche – noch höher zu legen? So hoch, dass er mit Leichtigkeit unter ihr hindurchlaufen könnte! Und zwar erhobenen Hauptes! Erst diese selbst erarbeitete humorvolle Metapher ermöglichte ihm, sich zu entspannen und sich Fehler zu erlauben.

Wie steht es allerdings bei Ihnen selbst? Wie gehen Sie mit Ihren eigenen „Fehlern" um? Seien Sie Vorbild, nehmen Sie kleine Pannen mit Humor! Das wird positiv auf die Teilnehmer abfärben. Über sich selbst (wohlwollend) lachen zu können, bildet eine Grundvoraussetzung und Grundqualifikation für den Beruf des Trainers. Denn es ist nicht seine Aufgabe zu brillieren! Seine Aufgabe ist es, die Teilnehmer so zu fördern, dass diese irgendwann brillante Leistungen erbringen. Und je mehr Fehler willkommen sind, umso schneller wird dies geschehen. Solange man sich selbst zu wichtig nimmt, behindert man den Erfolg seiner Teilnehmer!

Rapport zur Gruppe herstellen und aufrechterhalten – Tipps für den Werkzeugkoffer –

Hier nun weitere Tipps für den Werkzeugkoffer, um den Gruppenrapport herzustellen und aufrechtzuerhalten! Wählen Sie aus, variieren Sie und fügen Sie kreativ zusammen!

- Erzählen Sie als Einstieg etwas **Persönliches von sich**. Es kann sich um ein Hobby handeln oder um etwas, was Ihnen besonders wichtig ist, z. B: ein positives Erlebnis, eine lustige Geschichte, ein amüsanter Kommentar oder ein verbindendes angenehmes Ereignis. Es sind Anknüpfungspunkte für Pausen- und Tischgespräche.
- **„Lassen Sie mich zunächst eine kleine Geschichte erzählen …"** Damit Teilnehmer ihre Potentiale entfalten können, wollen sie sich zunächst wohlfühlen. Zu den acht wichtigsten Intelligenzen für das 21. Jahrhundert gehört als Kernkompetenz auch die Emotionale Intelligenz. Es geht also in Zukunft nicht nur um reines Faktenwissen, sondern auch um emotionale Aspek-

te. Doch um Gefühle zu transportieren, um sie auch in Arbeitsprozesse und den Businessbereich zu integrieren, brauchen wir ein Werkzeug. Ein sehr geeignetes Werkzeug dafür ist: Geschichten zu erzählen, um Gefühle zu transportieren. Bitte verwechseln Sie Gefühle an dieser Stelle nicht mit Sentimentalität, sonst schlagen Emotionen ins Gegenteil um. Gerade zu Beginn einer Veranstaltung vermitteln Sie ein Klima des „Wohlfühlens“ nicht über Zahlen, Daten, Fakten und wissenschaftliche Erklärungen, sondern indem Sie einen Rahmen schaffen, in dem sich Emotionen besonders in der Berufswelt bewegen und äußern dürfen – Geschichten. Erzählungen, die einen Ausschnitt der Komplexität einerseits ermöglichen, anderseits aber für jeden Einzelnen so viel gedanklichen Freiraum lassen, dass individuell gedankliche Konstruktionen entstehen können.

- Nehmen Sie Druck aus der **Vorstellungsrunde**, indem Sie zunächst ein Partnerinterview initiieren oder die Teilnehmer in Kleingruppen miteinander ins Gespräch kommen lassen. Die „Darstellung“ vor der großen Gruppe ist für die meisten Menschen erst einmal Stress. Den Gesprächseinstieg für kleine Gruppen können Sie mit Hilfe einer vorgegebenen Struktur erleichtern (Name, Wohnort, berufliche Tätigkeit, Hobbys, Erwartungen an die Veranstaltung).
- **Sprechen Sie Teilnehmer mit ihrem Namen an**. Wie würden Sie reagieren, wenn Sie nach einer Stunde in einer Veranstaltung von einer zunächst nicht bekannten Person mit Namen angesprochen werden? Der Trainer sieht dabei nicht auf eine Liste. Namensschilder könnten ihn unterstützen, die gibt es aber nicht! „Unmöglich!“, sagen Sie. Aber es funktioniert! Merken Sie sich gleich in der Vorstellungsrunde die Namen der Teilnehmer. Beim Ansprechen der Teilnehmer sagen Sie nicht: „Ja, Sie dort hinten.“ Stellen Sie unmittelbar durch das Ansprechen der Person mit dem Namen Rapport (→ Glossar) her. Durch die Wiederholung der Namen erteilen Sie eine immense Wertschätzung. Gleichzeitig „lernen“ Sie in rasanter Geschwindigkeit die Namen ohne eine Bilderliste!
- **Integrieren Sie Teilnehmer bei Aufgaben**. Pausen pünktlich

zu beginnen, aber auch zu beenden, könnte eine gemeinsame Aufgabe sein. Sprechen Sie solche Überlegungen möglichst am Beginn einer Veranstaltung an. Sie setzen dadurch den Rahmen des gemeinsamen Umgangs miteinander. Was sich dann innerhalb des Rahmens entwickelt, ergibt die gemeinsame Interaktion.

- **Klären Sie die Ziele der Teilnehmer gleich zu Beginn**. Was wollen die Teilnehmer am Ende der Veranstaltung mit nach Hause nehmen? Was ist ihnen wichtig? Was benötigen sie?
- **Appellieren Sie an die Teilnehmer**, „Fragen zu stellen". Gleich am Anfang einer Veranstaltung kann es wichtig sein, Teilnehmer aufzufordern, Fragen zu stellen. Diese Aufforderung sollte aber auch für Sie in Ordnung sein. Durch den wertschätzenden Umgang mit den ersten Fragen zeigen Sie, dass Ihr Appell ernst gemeint und ehrlich ist und tragen damit zum Rapport bei.
- **Weitere nützliche Überlegungen** finden Sie in Abschnitt 8.4 – Mit Fragen Lösungen auf den Weg bringen.

5.2 Verhaltensmuster erkennen und nutzen

Nonverbale Muster

Kommunikation spielt sich zum großen Teil nonverbal ab. Eine der zentrale Fähigkeiten eines Trainers bildet daher die Wahrnehmung nonverbalen Verhaltens. Noch relativ einfach ist es, das nonverbale Verhalten eines einzelnen Teilnehmers zu erfassen. Schon wesentlich mehr Wahrnehmungsfähigkeiten sind nötig, um die nonverbalen Muster einer ganzen Gruppe zu erkennen. Doch wahrnehmen allein reicht nicht aus. Was nützt es, eine bestimmte Körperhaltung, eine spezifische Geste oder eine Änderung in der Stimmlage zu erkennen, ohne ihr eine Bedeutung beizumessen?

Die wahrgenommene Körpersprache sinnvoll deuten zu können, ist nicht so einfach. Die zahlreichen Ratgeberbücher zum Thema Körpersprache helfen da auch kaum weiter. Die meisten von ihnen verfahren nach dem Schema, jeder Haltung, Geste oder Stimmlage eine bestimmte Bedeutung zuzuweisen. So erfahren wir beispielsweise, dass verschränkte Arme Distanz signalisieren. Je nach Situation kann das zutreffen – oder auch nicht! Manche Menschen verschränken ihre Arme schlicht aus dem Grund, um sich eine kleine Ruhepause zu gönnen. Sie distanzieren sich damit keineswegs vom Geschehen, sondern folgen ihm nur entspannter und ruhiger. Die Kunst besteht darin, Körpersprache richtig lesen zu können.

Vor einiger Zeit veranstaltete ich einen einführenden Vortrag zum Thema NLP. Von einer Teilnehmerin wusste ich, dass sie sehr daran interessiert war, bei einer NLP- Ausbildung dabei zu sein. Während der ganzen Zeit lächelte sie kaum einmal, die Mundwinkel waren nach unten gezogen und ihr Blick oft ausdruckslos ins Leere gerichtet. Ich war mir ziemlich sicher, dass sie der Vortrag langweilte und kaum interessierte, ja ich glaubte sogar, Anzeichen von Verärgerung zu erkennen. Zu meiner völligen Überraschung kam sie nach dem Vortrag zu mir, bedankte sich für den interessanten Abend und sagte, sie freue sich auf die Ausbildung. Ich hatte korrekt wahrgenommen und völlig falsch interpretiert!

Stellen Sie sich vor, Sie lesen einen Text in einer Ihnen völlig fremden Sprache. Sie sehen die Schriftzeichen und könnten deren Form exakt beschreiben. Der Sinn des Textes erschließt sich Ihnen aber noch lange nicht. Dazu müssen Sie etwas über die Sprache und die Kultur wissen. Sie müssen sie lernen und dazu brauchen Sie Übersetzungshilfe.

Sie können Körpersprache erst dann richtig lesen und übersetzen, wenn Sie etwas über die Menschen, mit denen Sie es zu tun haben, in Erfahrung gebracht haben. Sonst bleibt jede Interpretation grundsätzlich fehlerhaft. Im NLP nennen wir den Lernvorgang, nonverbale Zeichen richtig übersetzen und lesen zu können, kalibrieren (→ Glossar).

Die richtige Deutung nicht sofort parat zu haben, ist kein Zeichen von mangelndem Expertenwissen. Gerade ein Experte auf diesem Gebiet weiß ganz genau, wann er noch zu wenig weiß, um richtig deuten zu können. Im Gegensatz zu den Pseudoexperten ist ihm klar, dass er noch lernen muss.

Ein Teilnehmer runzelt die Stirn und bekommt dadurch eine

Falte zwischen den Augen. Noch wissen wir nicht, was das bedeutet. Gleichzeitig stellt er eine Frage: „Das fand ich jetzt hoch spannend, da war ein Aha-Erlebnis für mich dabei. Was ich noch gerne wissen möchte, ist ..." Nun erst können wir beginnen, dem Gesichtsausdruck eine Bedeutung zuzuschreiben. Sehen wir diese Mimik später erneut, spricht einiges dafür, dass der Teilnehmer gerade voller Interesse mit dabei ist.

> **Hier jedoch eine Warnung:** Ein Treffer macht noch keine korrekte Interpretation. Halten Sie Ihre „Schubladen" so lange wie möglich offen. Erst mehrfache Bestätigung schafft ausreichende Sicherheit!

Sie geben sich als Trainer keine Blöße, wenn Sie Ihre Wahrnehmungen hinterfragen. Der Gesichtsausdruck eines Teilnehmers lässt Sie vermuten, dass er verärgert ist. Sie sind sich jedoch nicht sicher – und können es nach dem vorhin Gesagten auch gar nicht sein. Fragen Sie nach! Mindestens zwei Möglichkeiten stehen Ihnen dazu offen:

- Zum einen können Sie Ihre Vermutung direkt ansprechen: „Hat Sie da gerade eben etwas verärgert?" Das empfehlen wir vor allem dann, wenn das nonverbale Verhalten stark ausgeprägt ist.
- Oft ist es aber günstiger, unspezifisch zu fragen: „Gab es gerade eben etwas, was Sie beschäftigt? Hat meine Aussage von vorhin etwas mit Ihnen gemacht?" Beharren Sie nicht auf Ihrer ursprünglichen Interpretation und lassen Sie sich von der Antwort des Teilnehmers eines Besseren belehren!

Die Körpersprache der Gruppe

Mit jedem neuen Teilnehmer und mit jeder neuen Gruppe beginnt der Lernprozess, Körpersprache korrekt deuten zu können, wieder aufs Neue. Verlassen Sie sich nicht auf Schubladen und halten Sie neben Ihren Augen und Ohren auch Ihren Geist offen.

Noch mehr als in der Vier-Augen-Kommunikation benötigen Sie im Training Ihre periphere Wahrnehmung, um die dynamischen nonverbalen Muster in Gruppen erkennen zu können. Ein Teilnehmer stellt eine Frage. Sie wenden sich ihm zu und wollen seine Frage beantworten. Ohne peripheres Sehen würden Sie nicht wahrnehmen, wie die anderen Teilnehmer auf den Fragesteller reagieren. Dabei ist das sehr bedeutsam.

Noch mehr als bei Einzelpersonen zeichnet sich das nonverbale Verhalten von ganzen Gruppen durch eine dynamische Komponente aus. Trachten Sie danach, vor allem die dynamischen Muster zu erkennen:

- Reihenfolge der Redebeiträge
- Nonverbale Reaktionen auf einzelne Redebeiträge. Auch hier gilt es, erst die Bedeutung zu erlernen und im Zweifelsfall nachzufragen.
- Abfolge von Bewegungen. Wer bewegt sich zuerst, wer folgt? Manchmal sind diese Bewegungsfolgen den La-Ola-Wellen in Stadien vergleichbar.
- Wer ist der Tempomacher, wenn sich das Tempo des Bewegens und des Redens verändert?

Muster der Gruppeninteraktion und Gruppenrollen

Diese dynamischen Muster dienen als wertvolle Informationsquelle. Sie zeigen an, welche Position ein Teilnehmer innerhalb der Gruppe einnimmt. So ist ein Teilnehmer für die Gruppe wichtig, wenn sein verbales und nonverbales Verhalten zahlreiche Reaktionen der anderen nach sich zieht. Wichtig kann dabei zweierlei bedeuten. Entweder handelt es sich um den inoffiziellen Gruppenführer oder aber um das „schwarze Schaf“, das den Sündenbock abgibt. Dem Gruppenführer und dem Sündenbock kann jeweils auch eine „Gefolgschaft“ bzw. ein „Heer der Kritiker“ zugeordnet werden. Dagegen spielt ein Teilnehmer die Rolle des Außenseiters, wenn er so gut wie nie Reaktionen bei den anderen hervorruft.

Interaktion Trainer – Gruppe

Die dynamischen nonverbalen Muster einer Gruppe können aber auch Reaktionen auf den Trainer sein. Bringt er die Gruppe im wahrsten Sinne des Wortes in Bewegung? Hat er, ohne es zu wissen, gerade ein Tabu berührt?

Hier gilt in ganz besonderem Maße: **Fragen sind hilfreicher als Interpretationen!**

Dabei müssen die Fragen nicht einmal als Fragen formuliert sein. „Es scheint da gerade etwas bei Ihnen in Bewegung gekommen zu sein!?“ stellt eine hilfreiche unspezifische Aussage dar, die wie eine Frage wirkt.

Ich kam als Gasttrainer in eine Train-the-Trainer-Ausbildung. Da der zeitliche Rahmen knapp bemessen war, wollte ich ohne große Umschweife beginnen und hatte mich als Einstiegsrunde für ein „Blitzlicht“ entschieden. Für mich überraschend, löste der Begriff „Blitzlicht“ bei den Teilnehmern zum Teil heftige nonverbale Reaktionen aus. Auf meine Nachfrage hin erfuhr ich, dass in den vorangegangenen Modulen Blitzlichtrunden stets zur Klärung von Problemen und großer Unzufriedenheit eingesetzt wurden. „Blitzlicht“ war inzwischen sehr negativ belegt. Kurz entschlossen taufte ich das Verfahren in eine „No-name-Runde“ um. Die Teilnehmer lachten und wir konnten frisch und ressourcevoll mit dem Seminar beginnen.

„Mustervorlagen“ – Übungen zur Schulung der Wahrnehmung nonverbaler Muster in Gruppen

Szenario 1: Visuelle und tonale Muster identifizieren

Fünf oder mehr Personen bilden einen Gesprächskreis. Sie diskutieren über ein beliebiges Thema. Eine weitere Person übernimmt die Rolle des Beobachters.

Während der Beobachter vor der Tür wartet, sprechen sich die Teilnehmer des Gesprächskreises kurz ab. Sie bestimmen eine Person, die während der folgenden Diskussion immer wieder die Sitzhaltung und die Körperhaltung wechselt. Zusätzlich wählen sie zwei weitere Personen aus, die auf diesen Wechsel reagieren und ebenfalls ihre Sitzposition ändern.

Nun wählt die Gruppe ein internes Reizwort, das für Außenstehende zunächst neutral klingt, etwa „Papier“ oder ähnliches. Schließlich werden weitere zwei Teilnehmer ausgewählt, die jedes Mal, wenn das Reizwort fällt, mit einer bestimmten Mimik reagieren.

Dann wird der Beobachter wieder herein gebeten. Während der Gesprächskreis diskutiert, versucht er, die von der Gruppe abgesprochenen dynamischen Muster zu identifizieren.

Er meldet seine Bobachtungen zurück und erhält seinerseits von der Gruppe Feedback über die tatsächlichen Absprachen. Interessant ist, wenn der Beobachter Muster erkennt, die die Gruppe nicht abgesprochen hat. Wo immer kommuniziert wird, entstehen in außerordentlich kurzer Zeit spontane Muster.

Szenario 2: Identifizieren von „Indexpersonen“

Ziel dieser Übung ist das Identifizieren von Teilnehmern, die ein Thema oder einen Gruppenzustand besonders ausgeprägt repräsentieren bzw. auf ein Thema besonders deutlich reagieren. Diese Teilnehmer werden „Indexpersonen“ genannt.

Wieder besteht das Szenarium aus einer Gruppendiskussion zu einem beliebigen Thema. Dazu gesellt sich ein externer Beobachter.

Während der Diskussion wirft der externe Beobachter ab und zu ein Reizwort ein, zum Beispiel „Sex“, „Schwachsinn“ oder „fantastisch“.

Alle Teilnehmer sind gleichzeitig auch Beobachter und registrieren:

- Welche nonverbalen Reaktionen waren bei mir und den anderen Beteiligten wahrnehmbar?
- Welche „ganzheitlichen Muster“ waren zu erkennen? Gab es beispielsweise eine einheitliche Reaktion der ganzen Gruppe oder waren es eher sehr individuelle Reaktionen?
- Wer hat besonders intensiv reagiert?

Die nächste Übung bildet den gesamten Prozess der Wahrnehmung und des Kalibrierens (→ Glossar) ab.

Szenario 3: Kalibrieren auf Gruppenzustände

Ein Trainer moderiert eine Besprechung mit vier oder mehr Teilnehmern bzw. „Mitspielern“ zu einem x-beliebigen Thema.

Phase 1: Die Teilnehmer gehen nach Absprache und mit Wissen des Trainers in verschiedene Zustände, z. B. Neugier, Langeweile, Angst, Ärger usw. Der Trainer „eicht“ sich währenddessen auf das jeweilige nonverbale Muster der Gruppe.

Er achtet vor allem auf

- Tempo und Rhythmus der Gestik,
- Tempo und Rhythmus der Redebeiträge,
- plötzliche Wechsel und Änderungen,
- dynamische Interaktionsmuster,
- Indexpersonen.

Phase 2: Hinter dem Trainer steht eine weitere Person, die er nicht sehen kann. Sie gibt der Gruppe Signale, in welchen der vorhin angespielten Zustände die ganze Gruppe jeweils hineingehen soll.
Der Trainer versucht jeweils, die unterschiedlichen Gruppenzustände zu identifizieren.

Indexpersonen

Indexpersonen repräsentieren bestimmte Gruppenthemen oder Zustände. Sie fungieren gewissermaßen als verbales oder nonverbales Sprachrohr des jeweiligen Aspektes. Wenn Sie wissen, wer in der Gruppe was repräsentiert bzw. wofür er sich einsetzt, dann stehen Ihnen sehr wichtige Schlüsselinformationen zur Verfügung.

In einem Seminar saß ein Teilnehmer, der immer und immer wieder penetrant Fragen nach dem Nutzen stellte. Kurz bevor er sich zur nächsten Frage meldete, wies er jeweils einen markanten Gesichtsausdruck auf. Konnte ich seine Frage für ihn befriedigend beantworten, veränderte sich seine Mimik abrupt und wurde sehr entspannt. Ich begann, zunehmend gereizter auf ihn zu reagieren. Ich dachte während einer Pause über ihn und das Seminar nach.

Mir wurde klar, wie selbstverständlich ich vorausgesetzt hatte, dass die Teilnehmer schon um den Nutzen des Themas wüssten. Dieser Teilnehmer war Sprecher derjenigen, die darum noch nicht wussten. Mit anderen Worten: Er war eine Indexperson. Immer, wenn ich im weiteren Verlauf des Seminars den möglichen Nutzen ansprach, hatte ich speziell diesen Teilnehmer im Auge. Sobald er entspannt blickte, wusste ich, dass für ihn und für die anderen die Frage nach dem Nutzen ausreichend geklärt war.

Feinsteuerung des Prozesses durch nonverbales Feedback

Eine Grundannahme des NLP lautet: Erst die Reaktion, die wir erhalten, bestimmt die Bedeutung der Kommunikation. Anders ausgedrückt: Eine perfekte Präsentation alleine reicht nicht aus – Bedeutung kommt dem Inhalt und dem Lernstoff erst dann zu, wenn er auch für die Teilnehmer Bedeutung erhalten hat! Als Trainer sind Sie Vermittler von Inhalten. Und Ihr Job ist erst dann zu Ende, wenn Sie den Stoff tatsächlich übermittelt haben.

Unterschiedliche Aspekte melden Ihnen zurück, ob der Inhalt wirklich bei Ihren Teilnehmern angekommen ist:
- Die Aussagen der Teilnehmer selbst.

Wichtiger sind hier die tatsächlichen Fähigkeiten der Teilnehmer:
- Verstehen und beherrschen sie die Inhalte?
- Sind sie in der Lage, das Erlernte anzuwenden?
- Können sie es bereits in den Übungen umsetzen?

Wesentliche Informationen liefert vor allem auch das nonverbale Verhalten der Teilnehmer. Sind sie aufmerksam bei der Sache? Kennzeichen von Aufmerksamkeit sind unter anderem:
- häufiger Blickkontakt zum Trainer,
- aktive Beteiligung und Redebeiträge sowie
- unwillkürliches leichtes Kopfnicken.

Gerade Letzteres ist zumindest in unserem Kulturkreis ein eindeutiger Hinweis auf Zustimmung und Interesse.

Wir möchten jedoch nochmals warnen: Nonverbale Verhaltensweisen können *sehr* missverständlich sein. Manche Teilnehmer setzen einen defokussierten Blick auf, der sich nicht direkt auf das Gruppengeschehen richtet, wenn sie sich auf die Inhalte konzentrieren.

Dasselbe kann gelten, wenn Teilnehmer während des Seminars Nebengespräche führen. Nebengespräche drehen sich häufig um den eigentlichen Seminarinhalt und zeugen von großem Interesse an den behandelten Themen, weit öfter, als die meisten Trainer annehmen. Engagement aktiviert und das muss zur Sprache kommen! Die Themen „bewegen“ – und nur zu sitzen und zuzuhören ist nicht das optimale Setting für engagierte Teilnehmer.

Auf den Punkt gebracht: Bevor Sie sich als Trainer oder Moderator über Nebengespräche oder scheinbares Desinteresse verärgert oder verunsichert zeigen: Versichern Sie sich zuerst, was es wirklich damit auf sich hat. Fragen Sie direkt oder indirekt nach!

Verhaltensweisen als Kooperation interpretieren

Der vieldeutige Charakter der Kommunikation weist also nicht nur verunsichernde und problematische Aspekte auf. Wir können den Spielraum, der sich hier eröffnet, auch konstruktiv und positiv nutzen, indem wir das Verhalten der Teilnehmer zuallererst als Kooperation deuten. Dieser Ansatz geht zurück auf *Milton Erickson*, den Begründer der modernen Hypnotherapie und Wegbereiter zahlreicher Kommunikationsmodelle, u. a. dem von *Paul Watzlawick*.

Auf den Punkt gebracht: Gehen Sie bei (scheinbaren) Störungen davon aus, dass dieses Verhalten die besondere Art und Weise Ihres Teilnehmers ist, am Seminarerfolg mitzuarbeiten.

Natürlich handelt es sich dabei um eine Interpretation. (Allerdings ist das Etikett „störend“ ebenfalls eine Interpretation!) Vielleicht ist Ihr Teilnehmer nicht wirklich oder nur teilweise am Thema interessiert. Das „positive Missverständnis“ führt jedoch dazu, latent vorhandene Bereitschaft zu wecken. Ein Rest an Interesse und Engagement ist nahezu immer vorhanden und wartet nur darauf, aktiviert zu werden.

Bedenken Sie: Nicht erkanntes und gewürdigtes Engagement ist nicht einfach nur eine verpasste Chance. Wird das Engagement der Teilnehmer nicht aufgegriffen, verschlechtert sich die Lage. Offen oder eher im Untergrund beginnen vormals engagierte Teilnehmer gegen das Seminar zu kämpfen. Sie sind nach wie vor engagiert, aber nicht mehr für, sondern jetzt gegen das Seminar! Teilnehmer, die von vornherein desinteressiert sind, werden sich auch nicht sonderlich „negativ engagieren“.

Lassen Sie es gar nicht dazu kommen, dass sich das Engagement Ihrer Teilnehmer gegen das Seminar wendet. Denken Sie bei jeder „Störung“ zunächst „Gutes“. Unterstellen Sie Ihren Teilnehmern stets positive Absichten!

Das Prinzip der Kooperation wirkt wie ein Zauber: Nebengespräche und Schwätzen wandeln sich in lebendige und individuelle Verarbeitung der Themen. Kritische und verärgert klingende Fragen zeugen von besonders intensivem Interesse.

Gähnen und dösende, entspannte Körperhaltung zeigen eine nach innen gerichtete Fokussierung auf das Thema an. Heftige Kritik entpuppt sich als ein äußerst hilfreicher Hinweis. Die Teilnehmer wollen unbedingt ein erfolgreiches und gelungenes Seminar.

Scheuen Sie sich nicht, alle Verhaltensweisen Ihrer Teilnehmer hemmungslos in diese Richtung umzudeuten. Ganz nebenbei nehmen Sie allmählich eine Haltung grundsätzlicher Wertschätzung ein. Und die führt häufig genug zu sich selbst erfüllenden Prophezeiungen. Auch wenn die verärgerte Frage zunächst eher aus persönlich bedingter Unzufriedenheit heraus gestellt wird: Mit dieser Haltung werden Sie erstaunlich leicht das Engagement und das Interesse des Teilnehmers hervorlocken. Ihre unausgesprochene Botschaft lautet: Du darfst kritisch sein und dies wird gern gesehen.

Während das Seminar stattfindet, stellt es für den Trainer den Mittelpunkt seines Handelns dar. Ganz anders ist die Perspektive der Teilnehmer: Meist haben sie zwar ein grundsätzliches Interesse, aber vor allem zu Beginn ist es noch schwach entwickelt. Werten Sie das Verhalten der Teilnehmer als Störung, ist es kaum verwunderlich, dass sich das bisschen Lust auf das Thema schnell verflüchtigt. Ganz anders, wenn Sie das Engagement erkennen und hervorheben. Wie ein gut gepflegtes Pflänzchen wird es prächtig gedeihen und zu einem starken Engagement heranwachsen.

Aber nicht nur das Engagement wird durch diese Haltung wertgeschätzt. Der ganzen Person wird signalisiert: „Du bist in Ordnung!“ Und da beteiligt man sich doch gern am Seminar!

> Würdigen wirkt wie ein Zauber. Es löst viele Widerstände einfach auf. Diese Magie steht jedoch nur demjenigen zur Verfügung, der sie auch ernst meint. Würdigung lässt sich nicht spielen. Sie setzt eine gewisse Reife und Souveränität des Trainers voraus.

6. Mit schwierigen Situationen umgehen

Im folgenden Abschnitt skizzieren wir wichtige Aspekte die Gruppenbildung, Gruppenrollen und Gruppendynamik betreffend.

Erfahrenen Trainern und Moderatoren unter Ihnen wird darin einiges vertraut erscheinen. Nutzen Sie in diesem Fall die Lektüre als Auffrischung.

6.1 Phasen der Gruppenbildung

Zunächst beschäftigen wir uns damit, wie sich eine Gruppe überhaupt bildet, d. h., wie sich die Teilnehmer zu einer arbeitsfähigen Gruppe formieren. Dies entscheidet wesentlich darüber, ob die Ziele des Seminars überhaupt erreicht werden können.

Aus der Sozialpsychologie wissen wir, dass sämtliche Gruppen mehr oder weniger dieselben Phasen in einer bestimmten Reihenfolge durchlaufen. Keine der Entwicklungsstufen kann dabei übersprungen werden. Die Phasen im Einzelnen sind:

Formieren: Die Gruppe bildet sich und wird zusammengestellt. Gruppenbildung beginnt bereits bei der Planung im Vorfeld des eigentlichen Trainings. Fragen Sie sich:

- Nach welchen Gesichtspunkten stellen Sie bzw. der Auftraggeber die Gruppe zusammen?
- Wie groß soll die Gruppe werden?
- Aus welchen sozialen und beruflichen Kontexten stammen die Teilnehmer?
- Kennen sich die Teilnehmer bereits oder sind sie einander fremd?
- Gibt es vorhersehbare Konflikte zwischen einzelnen Gruppenmitgliedern?

Anwärmen: Die Gruppenmitglieder orientieren sich und machen sich miteinander vertraut. In dieser Phase tasten sich die

Teilnehmer gegenseitig ab. Die Frage nach dem „Wer sind die anderen?“ steht im Vordergrund. Wie viel gibt jeder Teilnehmer von sich preis? Dies kann einen Gradmesser für das Selbstvertrauen der einzelnen Teilnehmer sowie für das Gruppenklima insgesamt darstellen. Besonders, wenn Sie eine sehr offene und vertrauensvolle Gruppenatmosphäre fördern wollen, erzählen Sie in der Vorstellungsrunde auch etwas Persönliches über sich selbst. Die Teilnehmer wissen dann eher, mit wem sie es zu tun haben. Dadurch fällt es ihnen leichter, sich ebenfalls zu öffnen und auf das Seminar einzulassen. Kennzeichnend für dieses Stadium ist der Zustand der Harmonie.

Die Gruppe befindet sich im „Honey moon.“ Selbst wenn die Teilnehmer sich bereits von woanders her kennen, kann diese Phase nicht übersprungen werden, denn die Gruppe als Ganzes formiert sich dennoch neu.

Sturm und Drang: Die Teilnehmer gehen in Konfrontation zueinander und erkämpfen sich ihren Platz in der Gruppe. In diesem Stadium versuchen die Teilnehmer herauszufinden, wie viel Raum sie in der Gruppe beanspruchen können, zu welchen anderen Teilnehmern sie in Konkurrenz stehen und welchen Platz sie in der Gruppe einnehmen. Meinungsverschiedenheiten und Konflikte treten zutage.

Deuten Sie es als positives Zeichen, wenn die Gruppe fähig ist, Konflikte auszutragen. Ohne Zusammenstöße und Auseinandersetzungen können die Teilnehmer nicht ihre Position innerhalb der Gruppe bestimmen.

Zwei Dinge werden in dieser Phase geklärt:

- Welche Position, Rolle und Funktion jeder Teilnehmer innerhalb der Gruppe einnimmt.
- Welche inhaltliche Geltung und Bedeutung jedes Gruppenmitglied hat.

Regeln: Die Gruppe organisiert sich und gibt sich Regeln. Nun legt die Gruppe Regeln und Verfahren fest, die das gemeinsame Arbeit und den Umgang miteinander regeln und steuern.

Handelt es sich bei Ihrem Seminar um eine Moderation, sollten Sie dieser Phase besondere Beachtung schenken, denn sie bildet den eigentlichen Startpunkt des gemeinsamen Erarbeitens.

Im Falle eines klassischen Trainings können Sie diese Phase abkürzen und Ihrerseits Regeln und Verfahren vorschlagen. Diese müssen allerdings von den Teilnehmern abgesegnet und „abgenickt" werden.

Arbeiten: Nun erst ist die Gruppe voll arbeitsfähig. Erst jetzt können sich die Teilnehmer voll und ganz auf das eigentliche Thema des Seminars konzentrieren. Übungen, gemeinsames Arbeiten und inhaltliche Ausdiskutieren stehen im Vordergrund. Die Teilnehmer sind hoch motiviert bei der Sache.

An dieser Stelle werden Sie möglicherweise einwenden, ob das nicht zu ideal dargestellt sei. Stehen dem nicht eine ganze Reihe an Erfahrungen entgegen, wie mühselig zuweilen Gruppen inhaltlich in die Gänge kamen?

Unserer Ansicht nach lassen sich solche Schwierigkeiten nahezu immer darauf zurückführen, dass die Teilnehmer zu wenig Gelegenheit hatten, sich kennen zu lernen und ihren Platz in der Gruppe zu finden. Wie bereits erwähnt, können diese Phasen nicht übersprungen werden, sondern bestenfalls verdrängt. Als ungeklärte Beziehungsthemen verlagern sie sich in die Arbeitsphase und führen dort immer wieder zu Störungen und Blockaden.

Beenden: Die Gruppe kommt zum Abschluss und löst sich auf. Sinn eines jeden Seminars ist, dass sich die Teilnehmer aus dem Seminar „etwas mitnehmen" können. Bauen Sie daher Brücken für den Lerntransfer: Zusammenfassen und Future Pace (→ Glossar) (siehe auch Abschnitt 9.3). Vor allem bei länger dauernden Seminaren sind Beziehungen zwischen den Teilnehmern gewachsen. Die Gruppe hat für ihre Mitglieder an persönlicher Bedeutung gewonnen. Abschied steht an, eventuell auch Überlegungen, wie die Beziehungen weiter gepflegt werden können.

Noch ein wichtiger Hinweis: Jedesmal, wenn ein Teilnehmer die Gruppe verlässt oder neu zu ihr stößt, formiert sich die Gruppe neu und durchläuft nochmals alle Phasen, wenn auch meist um einiges schneller.

Auf den Punkt gebracht: Handeln Sie nach dem Motto „Schneller ist langsamer" und räumen Sie der Gruppenbildung ausreichend Zeit ein. Die Gruppe wird dann in der Arbeitsphase schnell und erfolgreich ihre Ziele erreichen und verwirklichen.

Die logischen Ebenen der Gruppenbildung

Auch wenn die Phasen der Gruppenbildung eine feste Reihenfolge aufweisen, werden sie selten in Reinform durchlaufen, sondern sie durchdringen sich bis zu einem gewissen Grad gegenseitig. Inhaltliche Themen können durchaus schon in den ersten Phasen bearbeitet werden und umgekehrt vertieft und entwickelt sich das Beziehungsgefüge auch im späteren Stadium der eigentlichen Arbeit stets weiter. Mit einem Modell aus dem NLP kann diese Tiefendynamik der Phasen der Gruppenbildung besonders deutlich und transparent abgebildet werden. Es handelt sich dabei mit dem bereits aus Kapitel 3 bekannten Modell der „logischen Ebenen" (→ Glossar), entwickelt von *Robert Dilts* in Anlehnung an die Ebenen des Lernens nach *Gregory Bateson*.

Robert Dilts nennt diese Ebenen sogar „neurologische Ebenen. Kritisch sei hier angemerkt, dass der jeweiligen Ebene kein neuronales Substrat eindeutig zugeordnet werden kann. Deshalb beschränken wir uns hier auf die Bezeichnung „logische Ebenen", selbst wenn diese nicht durchgängig logisch im Sinne der Typenlehre von Bertrand Russel aufeinander bezogen sind. Der pragmatische Wert der „logischen Ebenen" ist jedoch derart hoch, dass er durch die theoretischen und konzeptionellen Schwächen kaum oder gar nicht vermindert wird.

Ein großer Vorteil des Modells ist, dass es unmittelbar einleuchtet und leicht nachvollziehbar ist. Hinzu kommen noch seine schier unbegrenzten und universellen Anwendungsmöglichkeiten. Es wird uns daher in späteren Kapiteln noch öfters begegnen.

Wozu nützen nun die logischen Ebenen? Zunächst bilden sie ein Raster, das die verschiedenen Aspekte von Ereignissen und Handlungen sehr gut aufeinander beziehen und integrieren kann.

Im Detail: Die unterste Ebene bildet die Ebene der **Umwelt**. Sie bezeichnet den Kontext und das Umfeld, in dem etwas stattfindet, mit allen darin vorkommenden Personen, Lebewesen und äußeren Dingen. Bezogen auf das Thema dieses Buches sind dies beispielsweise der konkrete Seminarraum, die Medien, die zum Einsatz gebracht werden, die Personen, die sich im Raum befinden usw.

Die nächste Ebene ist die Ebene des **Verhaltens**. Menschen tun etwas, sie handeln. Dazu zählen auch innere Prozesse wie Denken, Wahrnehmen und Fühlen. Wie ich mich als Trainer konkret bewege, in welcher Tonalität ich spreche, sowie alles beobachtbare Verhalten meiner Teilnehmer wird dieser Ebene zugerechnet.

Nun kommen wir zur Ebene der **Fähigkeiten**. Damit bezeichnen wir ganze Bündel oder Klassen von Verhaltensweisen, allgemeinen Fertigkeiten und Strategien, die wir in unserem Leben benutzen. Während des Trainingsprozesses aktiviere und nutze ich unterschiedlichste Fähigkeiten, etwa die Fähigkeit, das nonverbale Verhalten von Menschen wahrnehmen zu können sowie allgemeine soziale und didaktische Kompetenzen.

Dieser Ebene folgt die Ebene **Glauben und Werte** auf. Dazu rechnen die verschiedenen Leitideen und Grundwerte, die wir für wahr halten und uns als Grundlage unseres alltäglichen Lebens dienen. Solche Überzeugungen, Glaubenssätze und Einstellungen können sowohl Berechtigungen (Erlaubnis) als auch Einschränkungen (Verbote) beinhalten. Besonders betonen möchten wir hier, wie wichtig der Zusammenklang von Verhalten mit der **inneren Haltung** ist. Ich wirke als Trainer nur dann kongruent und authentisch, wenn mein Verhalten mit meinen Überzeugungen und Werten übereinstimmt.

Gleichzeitig wird der Trainingsprozess massiv von zahlreichen Überzeugungen und Glaubenssätzen seitens des Trainers als auch der Teilnehmer beeinflusst. Diese Überzeugungen fungieren häufig als selbst erfüllende Prophezeiungen. Manche fördern den Lernerfolg („Nicht wissen müssen, lernen können“), andere stehen ihm im Wege („Das werde ich nie schaffen“ o. ä.).

Eine Ebene weiter befinden wir uns bereits auf der Ebene der

Identität, die unser grundlegendes Selbstbild und Selbstkonzept wiedergibt. Wie definiere ich meine Rolle als Trainer oder Moderator? Was glaube ich tatsächlich von mir in meiner Funktion als Trainer oder Moderator? Ich werde ein Seminar komplett anders gestalten und mich ganz anders auf die Teilnehmer beziehen, je nachdem ob ich mich beispielsweise als Dompteur oder als Hebamme sehe und definiere.

Abgerundet wird das Modell durch die letzte Ebene der **Zugehörigkeit**. Hier geht es um unsere berufliche, familiäre, gesellschaftliche oder wie auch immer geartete (vielleicht auch philosophische, religiöse) Zuordnung oder Einordnung in einen größeren Zusammenhang.

Besonders für die Gruppenbildung ist diese Ebene von überragender Bedeutung. Der Platz, den ein Teilnehmer in der Gruppe einnimmt, entscheidet darüber, ob und wie er sich der Gruppe und dem Seminar zugehörig empfindet. Ist er „voll dabei“ und zum echten „Mit-Glied“ der Gruppe geworden oder hat er „innerlich gekündigt“? Viele gruppendynamische Probleme und Schwierigkeiten lassen sich auf dieser Ebene klären und lösen. (s. Abbildung S. 89)

Im Folgenden werden wir sehen, wie sich Beziehungs- und Inhaltsebene auf den logischen Ebenen entfalten und entwickeln.

Beginnen wir mit der Beziehungsebene. Wir erinnern uns: Zentrale Themen zu Beginn eines Seminars sind, zumindest aus Sicht der Teilnehmer, Fragen wie „Welchen Platz habe ich in der Gruppe?“, „Wo ist mein Platz?“ Zu diesem Zeitpunkt sind die Teilnehmer vollauf damit beschäftigt die Ebenen **Identität** und **Zugehörigkeit** auszubalancieren.

Ihr Hauptinteresse besteht darin, einen guten Platz in der Gruppe finden, ohne die eigenen Bedürfnisse zu arg einschränken oder sich verbiegen zu müssen. Und erst der Platz in der Gruppe sichert die soziale Existenz der Teilnehmer. Damit ist die Phase des Orientierens und Suchens jedoch noch nicht beendet. Weitere Frage stehen an, Fragen nach Normen und Regeln:

„Was ist hier erlaubt, was nicht?“, „Welche Regeln und Normen gelten hier?", „Was ist hier wichtig?", „Welche Werte gelten hier?" usw. Sicherlich erkennen Sie darin die Ebene **Glauben und Werte** wieder. Die Teilnehmer gleichen die Normen mit ihren eigenen Werten ab und bringen eigene Überzeugungen mit ins Spiel. Sie fragen sich „Bin ich gut genug?", „Kann ich auch das, was von mir verlangt wird?", „Wollen die anderen das annehmen, was ich ihnen geben kann?" usw.

Die logischen Ebenen des Trainingsprozesses

Zugehörigkeit – zu wem?
Dazugehören / Engagement vs. Innere Kündigung / Isolation

↓ ↑

Identität – Wer?
Selbstverständnis und Rolle als Trainer oder Moderator

↓ ↑

Glauben und Werte – Warum?
Kongruenz als Trainer; Ziele und Werte
selbst erfüllende Prophezeiungen über Lernerfolg

↓ ↑

Fähigkeiten – Wie?
Wahrnehmungsfähigkeiten
soziale und didaktische Kompetenz

↓ ↑

Verhalten – Was?
Innerlich (Denken, Wahrnehmen, Fühlen)
Äußerlich (verbal und nonverbal)

↓ ↑

Umgebung – Wo? Wann?
Seminarraum / Medien / Personen

Die Ebenen **Zugehörigkeit**, **Identität** sowie **Glauben und Werte** sind elementar für die Phase der **Grundorientierung**. Das primäre Interesse der Teilnehmer besteht darin, sich es auf diesen Ebenen gewissermaßen gemütlich einzurichten. Erst dann richtet sich das Augenmerk darauf, worum es inhaltlich geht und welche Fähigkeiten und Verhaltensweisen erforderlich sind.

Auf den Punkt gebracht: Zu Beginn einer Gruppe steht die Beziehungsebene absolut im Zentrum. Bevor Inhalte vermittelt oder aufgenommen werden, müssen die Grundfragen zu Identität, Zugehörigkeit, Glauben und Werten zumindest vorläufig beantwortet werden können. Diese Grundfragen decken sich mit den elementaren sozialen Grundbedürfnissen, die bei allen Menschen zu finden sind.

Exkurs zu den sozialen Grundbedürfnissen

Wir können bei wahrscheinlich allen Menschen zumindest drei soziale Grundbedürfnisse erkennen:

Das **Bedürfnis nach (sozialer) Existenz**: Menschen wollen von anderen Menschen wahrgenommen und gesehen werden.

Teilnehmer empfinden ihre soziale Existenz als bedroht, wenn sie sich von anderen Menschen nicht wahrgenommen und gesehen wissen. Es ist ihnen ein äußerst wichtiges Bedürfnis, die eigene Identität mit der Zugehörigkeit zu anderen gut verknüpfen zu können. Als Trainer können Sie diesen Prozess durch direkt oder indirekt geäußerte Botschaften wie „Du bist willkommen" oder „Ich sehe Dich" unterstützen.

Das **Bedürfnis nach Würde**: Menschen wollen von anderen Menschen wertgeschätzt und anerkannt werden, sie wollen als die Person, die sie sind, ernst genommen werden. Teilnehmern ist wichtig, nicht nur irgendwie dazuzugehören, sondern auch als Individuen für die Gruppe „wertvoll" zu sein. Wie das Wort schon verrät, siedelt das Bedürfnis nach Wertschätzung auf der Ebene **Glauben und Werte** an. Zentrale Botschaften an die Teilnehmer lauten: „Du bist wertvoll", „Du bist wichtig" usw.

Das **Bedürfnis nach Sinn**: Menschen wollen in ihrer Tätigkeit Sinn sehen und empfinden.

Können Menschen den Sinn und das Wozu einer Tätigkeit nicht erkennen, verlieren sie rasch Freude und Motivation. Innere Beteiligung und äußeren Engagement hängen wesentlich davon ab, ob Ihre Teilnehmer in dem, was sie tun, Sinn finden.

Dies ist eng verknüpft mit den Ressourcen (→ Glossar) und Fähigkeiten der Teilnehmer. Bereichern die Themen, die das Seminar vermittelt, meine Fähigkeiten? Und umgekehrt: Kann ich meine Fähigkeiten und Ressourcen in das Gruppen- und Trainingsgeschehen mit einbringen? Wichtige Botschaften an die Teilnehmer lauten: „Du lieferst einen wertvollen Beitrag!“, „Wir brauchen Dich!“ usw.

Sind die sozialen Grundbedürfnisse gestillt, fällt es den Teilnehmern zunehmend leichter, ihre eigenen Fähigkeiten einzubringen sowie die Fähigkeiten der anderen wahrnehmen zu können. Sie erleben sich in ihren Gemeinsamkeiten und Unterschieden. Entspannt können sie sich angemessen verhalten. Die weitere Umgebung wird häufig erst dann genauer in Augenschein genommen.

Auf der Beziehungsebene bewegt sich der Gruppen- und Trainingsprozess von den höheren logischen Ebenen zu den tieferen. Anders verhält es sich mit der Inhaltsebene. Hier finden zwei unterschiedliche Bewegungsrichtungen gleichzeitig statt.

Zum einen bewegt sich die Inhaltsebene vom Allgemeinen zum Besonderen. Es fällt Teilnehmern wesentlich leichter, die dargebotenen Inhalte zu akzeptieren und anzunehmen, wenn die Inhalte von Beginn an an die höheren logischen Ebenen angebunden werden. Die Inhalte werden mit den Zielen der Teilnehmer verschränkt, wenn sie

- mit dem übereinstimmen, was ihnen wichtig ist (Ebene **Glauben und Werte**),
- sich in ihr Selbstkonzept und ihre Identität gut einfügen (Ebene der **Identität**) sowie
- auch in einem größeren Zusammenhang für sie Sinn machen (Ebene der **Zugehörigkeit**).

Als aufmerksamer Leser ist Ihnen sicherlich aufgefallen, dass es sich hier noch nicht um den eigentlichen Inhalt, sondern um die **Beziehung des Teilnehmers zum Inhalt** handelt, um seine Bereitschaft, sich auf die Thematik des Seminars einzulassen.

Der eigentliche Erwerb von Inhalt verläuft umgekehrt in einer Bewegung vom Besonderen zum Allgemeinen, von den tieferen logischen Ebenen hin zu den höheren. Ganz allgemein gesprochen können wir unter Lernen die Begegnung mit etwas Neuem verstehen. Logischerweise kann dies noch nicht der eigenen Person und dem eigenen Erfahrungsschatz zugehörig sein. Das, was wir lernen, ist uns zunächst fremd. Zuallererst begegnet es uns im Außen (Ebene der **Umgebung**). Wir sehen die Inhalte auf Pinwänden oder Flipcharts abgebildet, wir lesen sie in den Teilnehmerunterlagen, wir hören die Erläuterungen des Trainers.

Als nächstes werden wir angehalten, zu üben. Wir probieren neue Handlungs- und Verhaltensweisen aus (Ebene des **Verhaltens**), die uns zu Beginn zuweilen eher unnatürlich erscheinen.

Im Laufe der Zeit organisieren wir dieses Verhalten zu Fähigkeiten (Ebene der **Fähigkeiten**).

Solange wir nicht die eigentlichen Prinzipien und Wirkmechanismen durchschaut haben, werden uns die neuen Verhaltensweisen und mechanisch erscheinen und uns künstlich und unecht vorkommen. Erst wenn wir begreifen, welchen Wert sie aufweisen und warum sie so funktionieren, werden wir sie authentisch und kompetent durchführen und anwenden können (Ebene **Glauben und Werte**).

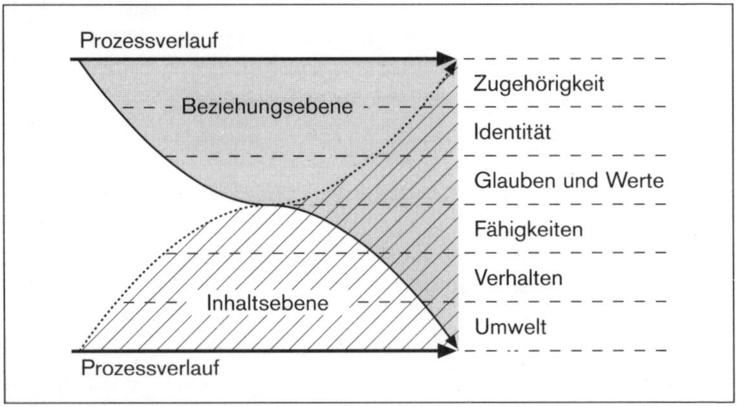

Mehr und mehr beginnen wir dann, uns mit den neu erworbenen Kompetenzen zu identifizieren (Ebene der **Identität**).

Schlussendlich ordnen wir den neu erworbenen Lernstoff in

unsere bisherigen Kompetenzen und unser bisheriges Wertesystem ein (Ebene der **Zugehörigkeit**).

Die Abbildung auf S. 92 veranschaulicht die unterschiedlichen Entwicklungsverläufe von Beziehungs- und Inhaltsebene.

6.2 Gruppendynamik in Aktion

In diesem Kapitel stellen wir Ihnen hoch effektive Techniken vor, die Ihnen helfen, mit schwierigen Situationen im Training umzugehen. Viele dieser Methoden gehen in ihrer ursprünglichen Form auf *Michael Grinder* zurück, dem Bruder des NLP-Mitbegründers *John Grinder.*

Vorweg noch eine Anmerkung. Auch wenn Sie starke Zweifel daran hegen, ob es überhaupt sinnvoll ist, sich so intensiv mit den Themen „Schwierige Gruppensituationen" und „Konfliktmanagement" zu beschäftigen – es reicht leider nicht, sich auf das eigene Expertentum auf der Sachebene zurückziehen. Die meisten Konflikte in Gruppen und Seminaren entstehen aus heiterem Himmel. Sie stellen zunächst eine unerwünschte Störung des reibungslosen Ablaufs dar. Bereiten Sie sich daher auf diese Möglichkeit vor!

> **Auf den Punkt gebracht:** Es gehört auch zu Ihren Pflichten, der Gruppe bei auftretenden Schwierigkeiten und Konflikten genügend Sicherheit zu vermitteln. Trainer und Moderatoren benötigen daher ein Mindestmaß an Kompetenz, Konflikte zu klären.

Wegweiser

Machen Sie sich in einem ersten Schritt mit den Basistechniken im Umgang mit schwierigen Fragen vertraut, bis diese zu Ihrem Grundrepertoire gehören. Erst im Anschluss daran sollten Sie die Übungen wie „Widerstand der Gruppe" sowie Klärungshilfen bei Konflikten zwischen Teilnehmern in Angriff nehmen, denn diese setzen bereits etwas Trainingspraxis voraus. Profis im Trainingsgeschäft können den Prozess zur Lösung von Konflikten zwischen Untergruppen sofort effektiv umsetzen. Stehen

Sie eher noch am Beginn Ihrer Trainerkarriere, können Sie sich zum jetzigen Zeitpunkt zunächst theoretisch damit vertraut machen, um später wieder darauf zurückzugreifen.

Der Zustand des Trainers ist Chefsache

Gruppendynamik umfasst das kommunikative Wechselspiel der Teilnehmer untereinander und der Teilnehmer mit dem Trainer. Damit der Trainer gruppendynamische Ereignisse konstruktiv steuern kann, muss er sowohl den eigenen Zustand als auch den der einzelnen Teilnehmer und der gesamten Gruppe wahrnehmen und ausbalancieren. Er ist dabei kein völlig neutraler und außen stehender Beobachter, denn er ist Teil des gesamten Systems und damit des Geschehens in der Gruppe. Gleichzeitig nimmt der Trainer eine Sonderstellung ein. Ihm ist es erlaubt, den Gruppenprozess zu steuern und bei Bedarf klärend einzugreifen, ja, es wird sogar von ihm verlangt. Dazu muss sich der Trainer in einem ressourcevollen Zustand befinden bzw. ihn rasch wieder einnehmen können. Nur so bleibt er auch in komplexen und problematischen Situationen steuerungs- und handlungsfähig.

> **Auf den Punkt gebracht:** Seien Sie als Trainer egoistisch! Achten Sie als erstes auf Ihren eigenen Zustand. Nur so dienen Sie der Gruppe und den Seminarzielen optimal!

Ein guter Zustand umfasst mehr als das von außen wahrnehmbare Verhalten wie Lächeln oder eine sonore Stimme. Ein ressourcevoller Zustand spiegelt sich auf allen logischen Ebenen (→ Glossar) wider. Er korrespondiert mit der inneren Haltung und einem positiven Selbstverständnis. So bleiben Sie in Ihren Reaktionsmöglichkeiten flexibel und beweglich.

Ein Teilnehmer hat Ihren Trainingsstil heftig kritisiert. Sie fühlen sich als ganze Person attackiert und verletzt. Archaische Verteidigungsprogramme werden aktiviert. Sie betrachten den Teilnehmer als feindlichen Aggressor und reagieren entsprechend – vielleicht kaschiert durch Höflichkeit und sachliche Sprache. Damit verzichten Sie jedoch auf ein wichtiges und essenzielles Instrument, Konflikte konstruktiv zu klären: die Absicht vom Verhalten zu trennen.

Anders verhält es sich, wenn es Ihnen gelingt, Ihren guten Zustand aufrechtzuerhalten bzw. wieder einzunehmen. Dann wird es Ihnen leicht fallen, hinter dem aggressiven Verhalten des Teilnehmers verborgene positive Beweggründe aufzuspüren. Damit haben Sie das Fundament gelegt, um den Konflikt konstruktiv beizulegen.

Jeder Angriff, jeder Konflikt stört zunächst die Beziehungsebene. Zumindest für einen Moment verschlechtert sich das Verhältnis zwischen den Konfliktpartnern. Doch bedenken Sie: Zu einer guten Beziehung gehören immer zwei. Die Beziehung bleibt insgesamt in einem besseren Zustand, wenn Sie sich weiterhin gut fühlen. Sorgen Sie daher für effektives Stressmanagement.

Zur Erinnerung: Die wichtigste Methode, um Angriffe und andere schwierige Situationen bewältigen zu können, ist schlicht und einfach, tief und in den Bauch hinein zu atmen.

Auch der Angreifer befindet sich in einer Stresssituation und er atmet selbst sehr angespannt und flach. Wenn Sie es ihm gleichtun, verschlechtert sich die Gesamtsituation.

Aus Kapitel 2 kennen Sie bereits die wichtigsten Kommunikationsebenen: die Beziehungs- und die Inhaltsebene.

Die Beziehungsebene entscheidet darüber, wie aufnahmebereit die Gruppe ist und wie sie sich auf das Thema und den Fortgang der Veranstaltung einlassen kann und will. Erst auf Basis einer tragfähigen Beziehung wendet sich die Gruppe dem eigentlichen Inhalt, dem Was des Trainings, zu.

Zusätzlich können wir noch eine dritte Ebene einführen, die zwischen Beziehungs- und Inhaltsebene vermittelt, die Prozessebene. Hier dreht es sich um das Wie des Trainings und darum, welche methodischen und didaktischen Elemente der Trainer einsetzt.

Gruppendynamik spielt sich vorwiegend auf der Beziehungs- und Prozessebene ab. Anders ausgedrückt:

Angriffe eines Teilnehmers beziehen sich selten auf das Was, sondern meistens auf das Wie des Trainings.

Das ist nicht immer gleich ersichtlich, denn Klagen kleiden sich oft in ein inhaltliches Gewand und verbergen so die tiefer liegende Beschwerde, z. B: wenn sich ein Gruppenmitglied nicht ausreichend gesehen oder wertgeschätzt fühlt.

Hüten Sie sich jedoch davor, den inhaltlichen Aspekt der Klage nicht ernst zu nehmen. Sobald sich ein Teilnehmer inhaltlich nicht ernst genommen fühlt, wirkt sich das sofort auf die Beziehungsebene aus.

Gerade wenn das eigentliche Problem das Wie des Miteinanders darstellt, es ist wichtig, wie mit dem Was umgegangen wird.

Ein guter Jongleur weiß, wann er welchen Ball werfen und wieder auffangen muss. Genauso hat ein guter Trainer parat, was wann zu beachten ist. Verinnerlichen Sie daher die Grundreihenfolge: Als Erstes sorgen Sie dafür, dass Sie selbst sich als Trainer in einem guten Zustand befinden. An zweiter Stelle steht der Zustand der gesamten Gruppe. Und erst dann, an dritter Stelle, geht es um den Zustand einzelner Teilnehmer.

Vielen bereitet es Schwierigkeiten, sich an diese Grundreihenfolge zu halten. Gerade wenn soziale Werte hoch im Kurs stehen, ist der erste Impuls, sich sofort um die Verfassung eines einzelnen Teilnehmers zu kümmern. Dauern diese Bemühungen jedoch länger als einige Augenblicke, verliert der Rest der Gruppe schnell das Interesse am Geschehen und reagiert gelangweilt oder verärgert. Dann stehen Sie vor der Aufgabe, die ganze Gruppe wieder für sich und das Thema zu gewinnen, und das ist weit schwieriger, als einen einzelnen Teilnehmer zurück ins Boot zu holen.

Auf den Punkt gebracht: Riskieren Sie in einer kritischen Situation lieber, (vorübergehend) einen einzelnen Teilnehmer als die gesamte Gruppe zu verlieren!

Das gilt selbst dann, wenn sich der Teilnehmer zunächst gekränkt oder missachtet fühlt. Sobald sich die Gruppe wieder in einem guten Zustand befindet, können Sie sich intensiver um ihn bemühen und ihn wieder für das Seminar gewinnen.

Nutzen Sie dafür auch die Kaffeepause und unterhalten Sie sich beiläufig mit ihm. Auch wenn es sich dabei nur um Smalltalk handelt, ist die Chance groß, dass sich Ihre Beziehung zu ihm wieder klärt.

Im Zentrum stehen

An dieser Stelle möchten wir einen fundamentalen Aspekt aus dem dritten Kapitel wiederholen und besonders betonen, nämlich welche Rolle die Atmung für den Zustand des Trainers spielt.

Schwierige gruppendynamische Situationen wie der Angriff eines Teilnehmers lösen fast immer Stress aus. Stress wiederum schränkt die kognitiven Fähigkeiten ein, man reagiert nahezu automatisch. Sich im Nachhinein darüber zu wundern und sich Vorwürfe zu machen, nutzt allerdings wenig. Sorgen Sie besser dafür, dass Sie sich auch in Stresssituationen an eines mit absoluter Sicherheit erinnern: **tief atmen!** Möglicherweise hätte dieses Buch noch mehr praktischen Nutzen, stünde auf jeder zweiten Seite: „**Tief atmen!**“ Prägen Sie es sich ein! Spielen Sie in nächster Zeit mehrmals täglich eine kritische Situation durch und gönnen Sie sich dabei **tiefes Atmen**. Und wenn wir schon dabei sind: Noch besser, als in kritischen Situationen einmal tief durchzuatmen, ist **zweimal tief durchatmen**!

Präsentation und Beziehungsklärung trennen

Die nächsten Übungssequenzen bewirken zweierlei: Sie verbessern nicht nur den Zustand des Trainers, sondern auch den der Gruppe. Die Grundidee ist bestechend einfach: Trennen Sie den Ort bzw. die Raumposition, von der aus Sie präsentieren, von der Raumposition, an der Sie Konflikte klären. Probleme und Konflikte werden so im wahrsten Sinne des Wortes aus dem eigentlichen Training „ausgelagert“ und „an anderer“ Stelle behandelt. Die Inhaltsebene - der Präsentationsort - wird nicht mit der Beziehungsebene - dem Klärungsort - vermischt. Nach der Klärung kann der Konflikt „beiseite gelegt" werden. Die Teilnehmer können sich wieder voll auf die „zentralen Inhalte" konzentrieren.

Falls es die örtlichen Gegebenheiten zulassen, empfehlen wir, den Klärungsort vom Trainer aus gesehen rechts zu positionieren. Aus Sicht der Gruppe befindet er sich auf der linken Seite. In unserer Kultur wird links eher mit der Vergangenheit, rechts eher mit der Zukunft assoziiert. So fällt es den Teilnehmern leichter, ein geklärtes Problem als Vergangenheit zu betrachten - gewissermaßen „links liegen zu lassen" - und sich wieder ganz der Gegenwart zu widmen.

Grundszenario

Wir empfehlen Ihnen, die folgenden Übungen zunächst mit Übungspartnern zu erproben. Im Ernstfall können Sie dann verlässlich darauf zurückgreifen. Für die Übung benötigen Sie mindestens vier Personen: einen Trainer, einen Fragesteller bzw. Angreifer sowie mindestens zwei weitere Teilnehmer, die die Gruppe repräsentieren. Vor Beginn legen die Übungspartner die jeweiligen Rollen fest. Der Trainer wählt ein Thema aus, über das er referieren wird. Das kann auch ein völlig irrelevantes Thema sein. Wichtig ist nur, dass sich der Trainer auf den Prozess konzentrieren kann und nicht zu sehr vom Inhalt in Anspruch genommen wird.

Wenn die Übungspartner auf ihren Plätzen sind, kann die Übung beginnen. Ist sie beendet, steigen die Übungspartner aus ihren Rollen aus und wechseln die Plätze. Sie setzen sich an anderer Stelle zusammen, um dem Trainer Feedback zu geben.

Übung 1: „Intelligent aussehen"

Der Trainer beginnt, sein Thema zu referieren.

Der Angreifer meldet sich mit einer schwierigen oder irrelevanten Frage.

Der Trainer wendet für einen Moment den Blick vom Teilnehmer ab, holt tief Luft, atmet gut durch und lässt den Blick über die Gruppe schweifen.

Während er weiter entspannt atmet, tritt er einen oder zwei Schritte zur Seite, am besten nach rechts. Dort beginnt er, „intelligent auszusehen". Dieser Eindruck wird in der Regel dadurch erweckt, dass seine Hand oder seine Finger die Schläfe oder auch die Lippen berühren. Der Blick richtet sich dabei entweder nach unten oder nach oben, verknüpft mit einem leichten Nicken.

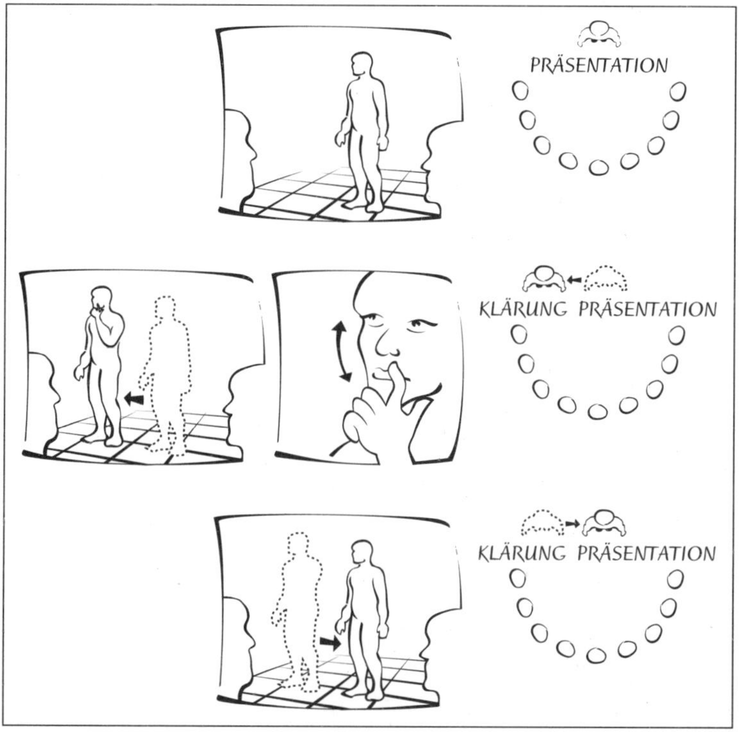

Nun blickt der Trainer den Fragesteller an und äußert so etwas wie „Gute Frage!".

Die Mimik und Gestik des „intelligent Aussehens" bewirken, dass die Gruppe dem Trainer unterstellt, dass er weiß, wovon er spricht. Sinn dieser Übung ist, dem Trainer im wahrsten Sinne des Wortes eine Atempause zu verschaffen. Während er zur Seite geht, kann er durchatmen und dadurch den eigenen Zustand verbessern. Wie nebenbei nimmt er zusätzlich die Reaktionen der Gruppe auf den Fragesteller wahr.

Tipp: Lösen Sie in der Trainerrolle unbedingt den Blick vom Fragesteller. Solange Sie nämlich an seinen Augen haften, gleichen Sie dem von der Schlange hypnotisierten Kaninchen und der Rest der Gruppe gerät „aus den Augen, aus dem Sinn“.

Übung 2: Präsentationsort klar halten

Diese Übung geht vom selben Grundszenario aus. Im Wesentlichen ist sie eine Erweiterung der Übung 1.

Der Trainer beginnt wieder, sein Thema zu referieren.

Der Angreifer meldet sich mit einer schwierigen oder irrelevanten Frage.

Der Trainer tritt einen Schritt zur Seite. Dabei erinnert er sich an die vorangegangene Übung: atmen, den Blick vom Fragesteller lösen, die gesamte Gruppe wahrnehmen.

Der Trainer bearbeitet die Frage von dieser neuen Position aus, bis sie geklärt ist.

Schließlich kehrt er zurück zum ursprünglichen Präsentationsort und fährt mit dem Training fort.

Mit diesem Vorgehen verhindert der Trainer, dass der Präsentationsort mit dem Problem oder dem Konflikt assoziiert wird. Durch den Schritt zur Seite lenkt der Trainer den Angriff vom Zentrum hin zur Peripherie. Dieser Ort wird nun mit der Konfliktklärung verknüpft. Nach der Klärung kann das Training wieder am ursprünglichen Präsentationsort fortgesetzt werden, fast so, als sei nie etwas gewesen. Denn durch den erneuten Positionswechsel können sich Trainer und Gruppe wieder vom Konfliktthema lösen bzw. dissoziieren (→ Glossar). Das funktioniert selbst dann, wenn der Konflikt nicht vollständig gelöst wurde. Beherzigen Sie das Motto: Wenn wir den Konflikt nicht lösen können, können wir uns ja vom Konflikt lösen!

Tipp: Gehen Sie wirklich einen oder zwei Schritte zur Seite! Gehen Sie nicht nach hinten! Aus Sicht Ihrer Teilnehmer würden sich dann die beiden Positionen für Training und Klärung vermischen.

Schwierige Fragen und Gruppendynamik

In diesem Abschnitt beleuchten wir prozessorientierte Strategien im Umgang mit schwierigen Fragen. Strategien, die sich auf den Inhalt beziehen, finden Sie in Kapitel 7.

Ein verbaler Angriff ist keinesfalls nur eine Angelegenheit zwischen Trainer und Angreifer. Denken Sie an den Beginn dieses Abschnitts: Das Wohlergehen der gesamten Gruppe ist wichtiger als das eines einzelnen Teilnehmers. Die entscheidende Frage für den Trainer lautet daher: Wie reagiert die Gruppe auf den Angreifer? Ist die Gruppe bereit, die Frage zu klären? Ohne Erlaubnis der Gruppe macht es wenig Sinn, sie sofort zu beantworten, zumindest wenn dazu mehr als nur ein kurzer Satz nötig ist.

Basisübung „Umgang mit schwierigen Fragen"

Das Szenario ist dasselbe wie in den vorhergehenden Übungen.

Der Trainer beginnt mit seiner Präsentation.

Der Angreifer hebt die Hand, um eine Frage zu stellen.

Ohne die Person anzusehen, wechselt der Trainer seine Position und redet dabei weiter. Er achtet währenddessen auch auf seinen Zustand. Er atmet gut durch und lässt den Blick über die Gruppe schweifen.

In der neuen Position angelangt, tut der Trainer so, als würde er den Fragesteller das erste Mal bemerken. Er wendet sich ihm zu und bittet ihn, die Frage zu stellen. Dabei achtet er auf eine stabile und aufrechte Körperhaltung.

Während der Teilnehmer seine Frage äußert, achtet der Trainer auf die nonverbalen Reaktionen der anderen Gruppenmitglieder.

Variante: Der Fragesteller wartet nicht ab und poltert mit seiner Frage unmittelbar los.

Der Trainer signalisiert kurz, dass er gleich darauf zurückkommen wird, sei es nonverbal mit einem Kopfnicken und entsprechender Geste oder kurz verbal („Sofort!").

Nun löst der Trainer den Blick vom Teilnehmer und setzt die Übung wie oben fort (Positionswechsel usw., s. Abbildung S. 102).

Der Sinn dieser Übung leuchtet unmittelbar ein: Der Trainer braucht einen guten Zustand, um auch die Gruppe wahrnehmen zu können. Hier kommt es nämlich zu einer entscheidenden Weichenstellung.

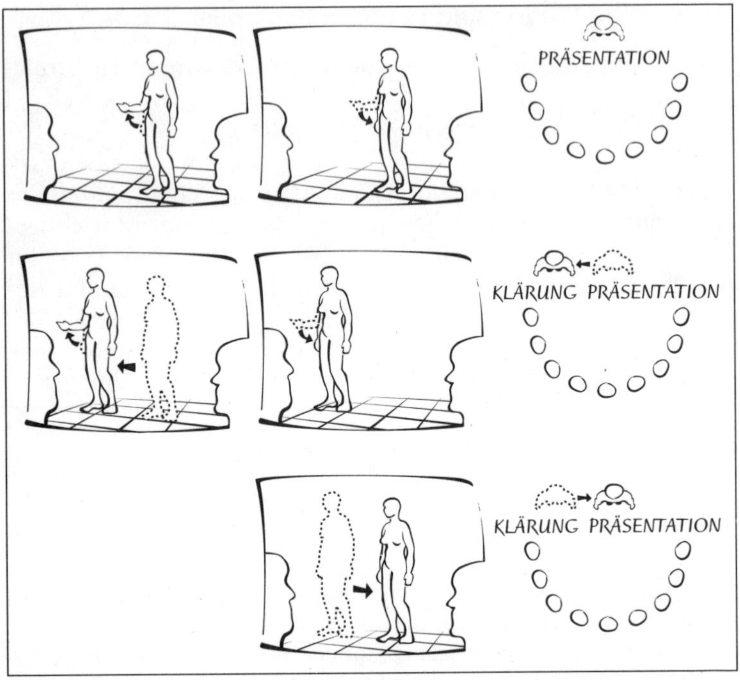

Je nachdem wie die Gruppe auf den Fragesteller reagiert, ergeben sich unterschiedliche Vorgehensweisen für den Trainer.

Grundsätzlich können wir zwei Reaktionen unterscheiden:

- Die Gruppe signalisiert Zustimmung zur Klärung. In diesem Fall kann der Trainer auf den Fragesteller eingehen und die Frage beantworten.
- Die Gruppe signalisiert Ablehnung. Jetzt muss der Trainer vorsichtig vorgehen: Beschäftigt er sich zu intensiv mit dem Fragesteller, bringt er die Gruppe gegen sich auf. Er muss ihm daher Grenzen setzen. An dieser Stelle ist die günstigste Reaktion des Trainers, Interesse an der Frage und damit am Teilnehmer zu zeigen, die Beantwortung der Frage jedoch auf später zu verschieben.

Hier wird deutlich, wie wichtig im Umgang mit der Gruppendynamik die Wahrnehmungsfähigkeiten des Trainers sind.

Die Reaktion der Gruppe zeigt, ob der Fragsteller ausreichend „Gefolgschaft“ hat. Gerade in der Orientierungsphase eines Seminars werben Teilnehmer um Gefolgschaft und beanspruchen mehr oder weniger deutlich die Gruppenführung. Handelt es sich bei dem Fragesteller um einen „König mit Gefolgschaft“, sollte der Trainer auf die Frage eingehen, selbst wenn sie ihm nicht sonderlich relevant erscheint. Versteht er sich mit dem „König“ gut, wirkt sich das auf die Beziehung zur gesamten Gruppe positiv aus.

Heikel kann der Umgang mit „Königen ohne Gefolgschaft“ werden. Meist wollen sie im Mittelpunkt stehen. Je mehr sie sich jedoch vordrängen, desto stärker schlägt ihnen die Abneigung der anderen entgegen. Der Trainer muss in diesem Fall dafür sorgen, dass die Situation nicht eskaliert und sich zu einem heftigen Konflikt zwischen diesem Teilnehmer und der Gruppe aufschaukelt.

Auf den Punkt gebracht: Indem Sie dem „Fragesteller ohne Gefolgschaft“ rechtzeitig Grenzen setzen, schützen Sie ihn vor Konflikten mit der Gruppe und besonders davor, ausgestoßen zu werden!

Bevor Sie an die nächste Übung gehen, noch ein Hinweis: Die hier vorgestellten Strategien sind im Prinzip ganz einfach. In der realen Situation kann es sich jedoch als ziemlich schwierig erweisen, ob der Trainer das Ja oder das Nein der Gruppe erkennt.

Hinweise für Ablehnung sind, wenn die anderen Teilnehmer ihren Blick nach oben richten und dabei tief einatmen. Auch deutliches Augenrollen weist in diese Richtung. Andere Anzeichen können erstarrte Körperhaltung und Mimik sein, so als würden die Teilnehmer die Luft anhalten.

Die Bereitschaft, dem Fragesteller Platz einzuräumen, wird fast immer durch unwillkürliches Kopfnicken signalisiert. Ein weiterer Hinweis ist, wenn die anderen den Fragesteller mit offenen und gelösten Gesichtszügen anblicken.

Reagieren Sie aber nicht vorschnell, besonders dann, wenn Sie die Gruppe noch nicht kennen. Im Zweifelsfall können Sie den direkten Weg wählen und die Gruppe fragen: „Besteht Interesse daran, diese Frage *jetzt* zu klären?“

Erste Erweiterung der Basisübung

Das Grundszenario bleibt wie oben. Die einzige Abweichung besteht darin, dass der Fragesteller eine für das Thema irrelevante Frage stellt. Bis zu dem Punkt, an dem der Trainer den Fragesteller auffordert, seine Frage zu stellen, ist auch der Ablauf identisch zur vorherigen Übung.

Nachdem der Trainer die Frage gehört hat, signalisiert er Interesse, verschiebt aber die Beantwortung auf später. (Ergänzend dazu kann er auch eine Technik der klassischen Moderationsmethode benutzen, nämlich die Einführung eines Themenspeichers.)

Er kehrt zum ursprünglichen Präsentationsort zurück und fährt mit dem Training fort.

Der Trainer beobachtet während der ganzen Zeit die nonverbalen Verhaltensweisen der anderen Teilnehmer. Meist wird er mehr oder weniger deutlich nonverbale Zustimmung erhalten, wenn er die Beantwortung der Frage verschiebt.

Indem er die Frage verschiebt, kann der Trainer die Balance zwischen dem Zustand des Fragestellers und dem der Gruppe aufrecht erhalten. Optimal ist, wenn sich beide wohl fühlen können, auch wenn die Gruppe die Erlaubnis zur Klärung der Frage nicht erteilt. Als guter Jongleur weist der Trainer den Fragesteller respektvoll in Grenzen. Manche Teilnehmer insistieren jedoch auf der Beantwortung ihrer Fragen und riskieren damit einen Bruch mit der gesamten Gruppe. Wir müssen uns an der Stelle vor Augen halten, dass irrelevante, irritierende und aggressive Fragen für die Gruppe Störungen darstellen. Zentrale Aufgabe des Trainers ist, der Gruppe Sicherheit zu geben und ihr das Gefühl zu vermitteln, das Heft fest in der Hand zu halten.

Achten Sie darauf, dass Ihr Vorgehen bei Störungen mehrere Abstufungen aufweist. Gehen Sie beim ersten Mal kurz auf den Fragesteller bzw. Angreifer ein und beantworten Sie seine Frage. Folgt jedoch eine zweite irrelevante Frage oder eine andere Störung, verschieben Sie die Bearbeitung auf später.

Lässt sich der Fragesteller nicht abschrecken und hakt weiter nach, stehen Ihnen mehrere Optionen zur Verfügung:

Sie verschieben die Frage nochmals, diesmal jedoch äußerst knapp angebunden in einem sehr sachlichen bis scharfen Tonfall oder Sie blicken den Fragesteller kurz an, ohne jedoch seine Frage zu beantworten.

Vielleicht erscheint Ihnen diese Reaktion als zu hart und Sie schrecken davor zurück. Machen Sie sich jedoch bewusst, dass sich manche Teilnehmer erst durch deutliche Grenzen bremsen lassen. Nicht nur ein zu strenger Trainingsstil kann die gute Atmosphäre in einer Gruppe und das Gefühl von Sicherheit gefährden. Auch das Gegenteil kann das bewirken, dann nämlich, wenn der Trainer gar nicht oder zu schwach reagiert.

Gerade zu Beginn eines Seminars testen viele Teilnehmer den Trainer und loten ihre Grenzen aus. Darin unterscheiden sie sich kaum von kleinen Kindern und pubertierenden Jugendlichen. Lassen Sie es nicht zu, dass Ihre Teilnehmer „verwahrlosen“ und stecken Sie klare Grenzen! Oft ist dann nicht nur die Gruppe erleichtert, sondern auch der Angreifer selbst. Wenn sich der Trainer Respekt verschafft, werden gerade die zu Beginn schwierigen Störer später oft zu seinen größten Fans.

Mit der folgenden Übung können Sie sich ein abgestuftes Reaktionssystem aneignen (s. Abbildung S. 106):

Zweite Erweiterung der Basisübung

Das Szenario bleibt dasselbe wie in der ersten Erweiterung der Basisübung.

Bis zu dem Punkt, an dem der Trainer den Fragesteller auffordert, seine Frage zu stellen, bleibt auch der Ablauf derselbe.

Nachdem der Trainer die Frage gehört hat, beantwortet er sie kurz.

Er kehrt zum Präsentationsort zurück und fährt mit dem Training fort.

Der Teilnehmer stellt eine weitere störende Frage.

Der Trainer wechselt, ohne den Fragesteller anzusehen, die Position. Wie immer atmet er dabei fließend weiter und beobachtet das nonverbale Verhalten der anderen Teilnehmer.

Er signalisiert aus dieser Position Interesse an der Frage, verschiebt sie jedoch auf später (wie in der ersten Erweiterung).

Der Teilnehmer stellt erneut eine irrelevante Frage.

Der Trainer wechselt, ohne den Fragesteller anzusehen, wiederum die Position.

Er bleibt am Klärungsort einen kurzen Moment schweigend stehen, den Blick auf den Fragesteller gerichtet und achtet währenddessen auf seine Atmung.

Der Trainer geht schließlich zurück zum Präsentationsort.

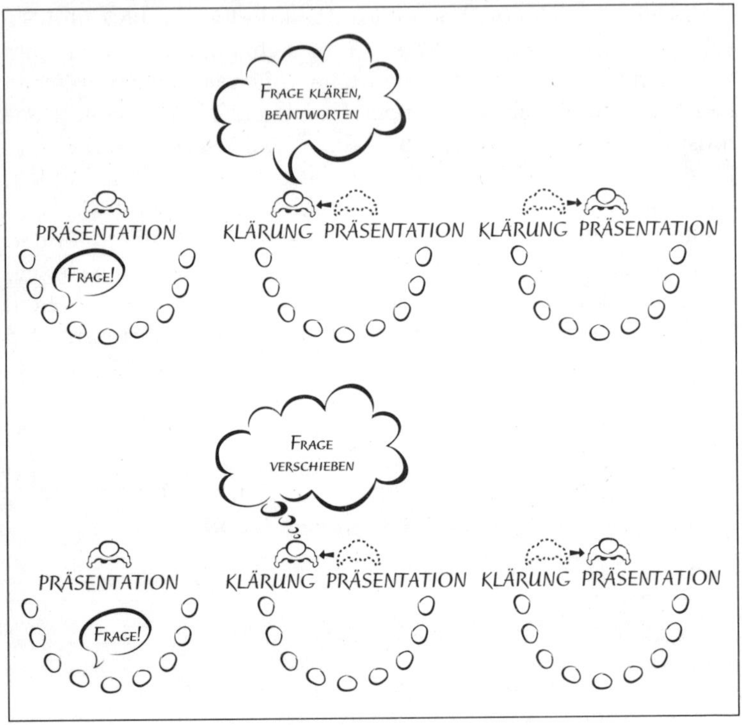

Variante: Vor diesem letzten Schritt kann der Trainer noch ein zweites Mal die Antwort auf später verschieben. Diesmal sollte er jedoch eine Warnung in seine Stimme legen und die Frage ohne zu lächeln nur sehr knapp beantworten.

Wenn die ganze Gruppe Widerstand leistet

Im vorigen Abschnitt haben wir behandelt, wie der Trainer angemessen auf *einen* Angreifer reagieren kann.

Völlig anders sieht die Situation aus, wenn sich die ganze

Gruppe im Widerstand gegen den Trainer befindet. Das ist häufig der Fall, wenn die Teilnehmer nicht freiwillig am Seminar teilnehmen. Ähnlich verhält es sich, wenn kurzfristig grundlegende Rahmenbedingungen geändert werden, etwa ein Trainerwechsel, von dem die Teilnehmer erst im letzten Augenblick erfahren.

Am besten wäre es natürlich, solche Probleme bereits im Vorfeld zu vermeiden, etwa durch eine klare und präzise Auftragsklärung (siehe dazu auch Kapitel 4). Im Trainingsalltag treten jedoch solche Situation immer wieder auf. Viele Trainer können ein Lied davon singen.

Ist die Gruppe auf den bisherigen Trainer eingeschworen, bewahrt selbst ein lange angekündigter Trainerwechsel nicht immer davor, dass die Gruppe auf Konfrontationskurs geht.

Die folgende Methode eröffnet Ihnen einen effektiven Weg, auch unfreiwillige oder verärgerte Teilnehmer für das Seminar zu gewinnen.

Der optimale Zeitpunkt, diese Methode einzusetzen, ist der Beginn eines Seminars oder einer Trainingseinheit. Je mehr Vorinformationen Sie zu den Teilnehmern und den Rahmenbedingungen haben, desto gezielter können Sie sie anwenden und umsetzen.

Das Modell beruht auf einer bestechend einfachen Grundidee. Die Ausgangssituation wird um ein Element erweitert. Zunächst stehen sich einfach zwei Parteien gegenüber: Auf der einen Seite der Trainer, auf der anderen Seite die Gruppe. Der Clou ist, eine dritte Position einzuführen. Im Lauf des Prozesses nimmt der Trainer auch die Rolle des Mediators ein. Als dritte, neutrale Partei kann der Trainer den Konflikt zwischen den anderen beiden Parteien klären. Der Kunstgriff besteht darin, dass er abwechselnd sowohl die beiden Konfliktparteien als auch den Mediator repräsentiert. Das erfordert vom Trainer natürlich eine gewisse Flexibilität.

Übung: Umgang mit Widerstand der ganzen Gruppe

Szenario: Ein Trainer und mindestens drei bis vier weitere Personen, die die Gruppe repräsentieren. Die Übenden legen die konkrete Seminarsituation fest.

Der Trainer beginnt mit dem Training oder der Moderation. Die Gruppe leistet nonverbalen oder dezenten verbalen Widerstand.

Am Präsentationsort heißt der Trainer die Gruppe willkommen: „Ich begrüße Sie ganz herzlich zu unserem Seminar …"

Sobald er Widerstand registriert oder wenn er bereits davon weiß, tritt er einen großen Schritt zur Seite, am besten nach rechts, und beginnt, den Widerstand zu artikulieren: „Ich hatte im Vorfeld schon mit einigen von Ihnen gesprochen. Dabei wurde deutlich, dass der Termin für dieses Seminar nicht besonders glücklich gewählt ist."

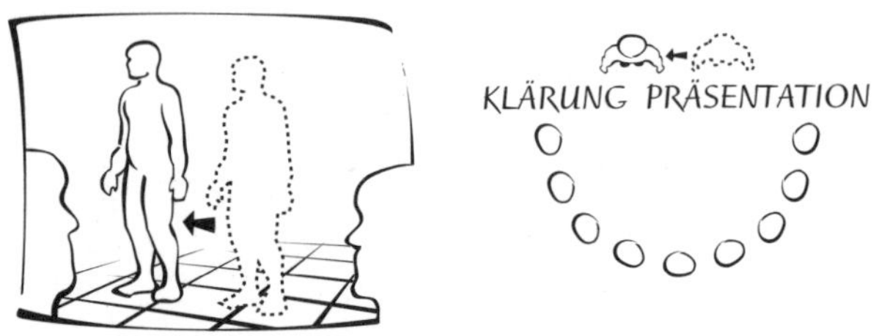

Von diesem „Klageort" aus schaut er zurück zum Präsentationsort. Er wendet sich mit dem Körper etwas ab und sagt mit ärgerlicher Stimme: „Sie haben alle einen überaus vollen Terminkalender."

Nun spricht er alle möglichen Einwände gegen das Training an. Dabei identifiziert er sich mit der Position der Gruppe und wird zu ihrem Sprachrohr. Er redet nicht mehr über die Teilnehmer, sondern spricht in der ersten Person, so als ob er selbst ein Teilnehmer wäre: „Haben wir denn nicht wahrlich genug zu tun? Während wir hier herumsitzen, stapeln sich auf dem Schreibtisch haufenweise die Vorgänge und die Telefonliste wird immer länger. Sind wir denn nicht schon genug belastet?"

Meist kann der Trainer dabei bemerken, dass einige Teilnehmer unwillkürlich mit dem Kopf nicken und andere nonverbale Zeichen der Zustimmung zeigen. Ziel ist, den Teilnehmern gewissermaßen „aus der Seele" zu sprechen und ihren Emotionen eine Stimme zu verleihen. Auch verborgene Feindseligkeiten können angesprochen werden, da sie sich nicht direkt gegen die Person des Trainers richten.

Nun wechselt der Trainer in eine Position, die symmetrisch zwischen der Präsentationsposition und der Gruppenposition liegt. Günstigerweise ist sie einen halben Schritt zurück versetzt (s. Abbildung, S. 109).

Mit veränderter Stimme und der Wendung „auf der anderen Seite" spricht er den möglichen Nutzen des Trainings an sowie Gründe, weshalb es für die Teilnehmer gut wäre, sich doch darauf einzulassen. „Auf

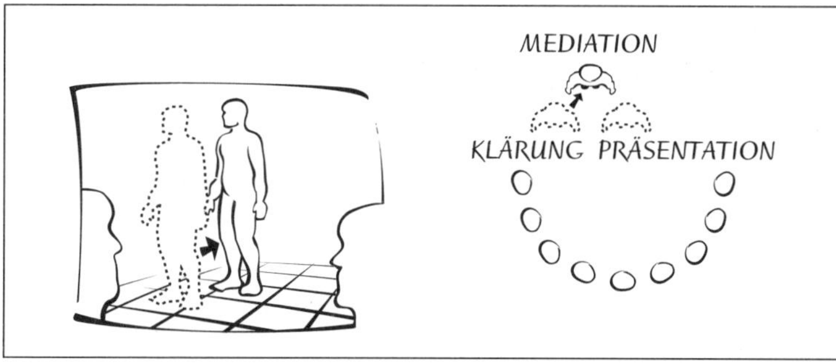

der anderen Seite, sind Sie schon mal hier. Ob Sie sich ärgern oder nicht, ob Sie sich auf das Training einlassen oder nicht, es wird Ihre Telefonliste nicht kleiner werden lassen. Natürlich ist Ihr Ärger verständlich, aber ist es wirklich die beste Entscheidung, hier Ihre Zeit zu verschwenden und überhaupt nichts aus dem Seminar mitzunehmen? Denn wenn Sie nun schon mal da sind, könnten Sie vielleicht den einen oder anderen Nutzen aus dem Ganzen ziehen. Vielleicht finden Sie ja die eine oder andere Möglichkeit, sich in Zukunft Ihren Job etwas leichter zu gestalten …"

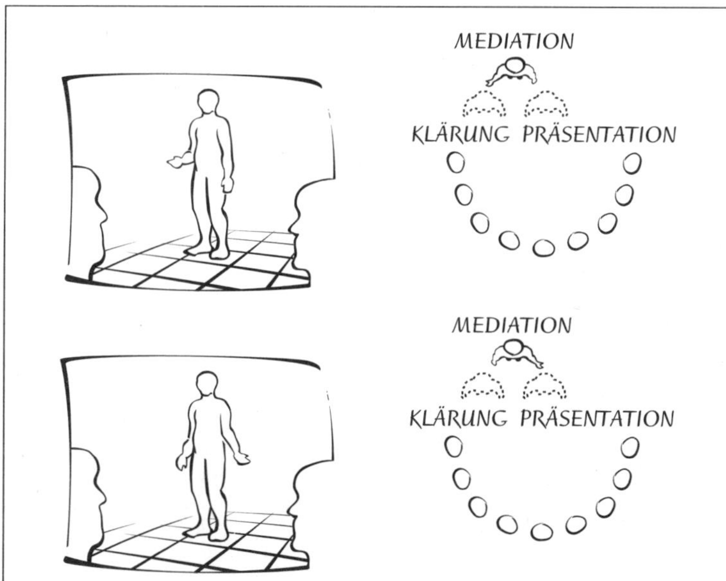

Wichtig ist in dieser Phase, dass der Trainer sich *nicht* mit dem Training identifiziert, sondern strikt in einer neutralen Position bleibt. Die Stimme klingt dabei ruhig und sachlich. Auch sollte der Trainer nicht in der Ich-Form über das Training sprechen, sondern in neutraler Form bleiben. Statt „Ich kann Ihnen anbieten …" ist es besser, Sätze zu verwenden wie „Das Training kann Hinweise geben …"

Immer wenn jeweils die Präsentationsposition oder die Ärgerposition angesprochen werden, deutet der Trainer gestisch auf den entsprechenden Ort. Auch dadurch weist er sich als unparteiischer Vermittler aus. Er verhandelt beide Positionen so lange, bis er an den nonverbalen Reaktionen der Teilnehmer eine gewisse Bereitschaft feststellt, sich auf das Seminar einzulassen.

Schließlich wechselt er wieder in die Präsentationsposition und beginnt mit dem eigentlichen Training bzw. fährt damit fort.

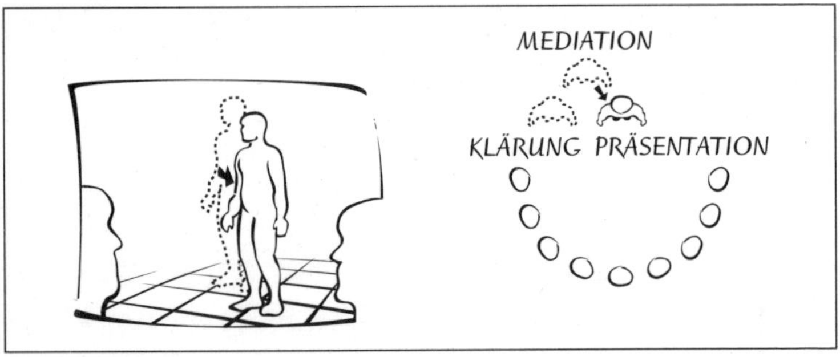

Tipp: Sie können den Erfolg dieser Methode noch steigern, wenn Sie zwei Aspekte besonders beachten. Der erste Punkt: Fassen Sie sich kurz! Besonders, wenn Emotionen wie Ärger oder Angst artikuliert werden. Ziehen Sie auch die Verhandlung nicht unnötig in die Länge. Denken Sie daran: Die Teilnehmer sind noch nicht im Boot.

Der zweite Tipp: Bereiten Sie sich schriftlich vor! Schreiben Sie eine Art Drehbuch, wortwörtlich oder zumindest in Stichpunkten. Benutzen Sie dabei all Ihr Vorwissen und Ihre Vorinformationen über die Teilnehmer, den Auftraggeber und den Kontext, in dem das Seminar stattfindet. Denn die Methode ist, wenn sie präzise und exakt angewandt wird, ziemlich anspruchsvoll. Eine gute Vorbereitung wird Ihnen die Durchführung erheblich erleichtern!

Besteht bei diesem Modell nicht die Gefahr, schlafende Hunde zu wecken? In der Tat können Sie nicht immer sicher sein, ob der Widerstand der Gruppe wirklich existiert. Informieren Sie sich daher im Vorfeld so umfangreich und so gut wie möglich und kalibrieren (→ Glossar) Sie sich gut. Wenn Sie kaum Widerstand bemerken, kürzen Sie die Methode einfach ab. Dann kann nichts schief gehen. Irgendwelche kleineren Einwände existieren fast immer, selbst wenn die Teilnehmer an sich gerne und freiwillig kommen.

Hier ein **Beispiel** für eine derartige Kurzvariante: „Hallo und herzlich willkommen zu unserem Seminar. Ich weiß, draußen scheint die Sonne (Ortswechsel), es ist Wochenende und man könnte so vieles unternehmen. Müssen wir ausgerechnet heute hier sitzen? Auf der anderen Seite (Wechsel in die Mediationsposition) haben wir den Weg hierher schon hinter uns. Jetzt, wo wir schon mal da sind, wäre es doch schade, wenn wir die Zeit miteinander nicht wirklich sinnvoll nutzen würden, nicht wahr?! Ich freue mich über Ihre Bereitschaft (Wechsel in die Präsentationsposition), sich mit unserem Thema auseinander zu setzen und so viel wie möglich mitzunehmen."

6.3 Konflikte zwischen den Beteiligten lösen

Im vorigen Abschnitt haben wir gesehen, wie nützlich es ist, eine dritte Position, die Mediationsposition, einzuführen. Wir entzerren dadurch das Konfliktfeld und erweitern das Lösungsfeld. Es liegt nahe, dieses Prinzip auch bei Konflikten oder Missverständnissen zwischen den Teilnehmern und dem Trainer anzuwenden. Als Mediator gelingt es ihm weit besser, handlungsfähig zu bleiben.

Die **Übung** hat ihren Ausgang darin, dass eine Aussage des Trainers einen Teilnehmer „trifft". Vielleicht hat der Trainer so etwas geäußert wie „Wir sind ja nicht zum Vergnügen hier!" – sicherlich nicht die glücklichste Formulierung. Ein Teilnehmer bezieht sie auf sich und glaubt, der Trainer unterstelle ihm, dass er nicht ernsthaft genug bei der Sache ist. Der Trainer merkt am nonverbalen Verhalten des Teilnehmers, dass ihn etwas getroffen hat (Denken Sie jedoch an die Gefahren der Interpretation) oder er meldet sich direkt zu Wort, um seinen Gefühlen Luft zu machen.

Augenblicklich tritt der Trainer einen Schritt zur Seite und nimmt so nonverbal eine „Mediationsposition" ein. Er fragt den Teilnehmer: „Was von dem, was da gerade gesagt wurde (währenddessen verweist er gestisch auf die Trainerposition), ist bei Ihnen angekommen?" Wichtig ist, dass der Trainer deutlich die Mediationsposition markiert. Den Abstand zur Trainingsposition hält er durch gestische Markierung, indem er auf diese Position mit der Hand weist. Zusätzlich spricht er von sich als Trainer entweder indirekt oder in der dritten Person. Sein Tonfall ist neutral freundlich.

Genauso können Sie vorgehen, wenn ein für Sie überraschender Verbalangriff eines Teilnehmers erfolgt. In diesem Fall können Sie relativ sicher sein, dass Sie einen vorangegangenen Problemzustand nicht erkannt haben. Fragen Sie aus der Mediationsposition: „Auf was von gerade eben (gestisch hinweisen) beziehen Sie sich? Was ist da (wieder gestisch markieren) bei Ihnen angekommen?"

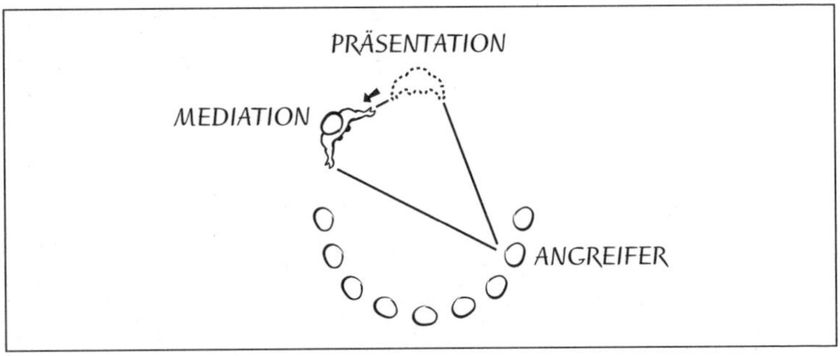

Nun beginnt die Klärung. Holen Sie sich die Erlaubnis des Teilnehmers ein, die Situation zu klären. Fragen Sie ihn aus der Mediationsposition: „Ist es in Ordnung, wenn hier (gestisch hinweisen) auch die ursprüngliche Absicht kommuniziert wird?" Meist stimmt der Teilnehmer zu, denn er ist interessiert an dem, was der Trainer wollte. Falls der Teilnehmer das ablehnt – was sehr selten vorkommt – fragen Sie weiter aus der Mediationsposition: „Was ist Ihnen jetzt wichtig, was brauchen Sie jetzt, um das klären zu können?" Zeichnet sich ab, dass die Klärung Zeit braucht, verschieben Sie sie besser auf einen späteren Zeitpunkt, besonders wenn die Gruppe bereits unwillig reagiert.

Meist jedoch stimmt der Teilnehmer zu. Treten Sie dann wieder in die ursprüngliche Trainingsposition. Erläutern Sie von dort aus Ihre Absicht: „Meine Absicht war ..." Sie können sich auch entschuldigen, wenn es Ihnen stimmig und der Situation angemessen erscheint. Bleiben Sie dabei aber dezent. Entschuldigen Sie sich nur für das, wofür Sie sich wirklich entschuldigen wollen. Oft tut es ein Einfaches „Es tut mir leid, dass dies so bei Ihnen angekommen ist." Achten Sie darauf, dass Ihr Teilnehmer Ihre ursprüngliche Absicht erkennt, das, was Sie wirklich sagen wollten.

Nun können Sie gemeinsam mit dem Teilnehmer klären, wie Sie beide künftig mit diesem Thema umgehen wollen. „Wie könnte dies in Zukunft so ausgedrückt werden, dass die Absichten bei Ihnen klar ankommen?"

Oft ist das jedoch gar nicht mehr nötig, das Kommunizieren der Absicht reicht alleine schon aus. Der „Dampf ist raus", die Beziehungsebene wieder geklärt.

Keinesfalls sollten Sie jedoch auf eine kurze Abschlussvereinbarung verzichten. Diese könnte etwa so lauten: „Bitte sagen Sie mir in Zukunft so früh wie möglich, wenn Ihnen eine meiner Formulierungen aufstößt, ich kann nicht garantieren, dass ich stets die für Sie passende Wortwahl treffe. Ich kann Ihnen versichern, dass ich darauf achten werde und Sie können ganz sicher Sie sein, dass meine Absichten positiv sind."

Wenn Sie Ihre Teilnehmer verwirrt haben

Eine Variante der vorhergehenden Übung können Sie anwenden, wenn Sie Ihre Teilnehmer verwirrt haben:

Ausgangspunkt ist meist eine unsinnige oder schlicht falsche Aussage, die Sie in den Raum gestellt haben. Wahrscheinlich haben Sie bereits selbst bemerkt, welchen Nonsens Sie da geredet haben, oder Sie lesen es an den verblüfften oder verwirrten Gesichtern Ihrer Teilnehmer ab.

Atmen Sie gut durch und treten Sie einen Schritt zur Seite. Dadurch wechseln Sie in eine Beobachterposition. Sprechen Sie über das Vorangegangene indirekt oder in der dritten Person: „Das war jetzt unglücklich formuliert, was da gerade gesagt wurde." Verweisen Sie währenddessen gestisch auf die ursprüngliche Trainingsposition.

Setzen Sie nun zu einem zweiten Versuch an: „Was ursprünglich damit gemeint war, ist Folgendes …" Sie können das Training aus dieser Position fortführen und allmählich wieder zum ursprünglichen Präsentationsort zurückkehren. Sie können alternativ dazu auch gleich wieder in diese Position treten. Dann sollten Sie allerdings unbedingt wieder in der ersten Person sprechen: „Was ich eigentlich sagen wollte, ist …"

Dieses Vorgehen bewirkt zweierlei: Zum einen können Sie sich selbst von Ihrem Problemzustand distanzieren, wodurch Sie wieder Zugang zu Ihren eigentlichen Kompetenzen erhalten. Zugleich aber gewinnen auch die Teilnehmer Abstand von den unsinnigen, verwirrenden oder falschen Aussagen und bleiben nicht daran haften. Dadurch erhalten Sie eine zweite Chance, Ihr Anliegen in der passenden Weise vorzubringen. Nach kurzer Zeit hat die Gruppe Ihren Aussetzer fast völlig vergessen.

Umgang mit Konflikten zwischen Teilnehmern.

Menschen verfolgen verschiedene Interessen und Ziele. Es ist daher nicht verwunderlich, dass sich daraus immer wieder Konflikte ergeben. Gerade wenn die Gruppe von der „Kuschelphase" in die Phase der Rangelei überwechselt, können Konflikte auftreten. Die Teilnehmer wollen sich profilieren und von den anderen abheben: „Ich bin anders als du!" Es ist kein negatives Zeichen, wenn im Seminar Konflikte auftreten. Oft äußert sich darin die Fähigkeit der Gruppe, auch schwierige Themen aufzugreifen. Es verlangt aber viel Feingefühl vom Trainer, Konflikte angemessen zu bewerten und gut mit ihnen umzugehen, denn sie können die bereits erworbene Zusammengehörigkeit und die daraus resultierende gute Arbeitsatmosphäre gefährden.

Wahre Trainerkompetenz zeigt sich darin, Konflikte so zu steuern, dass nichts zu Bruch geht, was nicht mehr zu kitten wäre. Zu heftige Auseinandersetzungen drohen das Beziehungsgeflecht zu zerreißen. Konflikte wirken sich erst dann konstruktiv aus, wenn das Beziehungsgewebe sie (er-)tragen kann.

Auf den Punkt gebracht: Konstruktive Konflikte „fallen nicht aus dem Rahmen". Klären Sie daher zunächst die Rahmenbedingungen der Konfliktlösung.

Grundvoraussetzungen der Konfliktklärung

Wie Konflikte erfolgreich gelöst werden, entscheidet sich oft schon im Vorfeld. Nur wenn eine tragfähige Beziehung zu beiden Konfliktpartnern besteht, sollten Sie die Klärung weiter verfolgen.

Konflikte lösen fast immer starke Problemgefühle aus. Achten Sie darauf, dass vor der Klärung ausreichend Ressourcen aktiviert werden, auf die man fokussieren kann. Lenken Sie die Aufmerksamkeit der Teilnehmer auf den Nutzen und die Chancen von Konflikten oder sprechen Sie deren erfolgreiche Bewältigung in der Vergangenheit an.

Arbeiten Sie nun die drei verschiedenen Konsensebenen ab:

- **Konsensebene 1 – die Frage des Ob:** Sehen die Konfliktpartner überhaupt Klärungsbedarf? Selbst, wenn das von den Konfliktpartnern bejaht wird, muss auch die Gruppe grünes Licht geben, mit anderen Worten: Erteilt sie überhaupt Erlaubnis, den Konflikt zu lösen?
- **Konsensebene 2 – die Frage des Wie:** Auf welche Regeln und Umgangsweisen wollen sich die Konfliktpartner einigen? Wie soll nach dem Wunsch der Gruppe mit dem Konflikt umgegangen werden?
  Konflikte verunsichern. Umso wichtiger ist es, einen Rahmen zu schaffen, in dem sich alle Beteiligten möglichst sicher fühlen. Aber auch die grundsätzliche Bereitschaft der Gruppe – die Konsensebene 1 – wird häufig vom Wie beeinflusst. Viele Teilnehmer stimmen erst dann zu, wenn der zeitliche Rahmen und der Ablauf feststehen.
- **Konsensebene 3 – die Frage nach dem Was:** Welche Inhalte wollen die Konfliktpartner klären? Was sind die strittigen Themen?

Die ersten beiden Konsensebenen definieren die Prozessziele, erst die dritte Konsensebene bearbeitet inhaltliche Ziele.

Grundstrategie der Konfliktklärung: Neben der Klärung der Rahmenbedingungen hängt erfolgreiches Konfliktmanagement von der richtigen Reihenfolge der einzelnen Schritte ab. Die Choreographie entscheidet, ob wir „im Takt" bleiben oder ob das Geschehen „außer Tritt" gerät.

Wahrnehmung des Konfliktes: Der erste Schritt ist, den Konflikt überhaupt zu erkennen. Das ist nicht allein die Aufgabe des Trainers, auch Teilnehmer können Störungen anmelden. Der Trainer kann die Verantwortung dafür ausdrücklich an die Gruppe delegieren. Damit unterstellt er ihr gleichzeitig Kompetenz. Er nimmt an, dass er nicht bei jeder Störung sofort eingreifen muss. Die Teilnehmer können selbst entscheiden, wann die Arbeitsfähigkeit der Gruppe gefährdet ist.

Tipp: Erwähnen Sie zu Beginn des Seminars, dass immer, wenn Menschen zusammenarbeiten, Konflikte entstehen können und dass es in der Natur der Sache liegt. Ihre Teilnehmer werden dann nicht mehr so erschrocken reagieren, wenn es tatsächlich zum Konflikt kommt.

Gar nicht zu übersehen ist ein Konflikt, wenn ein Teilnehmer einen anderen plötzlich massiv angeht. Es obliegt dann der Gruppe, zu entscheiden, ob er im Plenum angesprochen und geklärt werden soll.

Exkurs: In Abwandlung von Shakespeare gilt für Konfliktmanagement: „Relevant oder nicht relevant, das ist hier die Frage." Die Intelligenz eines Systems – einer Gruppe oder Organisation – bemisst sich auch an der Urteilskraft, relevante von irrelevanten Konflikten unterscheiden zu können.

So existieren „**allergische Gruppen**", die jede noch so kleine Störung zum Thema machen. Ein an sich harmloser Anlass führt zu heftigen Reaktionen, die Arbeitsfähigkeit der Gruppe ist gefährdet.

Daneben gibt es „**immunschwache Gruppen**". Lange passiert gar nichts. Erst wenn die Störungen massiv auftreten, kommt es zu Reaktionen. Auf diese Weise lassen sich eine ganze Reihe schwelender Konflikte unter den Teppich kehren. Ist die Unstimmigkeit erst ausgebrochen, stellt sie eine starke Bedrohung für den inneren Zusammenhalt der Gruppe dar. Es erfordert immense Anstrengungen, um den Konflikt zu lösen, da die Klärungskompetenz der Gruppe durch das lange Abwarten erheblich geschwächt ist.

Aber es gibt Indizien für schwelende Konflikte: Eine geringe Gruppenenergie, eine irgendwie lähmende Atmosphäre, häufiges Schweigen, wenig Beteiligung der Teilnehmer am Geschehen sowie defensives Verhalten deuten auf unterschwellige Spannungen hin. Kaum einer traut sich aus der Deckung. Auch der Trainer fühlt sich in dieser Situation auf unbestimmte Weise unwohl und gebremst. Die Gruppe scheut sich, die Konflikte offen zu legen und wird gleichzeitig dadurch geschwächt. Hier muss der Trainer das Ruder wieder in die Hand nehmen. Er kann z. B. seine diffusen Empfindungen und die der anderen ansprechen, am besten indirekt: „Ich habe während der Mittagspause über unser Seminar nachgedacht. Und irgendwie habe ich ein unwohles Gefühl. Ich bin mir nicht sicher, vielleicht täusche ich mich, aber es scheint so, als läge etwas in der Luft. Wie geht es Ihnen? Haben Sie ähnliche Empfindungen?" Nun kann ein Blitzlicht (→ Glossar) folgen oder auch eine Kartenabfrage (→ Glossar), bei der die Teilnehmer vorerst in Deckung bleiben dürfen. Das Schutzbedürfnis der Gruppe wird auch dann gewürdigt, wenn der Trainer den Teilnehmern anbietet, sich vertraulich an ihn oder seine Assistenten zu wenden.

In der „**autoaggressiven Gruppe**" liegt ebenfalls eine Störung des „Immunsystems" vor. Ihr Klima ist geprägt von Feindseligkeit. Es existieren viele verdeckte und auch offene Konflikte. Die Teilnehmer versuchen sich gegenseitig auszustechen. Meist spiegelt sich darin der Zustand der Organisation wider, aus der die Teilnehmer kommen. In diesem Fall sollte der Trainer entweder den Auftrag zurückzugeben oder sich von den Auftraggebern das Einverständnis holen, den Gruppenprozess selbst zum Thema zu machen. Ohne Rückendeckung von oben hat das kaum Sinn.

In offen ausgeschriebenen Seminaren entwickelt sich nur selten ein feindseliges Klima. Wenn, dann hat der Trainer es fast immer versäumt, für ein gutes Gruppenklima zu sorgen.

Unterbrechen des Konflikts: Kehren wir wieder zurück zu den Schritten der Konfliktklärung. Der Konflikt ist identifiziert. Nun sollte der Trainer ihn für einen Moment unterbrechen, denn er muss beherrschbar bleiben und darf die Gruppe nicht überrollen. Besonders, wenn der Konflikt überraschend auflodert, ist der Trainer gefordert, ihn **sofort zu unterbrechen**. Meist reichen Worte dazu nicht aus. Der Trainer muss die Unterbrechung mit seinem Köpereinsatz verdeutlichen. Wenn er in den Gruppeninnenraum geht und sich für einen Moment zwischen die beiden Kontrahenten stellt, sind sie ihrer Sicht beraubt und beginnen sich zu beruhigen und eine klärungsdienliche Haltung einzunehmen.

Unmittelbar nach der Unterbrechung etabliert der Trainer eine Reflexionsebene, indem er eine Position neben der eigentlichen Trainings- oder Moderationsposition einnimmt. Währenddessen kommentiert er das Geschehen etwa folgendermaßen: „Moment, ich merke da gerade ..., und ich würde gerne sicherstellen, dass wir ressourcevoll miteinander kommunizieren."

Abklären der Konsensebene 1: Dann klärt der Trainer die Konsensebenen ab. Zunächst stellt er die Frage „Gibt es überhaupt Klärungsbedarf?", und balanciert dabei die Interessen der Konfliktpartner mit denen der Gesamtgruppe aus. Wenn die Gruppe eher ablehnend oder genervt reagiert, sollte der Trainer fragen: „Ist es möglich, den Konflikt auszulagern, während die Gruppe arbeitsfähig bleiben kann?"

Ist die Gruppe am Geschehen interessiert, bieten sich Fragen an wie: „Ist die Art, wie wir hier im Moment miteinander umgehen, hilfreich für das Erreichen unseres Seminarzieles?"

Wenn der Trainer ein eindeutiges Ja als Antwort erhält, kann er mit der Gruppe ohne weitere Konfliktklärung an den Inhalten weiterarbeiten.

Ist die Antwort ein Nein oder ein sehr verhaltenes Ja, sollte der Konflikt bearbeitet werden und der Trainer auf die nächsten Konsensebenen wechseln.

Abklären der Konsensebene 2: Nun erörtert der Moderator mit der Gruppe und den Konfliktpartnern, wie der Konflikt gelöst werden soll. Gemeinsam vereinbaren sie Regeln und Umgangsformen.

Als Erstes lässt sich der Moderator von der Gruppe offiziell bestätigen, dass er immer wieder ins Geschehen eingreifen und es unterbrechen darf. Inoffiziell hat er dies bereits bei Schritt 2 vorausgesetzt. Da der Moderator durch das Unterbrechen die Sicherheit der Gruppe gewährleistet, schlägt ihm an dieser Stelle nur sehr selten Widerstand entgegen. Sollte es je zu diesem Ausnahmefall kommen, empfehlen wir Ihnen, der Gruppe zu erklären, dass Sie unter diesen Umständen nicht bereit sind, den Konflikt weiter zu bearbeiten. Damit legen Sie an sich das Amt des Leiters der Gruppe nieder. Ohne die „Insignien der Macht" - darunter als wichtigste die Erlaubnis, unterbrechen zu dürfen - können Sie den Schutz der Gruppe und der Konfliktpartner vor psychischen, im Extremfall sogar physischen Verletzungen nicht gewährleisten.

Ähnlich wichtig ist es, den Zeitrahmen abzustecken: „Wie viel Zeit wollen wir uns für die Klärung geben?" Dieser Punkt ist deswegen so bedeutsam, weil er den Seminarinhalt schützt und damit die eigentlichen Motive und Interessen der anderen Teilnehmer. Wird der Zeitrahmen nicht eingehalten, bahnt sich ein neuer Konflikt an: Einem Teil der Gruppe wird zunehmend wichtig, dass die Klärung zu einem befriedigenden Ende kommt. Die anderen werden langsam ungeduldig und wollen endlich wieder zu den Inhalten zurückkehren. Dieser Teil entzieht dem Klärungsprozess allmählich die Erlaubnis. Der Trainer kann beide Aspekte auch geschickt kombinieren und die Klärung selbst zum inhaltlichen Thema machen.

Wichtige Regeln betreffen auch den Schutz der Kontrahenten. Um diese Regeln einzuführen, reichen bloße Lippenbekenntnisse nicht aus. Erhält der Trainer von den Teilnehmern doppeldeutige Antworten oder eindeutige Einwände, müssen diese Regeln weiter spezifiziert werden: „Was muss noch sichergestellt werden? Unter welchen Bedingungen wären Sie bereit, diese Regel zu akzeptieren?" Die Frage nach dem Umgang kann auch umgekehrt formuliert werden: „Was darf auf gar keinen Fall passieren?" Das bringt sehr deutlich zum Ausdruck, welche Werte und Regeln unbedingt eingehalten werden müssen.

Schließlich einigen sich die Konfliktpartner und die anderen Teilnehmer noch auf die konkrete Vorgehensweise der Klärung.

Abklären der Konsensebene 3: Zweimal wurde bereits in den vorangegangenen Schritten Übereinstimmung und Konsens erzielt. Die Konfliktpartner und die Gruppe haben damit bewiesen, dass sie dazu fähig sind. Nun steht auch der Weg zur inhaltlichen Klärung offen. Sparen Sie an dieser Stelle nicht mit Anerkennung für das bisher Erreichte!

Fokussieren auf Absichten: Erst auf dieser Ebene stellt sich die Frage nach dem Inhalt des Konflikts: „Was soll geklärt werden?“ Beharren Sie als Trainer oder Moderator darauf, dass die Konfliktpartner aussprechen, was sie wollen, und nicht das Problem darstellen. Seien Sie darauf vorbereitet, oft unterbrechen und nachhaken zu müssen. Denn die meisten Menschen sind während einer Auseinandersetzung darauf programmiert, ausschließlich klagend das Problem zu schildern und dem anderen Vorwürfe zu machen. Dabei bleibt allerdings das Ziel auf der Strecke und damit auch die grundsätzliche Orientierung. Dies ist wohl der Hauptgrund dafür, dass ungesteuerte Konflikte oft im heillosen Chaos enden. Keiner blickt mehr so richtig durch.

> **Auf den Punkt gebracht:** Werden Sie während der Konfliktlösung zum Hüter der Absicht und des Ziels. Nutzen Sie dafür Ihre ganze Macht und Befugnis, den Klärungsprozess zu steuern!
>
> Neben dem Aufsuchen von Gemeinsamkeiten ist es das zweite Grundprinzip der Klärung: Lenken Sie die Aufmerksamkeit auf die Absichten und Ziele und trennen Sie diese von den Verhaltensweisen.

Fokussieren auf Absichten ist weit mehr als eine rein technische Anweisung. Erst wenn Sie auch die entsprechende innere Haltung einnehmen, wird es Ihnen so richtig gelingen. Mit dieser inneren Haltung gehen Sie selbstverständlich davon aus, dass hinter jedem Verhalten eine positive Absicht steckt, also auch hinter den Angriffen und Vorwürfen der beiden Konfliktpartner. (Die Annahme, hinter jedem Verhalten stehe eine positive Absicht, ist so generell formuliert nicht unproblematisch. In einigen Kontexten kann sie zynisch, geradezu wie eine Verfälschung der realen Situation wirken. Auch ihren Wahrheitsgehalt könnte man bestreiten. Doch darum geht es in diesem Fall nicht. Speziell für Konfliktklärungen ist das Fokussieren auf die Absicht der Königsweg der Lösung. Machen Sie sich daher diese Haltung für einen solchen Kontext ganz und gar zu Eigen. Anschließend können Sie ja wieder Abstand davon nehmen.) Transportieren Sie diese Idee auch in die Gruppe. So aktivieren Sie eine konstruktive Suchhaltung. Sie und die Teilnehmer bleiben nicht an der Oberfläche der Vorwürfe haften. Mit der „Absichtenbrille" suchen sie gemeinsam nach den tieferen Beweggründen. Die entscheidende Frage ist: Worum geht es eigentlich?

Je stärker Sie diese Haltung verinnerlicht haben, desto leichter wird es Ihnen fallen, den Klärungsprozess klar zu steuern. Wann immer die Konfliktpartner ihre alten Vorwürfe aufwärmen, sollten Sie das sofort unterbrechen. Unterlassen Sie es, werden sich die beiden Kontrahenten mit ziemlicher Sicherheit gegenseitig Verletzungen zufügen - die dann auch noch geklärt werden müssten. Immer mehr ginge es um Würde und Schutz der gesamten Person. So wachsen Probleme an, bis sie irgendwann kaum mehr zu bewältigen sind.

> **Auf den Punkt gebracht:** Unterbrechen Sie gegenseitiges Sich-Vorwerfen und fokussieren Sie auf die Absichten und Ziele!

Werkzeuge, um die Absichten herauszuarbeiten: Gehen Sie strategisch so vor, dass Sie die Absichten der Konfliktpartner jeweils einzeln ermitteln. (Unser Ansatz deckt sich weitgehend mit dem des *Harvard-Modells* (→ Glossar), das Ihnen möglicherweise bekannt ist. Zur Begriffsklärung sei noch angemerkt, dass das, was wir hier - wie im NLP üblich - „Absicht" nennen, im *Harvard-Modell* und der Bezeichnung „Interesse" firmiert. Entsprechend tritt der hier verwendete Begriff „Verhalten" im Harvard-Modell unter dem Namen „Position" wieder auf.) Der andere kann zuhören, sollte sich jedoch nicht einmischen. Lassen Sie die Konfliktpartner erst dann miteinander reden, wenn die Absichten und Wünsche geklärt sind.

Nochmals: Wir kommunizieren in diesem Ansatz nicht über das, was schief läuft, sondern ausschließlich über das, was erreicht werden soll und was die Konfliktpartner motiviert. Speziell für den Kontext Training und Moderation sind wir der Meinung, dass erst auf der Ebene der Absichten bzw. Interessen inhaltliche Klärung und Verhandlung Sinn machen.

Auf Anhieb gelingt es beiden Parteien nur selten, ihre Absichten deutlich zu machen. Betrachten Sie daher Vorwürfe einfach als schlecht formulierte Wünsche und unterstützen Sie die Konfliktpartner darin, ihre Vorwürfe in die ursprünglichen Wünsche zurückzuverwandeln. Nehmen Sie dafür die Kriterien wohlgeformter Ziele zur Hilfe (siehe auch Kapitel 4).

Viele Vorwürfe sind negativ formuliert. „Ich will nicht immer so von ihm angegangen werden!" Richten Sie bei sich einen „Sonder-Reflex" ein. Fast automatisch werden Sie auf einen Vorwurf obiger Art entgegnen: „Sondern? Was wollen Sie stattdessen?"

Vorwürfe zeichnen sich in der Regel durch einen verallgemeinernden und pauschalierenden Stil aus: „Wenn er mir nur einmal zuhören würde!" Verwandeln Sie dies in spezifische Wünsche: „Woran genau könnten Sie erkennen, dass Ihr Konfliktpartner Ihnen zuhört? Hat er manchmal noch weniger zugehört oder manchmal sogar mehr? In den Situationen, als er Ihnen zuhörte, was war da anders?"

Schälen Sie auch die tieferen Beweggründe heraus, die Ziele hinter den Zielen: „Sie wünschen sich also, dass Ihr Konfliktpartner Ihnen zuhört. Wenn er das nun täte, was wäre dann für Sie gewährleistet?" Derartige Fragen bringen die wirklich wichtigen Motive ans Tageslicht: „Ich hätte dann das Empfinden, von ihm geschätzt zu werden."

Das weitere Vorgehen der inhaltlichen Konfliktklärung: Die Absichten sind jetzt identifiziert. Regen Sie nun die Konfliktparteien an, sich darüber zu unterhalten. Ziel dieses Schrittes ist, dass beide die Absichten der anderen akzeptieren können, nicht das Verhalten wohlgemerkt.

Unterstützen Sie die Konfliktpartner darin, die Gemeinsamkeiten ihrer Absichten herauszuarbeiten. Auf dieser gemeinsamen Basis einigen sich die Kontrahenten auf konkrete Wege und neue Verhaltensweisen, mit denen sie ihre wesentlichen Absichten und Wünsche zumindest ansatzweise erfüllen können.

Jetzt fehlt nur noch das i-Tüpfelchen, die ausdrückliche gegenseitige Verpflichtung beider, die neuen Verhaltensweisen auch umzusetzen. Noch verbindlicher wird die Abmachung, wenn hier die Gruppe oder einzelne Teilnehmer aus der Gruppe als offizielle Zeugen fungieren.

Zum Abschluss noch ein **wichtiger Hinweis**: Primäres Ziel der Konfliktklärung ist nicht, dass die beiden Konfliktpartner alles ausgeräumt haben, was je zwischen ihnen stand, und dass sie von jetzt an bis in alle Ewigkeit in Harmonie miteinander leben. Das Hauptziel bleibt nach wie vor auf die Gruppe ausgerichtet. Klären Sie den Konflikt so weit, dass beide Teilnehmer und die Gruppe wieder arbeitsfähig sind. Ein Kompromiss, der die Zeit des Zusammenseins über hält, reicht dafür aus.

Zusätzliche Werkzeuge der Konfliktklärung

- **Beobachter- bzw. Metaposition** (→ Glossar): Sie können zu jedem Zeitpunkt die Konfliktpartner, bei Bedarf auch die gesamte Gruppe, in die Metaposition führen und das Geschehen gemeinsam aus einer neutralen Außenperspektive betrachten. Das kühlt erhitzte Gemüter ab und die „Konflikttemperatur" pendelt sich auf einem erträglichen Niveau ein.
- **Positionswechsel** (→ Glossar): Manchmal ist es gut, die Kontrahenten aufzufordern, für einen Moment die Position des anderen einzunehmen, am besten in Form eines tatsächlichen Ortswechsels. Sobald beide die „Du-Position" (→ Glossar) eingenommen haben, bringen sie meist ein gewisses Verständnis für die Position des anderen auf und sind eher bereit, den Konflikt konstruktiv zu klären. Bei sehr verhärteten Fronten können Sie auch Stellvertreter für die jeweiligen Positionen wählen lassen. Die eigentlichen Konfliktpartner nehmen dadurch eine Außenperspektive, die Metaposition, ein.

Konfliktklärung für Profis

Einiges an dem nun folgenden Klärungsmodell wird Ihnen bereits bekannt vorkommen, vor allem das Grundprinzip, Verhalten und Absicht zu trennen. Anders ist hier jedoch, dass beide Konfliktpartner von Anfang an direkt miteinander kommunizieren. Daher sollten Sie es in der „freien Wildbahn" erst dann anwenden, wenn Sie schon reichlich Erfahrung mit dem Klären von Konflikten gesammelt haben. Noch eine Information für Insider: Das Modell ist aus einem NLP-Modell abgeleitet, dem so genannten „Paare-Reframing".

Wir setzen voraus, dass die Konsensebenen eins und zwei bereits abgeklärt sind. Die Gruppe ist einverstanden, dass der Konflikt geklärt wird, und die wichtigsten Regeln sind eingeführt.

Zunächst überprüfen Sie als Moderator, wie gut und tragfähig Ihre Beziehung zu beiden Konfliktpartnern ist. Damit nicht genug, Sie sollten gleichzeitig auch den Kontakt zur Gruppe aufrecht erhalten. Lassen Sie immer wieder den Blick über die Gruppe schweifen und achten Sie auf die nonverbalen Reaktionen der anderen Teilnehmer.

Holen Sie sich nochmals von beiden Konfliktpartnern die Erlaubnis zum Unterbrechen ein, selbst wenn dies in der Gruppe schon erfolgt ist.

Fordern Sie nun beide Konfliktpartner auf, das strittige Thema zu besprechen. Achten Sie dabei sehr sorgfältig darauf, ob bestimmte Aussagen des einen Kontrahenten nonverbale Reaktionen des anderen hervorrufen, die einen Problemzustand anzeigen. Vielleicht verdreht er die Augen, macht abfällige Gesten oder dreht sich weg. Unterbrechen Sie in diesem Fall sofort das laufende Gespräch.

Fragen Sie den Konfliktpartner, der den Problemzustand signalisiert: „Was ist bei Ihnen angekommen?" Bisweilen müssen Sie mehrmals nachfragen, bis sich herausschält, was die problematische Aussage für den Empfänger wirklich bedeutet.

Fragen Sie anschließend sein Gegenüber: „War das Ihre Absicht?" Nur selten antwortet der Konfliktpartner mit Ja. In diesem Fall fragen Sie nach den Metazielen: „Was ist für Sie damit gewonnen, wenn Sie diese Absicht erreicht haben?" In den meisten Fällen antwortet der Konfliktpartner jedoch mit Nein. Fragen Sie dann nach: „Welche Reaktion wollten Sie beim Empfänger hervorrufen?" Diese Frage sollte sehr konkret beantwortet werden.

Wiederholen Sie gegebenenfalls die beiden letzten Schritte so lange, bis beiden Konfliktpartnern ihre Absicht klar ist.

Holen Sie nun von beiden Konfliktpartnern das Einverständnis ein, über diese Absicht neu zu kommunizieren. Achten Sie dabei auch auf die nonverbalen Reaktionen der Gruppe.

Nun ist das Ziel, die Absicht wieder auf die Verhaltensebene herunterzubrechen. Fragen Sie den Absender: „Was können Sie tun oder haben es schon in einer anderen Situation gemacht, um von Ihrem Empfänger die gewünschte Reaktion zu erhalten?" Wenden Sie sich an den Empfänger:

„Wie kann Ihnen Ihr Gegenüber die Botschaft so übermitteln, dass Sie die Absicht erkennen können? Wie wünschen Sie sich diese Vermittlung?"

Überprüfen Sie, ob die Konfliktpartner voll über ihre Ressourcen verfügen können. Lassen Sie die beiden eine Vereinbarung treffen, in Zukunft auf die herausgearbeitete neue Art miteinander zu kommunizieren. Achten Sie dabei darauf, dass Sie von beiden auch nonverbal eindeutige Zustimmung erhalten.

Schließen Sie den Klärungsprozess ab und danken Sie der Gruppe für die Zeit, die sie dafür bereitgestellt hat. Oft bietet es sich an, den Konflikt und seine Klärung weiter auszuwerten und nützliche Lehren daraus zu ziehen.

Konflikte zwischen Gruppen von Teilnehmern

Sie haben jetzt bereits einige Wege kennen gelernt, um mit unterschiedlichen Schwierigkeiten umzugehen:

- Ein Teilnehmer stellt irrelevante Fragen oder greift Sie an.
- Zwei Teilnehmer tragen einen Konflikt miteinander aus und gefährden die Arbeitsatmosphäre.
- Die ganze Gruppe befindet sich im Widerstand gegen Ihre Person oder gegen das Thema.

Einen Fall jedoch haben wir noch nicht erörtert: Ein Konflikt spaltet die ganze Gruppe. Als Klassiker sei hier der Konflikt zwischen Prozess und Inhalt genannt. Die eine Hälfte der Gruppe ist vor allem am Inhalt interessiert. Sie wünscht sich soviel Input und Stoff wie nur möglich. Die andere Hälfte der Teilnehmer bevorzugt eher prozessorientiertes Vorgehen und hat die Nase bereits mächtig voll vor lauter Inhalten. Sie wünscht, mehr in die emotionale Tiefe zu gehen und mehr über sich selbst zu erfahren.

Als Trainer sind Sie im Dilemma. Die große Mehrheit der Teilnehmer ist am Konfliktgeschehen beteiligt und engagiert. Sie können den Konflikt weder auslagern noch ignorieren. Die Situation wird zunehmend kompliziert und die Teilnehmer ordnen sich in zwei, selten auch mehrere Lager. Der Konflikt überschattet das eigentliche Seminarthema.

Wir stellen Ihnen hier ein Modell vor, das sich bestens in der Praxis bewährt hat. Der wichtigste Schritt dabei ist, die Komplexität so weit zu reduzieren, dass Sie handlungsfähig bleiben und die Situation meistern können. Dazu benötigen Sie den hier vorgestellten Ablauf nicht immer komplett. Auch Einzelelemente können ausreichen, die Gruppe wieder arbeitsfähig zu machen.

Ist die Gruppe noch arbeitsfähig? Überprüfen Sie unbedingt, ob der Konflikt die Arbeitsfähigkeit der Gruppe tatsächlich gefährdet. Meinungsverschiedenheiten und unterschiedliche Strömungen innerhalb einer Gruppe sind an sich kein Problem. Gerade verschiedene Interessen und Eigenschaften können die Gruppenatmosphäre außerordentlich beleben. Vermuten Sie, dass ein Konflikt den Arbeitsfrieden stört, sprechen Sie es offen an. Lassen Sie sich erst dann auf eine Klärung ein, wenn die Mehrheit der Teilnehmer diesen Verdacht mit Ihnen teilt.

Ist die Gruppe bereit, den Konflikt zu klären? Fragen Sie die Gruppe, ob sie bereit ist, Zeit zur Klärung des Themas aufzuwenden. In unserem Beispiel würde die „Inhaltspartei" sicher Einwände erheben, denn Konfliktklärung ist primär ein Gruppenprozess und keine inhaltliche Vertiefung, während die andere Partei Feuer und Flamme für den Vorschlag ist. Diese Situation tritt übrigens ziemlich häufig auf.

Die Aufgabe des Trainers ist jetzt, von beiden Parteien Zustimmung zu erhalten. Greifen Sie dazu auf eine sehr effektive Strategie zurück, Einwände zu behandeln. Fragen Sie die Partei, die noch keine Zustimmung signalisiert hat, ob auch sie glaubt, dass die Gruppe im Moment nicht arbeitsfähig ist. Meist wird das mit Ja beantwortet. Fragen Sie dann mit großem Nachdruck, ob der betreffenden Partei wirklich wichtig ist, die von ihre vertretenen Ziele auch zu erreichen. Die rhetorische Frage bringt die Mitglieder dieser Partei in engen Kontakt zu ihren ureigensten Interessen.

Jetzt ist die Zeit gekommen, den Hebel anzusetzen. Fragen Sie: „Ist Ihnen Ihr Ziel (z. B. der Inhalt) so wichtig, dass Sie bereit sind, das Konfliktthema so zu klären, dass Sie wieder arbeitsfähig zu werden? Nur dann werden Sie auch Ihre Ziele erreichen!"

Gut platziert, wirkt dieser Hebel fast unwiderstehlich. Um der Inhalte willen ist die „Inhaltspartei" bereit, sich auf den Prozess der Klärung einzulassen.

Regeln einführen: Lassen Sie sich nun von der gesamten Gruppe die die Erlaubnis zum steuernden Eingreifen geben. Achten Sie auf den klaren Zeitrahmen. Falls einige neutrale Teilnehmer anwesend sind, übertragen Sie ihnen die Aufgabe, darauf zu achten, dass die zeitlichen Absprachen eingehalten werden.

Positionen einnehmen: Bitten Sie die unterschiedlichen Parteien, sich im Raum zu positionieren, am besten in verschiedene Raumecken. Achten Sie auch auf die „Nichtwähler", die Teilnehmer, die nicht sonderlich am Konfliktthema interessiert sind. Auch die formieren sich als eigene Gruppe.

Parteisprecher wählen: Die jeweiligen Parteien erhalten einen kurzen Zeitraum, ihre wichtigsten Interessen und Standpunkte intern zu besprechen. Zum Abschluss wählt jede Partei einen Sprecher, der die Parteiinteressen vertritt. Auch die Gruppe der Neutralen bestimmt einen Vertreter. Er repräsentiert das allen Teilnehmern gemeinsame Interesse am Seminar und damit auch an der Lösung.

Absichten klären: Bitten Sie die beiden Parteisprecher, nach vorne zu kommen. Vereinbaren Sie mit der gesamten Gruppe, dass Sie ab jetzt nur noch mit den Vertretern kommunizieren. Die restlichen Teilnehmer dürfen nicht aktiv in das Geschehen eingreifen. Bestehen Sie auf dieser Regel. Ohne diese Reduktion der Komplexität würden alle durcheinander reden und Lösungsversuche hätten kaum eine Chance.

Laden Sie auch den Sprecher der Neutralen ein, nach vorne zu kommen. Statten Sie ihn mit der Befugnis aus, sämtliche Ideen, die ihm während des Prozesses kommen, einbringen zu dürfen. Er fungiert als neutraler Beobachter, der das Geschehen aus verschiedenen Perspektiven wahrnimmt. Es steht ihm frei, sich während der ganzen Zeit im Raum zu bewegen. Erinnern Sie alle daran, dass er den „Geist der Gesamtgruppe" repräsentiert. Wann immer ihm danach ist, kann er sich zu Wort melden. Häufig bringt seine Stimme die Streithähne wieder zur Räson. Er sorgt für die leisen Zwischentöne im lauten Wortgefecht. Manchmal bringen gerade die leisen Töne die entscheidenden Impulse.

Fordern Sie beide Parteisprecher auf, ihre Interessen vorzutragen. Achten Sie hauptsächlich darauf, dass wirklich die Absichten kommuniziert werden. Unterstützen Sie die Parteisprecher, Vorwürfe in Wünsche und Ziele umzuformulieren.

Stellen Sie im nächsten Schritt sicher, dass die Parteisprecher auch die Interessen und Absichten der anderen Partei erkennen. Fordern Sie beide zu einem Positionswechsel auf. Jeder soll für einen kurzen Moment den Standpunkt der anderen Partei vertreten. Fragen Sie beide, welche neuen Erkenntnisse sie dadurch gewonnen haben.

Führen Sie dann beide in eine Metaposition.

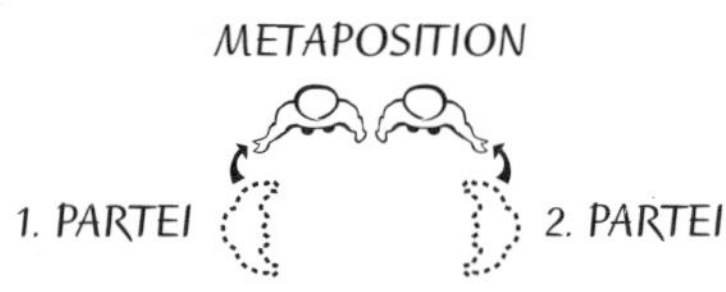

Die Außenperspektive ermöglicht es ihnen, sich auf die Suche nach Gemeinsamkeiten zu machen. Was ist das gemeinsame, übergeordnete Interesse? Fragen Sie auch den Sprecher der Neutralen. Welche Ideen kann er beisteuern?

Aushandeln neuer Wege: Die gemeinsamen Absichten bilden die Basis, von der aus Lösungen ausgehandelt werden. Welche praktikablen Wege tun sich auf, sowohl den Partei- als auch den gemeinsamen Interessen gerecht zu werden?

> Kompromisse können befriedigende Lösungen sein, wenn sie sich nicht als „faul“ erweisen, sondern beiden Parteien den „goldenen Mittelweg“ zeigen!

Ziehen Sie auch den Repräsentant der Neutralen als kreativen Berater hinzu, der zusätzliche Ideen und Anregungen liefert.

Lassen Sie Ihren Blick immer wieder über die anderen Teilnehmer schweifen. Achten Sie auf Signale der Zustimmung.

Die Basis segnet ab: Vor der endgültigen „Unterzeichnung des Ergebnisses“ gehen die Parteisprecher nochmals in ihre Gruppe. Dort besprechen sie die erarbeitete Lösung. Die Gruppe kann einige weitere Details beisteuern und Korrekturen anbringen. Die große Linie darf hier aber nicht mehr infrage gestellt werden.

Vereinbarung besiegeln: Die beiden Parteisprecher treffen erneut zusammen. In einer zweiten Verhandlungsrunde wird das Verhandlungsergebnis ergänzt und korrigiert.

Nun ist es Zeit, Nägel mit Köpfen zu machen: Lassen Sie die Vereinbarung visualisieren, am besten auf einer Flip-Chart oder einer Pinwand, die dann für alle die nächste Zeit sichtbar und damit verbindlich bleibt.

Abschluss: Entlassen Sie anschließend alle aktiv Beteiligten aus ihren Rollen und bedanken Sie sich bei ihnen.

Fassen Sie das Geschehen nochmals zusammen und betonen Sie, wie wichtig es war, dass die Interessen und Absichten der jeweiligen Parteien zur Sprache kamen. Erst das führt zu einem wirklich vollständigem und ausbalancierten Seminar. Harmonie entsteht aus dem Zusammenklang mehrerer Stimmen und nicht aus der Dominanz einer Stimme. Das wäre Monotonie! Fordern Sie die Gruppe auf, auch in Zukunft die wichtigen Themen zur Sprache zu bringen und ihnen eine Stimme zu verleihen. Führen Sie die Idee ein, „etwas oder jemandem eine Stimme zu leihen“. Jeder Teilnehmer kann so zum Sprecher eines Gruppenbedürfnisses werden.

7. Inhalte in den Griff bekommen

Der inhaltliche Fokus bildet den eigentlichen Sinn eines Trainings. Der Inhalt, verstanden als die sachliche Informationsgrundlage und der Gegenstand der Aneignung, ist eine weitere wichtige Komponente des Lernprozesses in Seminaren.

Wenn Menschen von einem Inhalt stark beeindruckt sind, werden sie ihn auch für sich persönlich umsetzen und weiterhin in der Form verwenden, wie er für sie hilfreich und nützlich sein wird.

Was muss jedoch passieren, damit es genau dazu kommt? Was können wir als Trainer tun, um aus der Komplexität des jeweiligen Inhaltes das für den Teilnehmer nützliche herauszufinden? Nach welchen Kriterien wählen wir also einen Inhalt aus?

Haben wir das geklärt, stellt sich die Frage, welche Beziehung hat der Trainer zum Thema?

7.1 Inhalte reduzieren und auswählen

Die Frage die sich zunächst stellt, lautet: Was kann der Trainer tun, um aus der Komplexität des Inhaltes, den ‚nützlichen' Inhalt für die Teilnehmer herauszufinden?

Es ist vermutlich sehr schnell einsichtig, dass in Seminaren in denen wir etwas lernen oder trainieren wollen, gleichgültig um welchen Inhalt es ganz konkret geht, nie die ganze, umfassende Wirklichkeit mit allen ihren Details vollständig an die Teilnehmer weitergeben kann.

Trainingsprozesse können somit immer nur Ausschnitte aus der komplexen und vielschichtigen Wirklichkeit aufnehmen. Es ist also notwendig, die Komplexität der Wirklichkeit didaktisch zu reduzieren.

Die **didaktische Reduktion** ist die zentrale Aufgabe der Didaktik überhaupt.

Didaktik – Theorie und Praxis des Lehrens und Lernens

Wir wollen Didaktik und Methodik etwas näher betrachten, um unser Verständnis von Didaktik darzulegen. Beide Begriffe werden sehr häufig in einem Atemzug genannt.

Die **Didaktik** beantwortet die Frage nach dem **Was** (= Inhaltsfrage) und die **Methodik** nach dem **Wie** (= Vermittlungsfrage).

Unserem Verständnis nach handelt es sich hier um ein zwar nicht falsches aber viel zu enges Verständnis. Die anderen Einflussfaktoren würden dadurch ausgeblendet werden. Andere wichtige Fragen, unter anderem die Frage nach dem **Wozu**, also der Frage nach dem Ziel wäre ebenso ausgeblendet wie die Fragen nach dem **Wer**, also das Verhältnis zwischen Teilnehmer und Moderator/Trainer und das Verhältnis der Teilnehmer untereinander.

Die **Didaktik** hat also die Aufgabe, Fragen zu klären

- wer (Teilnehmer)
- was (Inhalt)
- wann (Zeitpunkt = Rahmenbedingungen)
- mit wem (Trainer aber auch Beziehung Trainer – Teilnehmer)
- wo (Ort = gesellschaftlicher Kontext und Rahmenbedingungen)
- wie und womit (Methoden/Medien)
- warum und wozu (Zielorientierung und Begründungszusammenhang) lernen soll.

> Unter Didaktik verstehen wir die Theorie und die Praxis des Vermittelns und Initiierens in Moderations- und Trainingsprozessen sowie die individuellen Aneignungs- und Auseinandersetzungsprozesse, die zu persönlichen Veränderungen bei den beteiligten Personen führen.

Didaktik ist die Theorie, aber auch die Praxis des Lehrens und Lernens. Die **didaktische Reduktion** hat nun die Aufgabe, komplexe Sachverhalte auf ihre wesentlichen Elemente zurückzuführen, um sie für Teilnehmer überschaubar und begreifbar zu machen. Eine didaktische Reduktion ist überall dort zu leisten, wo ein umfangreicher und differenzierter Bestand an Wissen vorhanden ist und aufbereitet werden soll. Genauso wichtig wie eine quantitative Begrenzung ist jedoch die qualitative Auswahl für die jeweilige Zielgruppe.

Kriterien für die Auswahl von Inhalten – die Didaktische Analyse

Nach welchen Kriterien sollten die Inhalte für die Teilnehmer ausgewählt werden?

Die **didaktische Analyse** dient dazu, das ‚Wesentliche', das ‚Gehaltvolle' für die Teilnehmer aus den Inhalten herauszufiltern.

Kriterien der Didaktischen Analyse

(1) Welche Bedeutung könnte der ausgewählte Inhalt in der **Vergangenheit** der Teilnehmer gehabt haben?
(2) Welche Bedeutung könnte der ausgewählte Inhalt für die Teilnehmer **gegenwärtig**, also im unmittelbaren beruflichen oder privaten Kontext haben?
(3) Welche Bedeutung könnte der ausgewählte Inhalt in der **Zukunft** für die Teilnehmer haben?
(4) In welchem größeren sachlichen **Zusammenhang** könnte der Inhalt stehen?
(5) Welche **exemplarische Bedeutung** könnte der Inhalt für die Teilnehmer haben?
(6) Durch welche **Methode** könnte der Inhalt den Teilnehmern **‚zugänglich'** gemacht werden?

> Halten wir nun auch diesen Schritt fest: Der Trainer kann mit Hilfe der Didaktischen Analyse herausarbeiten, was das Wesentliche an den Inhalten für die Teilnehmer sein könnte. Wie der Inhalt für die Teilnehmer aufgrund der Vorüberlegungen zugänglich gestaltet werden kann, ist die Entscheidung für die methodische Vorgehensweise.

Bedeutung der Inhalte für die Teilnehmer in der Gruppe

Wenn sich Bezüge des Inhaltes in der bisherigen, jetzigen und zukünftigen Lebenswelt der Teilnehmer durch die Didaktische

Analyse herauskristallisiert haben, dann gibt es hier selbstverständlich individuelle Unterschiede bei einer Gruppengröße von 12–15 Teilnehmern.

Die Motivation von Teilnehmern sich in einer Seminarsituation einem Inhalt zu nähern, der für manche zunächst weniger, für andere mehr bedeutsam erscheint, ist also in der Gesamtgruppe unterschiedlich.

Es wird also von den Fragestellungen abhängig sein, wie der jeweilige Inhalt ‚Bedeutung' für die Lebenswelt der Teilnehmer erlangen kann.

Die Frage des Sinns kann somit nur von jedem Teilnehmer selbst beantwortet werden. Konsequenterweise hat das zur Folge, dass Fragen dazu geeignet sein sollten, die Selbsterkenntnis der individuellen Bedeutung und Sinnhaftigkeit durch die Teilnehmer zu fördern.

Die Beziehung des Trainers zum Inhalt

In Anlehnung an die didaktische Reduktion und die Didaktische Analyse könnten eigenen Fragestellungen hilfreich sein, um sein eigenes Verhältnis zu dem zu vermittelnden Inhalt herauszufinden. Ziel sollte es sein, durchaus sinnvolle Ansatzpunkte für sich herauszufinden, um ‚hinter dem Inhalt zu stehen'.

Gelingt das kaum oder gar nicht, wird es schwer sein, den zu vermittelnden Inhalt stimmig und motivierend zu präsentieren.

- „Welche Bedeutung hat der Inhalt für mich bereits gehabt?"
- „Welche Bedeutung hat der Inhalt für mich in der gegenwärtigen Situation?"
- Welche Bedeutung könnte der Inhalt in Zukunft für mich haben?
- „Was müsste erfolgen, damit der Inhalt für mich jetzt und in zukünftigen Situationen bedeutsam wird und bleibt?"

Sie werden dadurch schrittweise eine Handlungskompetenz erwerben die es ihnen jederzeit ermöglicht, Inhalte mit verschiedenen Methoden Teilnehmern so zu vermitteln, dass Vermittlungsräume initiiert und von Ihnen gestaltet werden.

7.2 Inhalte strukturieren – ein Seminardesign

Je vielseitiger Sie Ihr Seminar konzipieren und gestalten, desto mehr Nutzen ziehen Ihre Teilnehmer daraus. Menschen verfügen über unterschiedlichste Strategien, sich Wissen anzueignen und zu sortieren. Sie senden und empfangen auf verschiedenen Kanälen. Sie sprechen auf unterschiedliche Aspekte von Informationen an.

> Die wichtigste Konsequenz, die Sie daraus ableiten sollten, ist: Gestalten Sie Ihr Seminar – Ihre Präsentation – abwechslungsreich. Dadurch stellen Sie sicher, dass Sie so viele Teilnehmer wie möglich erreichen.

Abwechslungsreich bedeutet, den Teilnehmern die Seminarinhalte aus unterschiedlichen Perspektiven zu präsentieren und unter verschiedenen Gesichtspunkten erfahrbar zu machen.

Zunächst kommt das Thema zur Sprache. Reden und Hören alleine reichen jedoch noch lange nicht aus, zu viel geht zum einen Ohr hinein und zum anderen wieder heraus, ohne groß Spuren zu hinterlassen. Aus der Lernpsychologie wissen wir, dass ausschließlich gehörte Informationen relativ schlecht im Gedächtnis haften bleiben. Erst wenn die Inhalte auch „einleuchten", können sich die Teilnehmer daraus ein einprägsames Bild gestalten. Bedienen Sie neben dem Ohr auch – mit besonderem „Augenmerk" – das Auge, werden Ihre Teilnehmer wesentlich mehr dauerhaft erinnern. Die Konsequenz daraus: **Visualisieren und nochmals visualisieren!**

Auch wenn sie in der ersten Reihe sitzen, Ihre Teilnehmer bleiben zunächst einmal Konsumenten. Bringen Sie sie daher in Bewegung. Wenn sich die Teilnehmer das Thema über praktisches Tun „aneignen", bleibt von den Seminarinhalten am meisten haften.

> Planen Sie so oft es möglich und passend ist, praktische Übungen mit ein, die das theoretische Wissen in Handlung umsetzen.

Schließlich bedeutet auch Transfer in den Alltag, dass Ihre Teilnehmer später das **tun**, was sie im Seminar **gehört**, **gesehen** und **erfahren** haben.

Praktische Übungen sind wie die Flugsimulatoren in der Pilotenausbildung: In der simulierten Praxis zeigt sich, wie nützlich das bisher Gehörte und Gesehene ist. Und noch wichtiger: Simulationen erlauben, Fehler als Lernquelle zu nutzen. Ein „Absturz" ist hier keine Katastrophe, sondern im Gegenteil eine intensive Quelle des Lernens und der Rückmeldung.

Das „Grinder-Format"

Das folgende Abfolgeschema für die Gestaltung einer Seminareinheit, eines Seminartages oder eines kompletten Seminars geht auf *John Grinder* zurück, einen der Mitbegründer des NLP. Das Format enthält alle wesentlichen Elemente, die didaktisch erforderlich sind.

- Es führt vom **Einfachen** zum **Komplexen**.
- Es knüpft an **Bekanntes** an, um davon ausgehend **unbekanntes** Terrain zu erkunden.
- Es baut eine Brücke zur alltäglichen Anwendung und fördert den Lerntransfer, da es von **konkreten** Erfahrungen zu **allgemeinen** Folgerungen übergeht.
- Die Teilnehmer erleben die Thematik aus **verschiedenen Wahrnehmungspositionen** (→ Glossar). Einmal beobachten sie den Prozess, dann erfahren sie die Wirkung an sich selbst, um es schließlich aktiv zu erproben und umzusetzen.
- Im Grinder-Format werden **alle Sinne** angesprochen. Die Teilnehmer bekommen etwas zu sehen und zu hören. Vor allem über praktisches Üben erhalten sie auch ein Empfinden und einen Eindruck, worum es geht.
- Neben dem **bewussten** Erarbeiten aktiviert es auch **unbewusste** Lernprozesse, da es die Teilnehmer durch **unterschiedliche Zustände** führt.

Natürlich stellt das Grinder-Format nicht den einzigen Weg dar, all diesen Aspekten gerecht zu werden. Lassen Sie sich einfach anregen und probieren Sie es in der Praxis aus. Sie werden entdecken, dass es sich auf vielerlei Art und Weise variieren lässt. Dadurch kann man es gut mit bisherigen Erfahrungen und Vorgehensweisen verknüpfen.

Noch eine Bemerkung: In seiner vollständigen Form dient das Grinder-Format dazu, **komplette Trainings** zu gestalten. Den Teilnehmern sollen nicht nur Kenntnisse, sondern vor allem auch Können vermittelt werden.

Für eine **Präsentation** lassen Sie einfach einige Schritte des Grinder-Formats aus. Bereiten Sie eine **Moderation** vor, variieren Sie am besten einige Schritte und akzentuieren diese anders. Dazu später noch mehr.

Das Grinder-Format im Überblick:
(1) Zielrahmen
(2) Literarische oder humoristische Metapher
(3) Persönliche Metapher
(4) Praktische Demonstration einleiten und durchführen
(5) Auswertung der Demonstration
(6) Übungsinstruktion
(7) Übung
(8) Auswertung der Übung/Diskussion
(9) Verallgemeinerung und Verknüpfung

Die ersten drei Punkte dienen im Wesentlichen zur Hinführung zum und Einstimmung auf das Thema. Daher sind sie bei Training, Präsentation und Moderation angebracht.

Die Punkte vier bis acht dienen dem praktischen Erlernen und bilden das Kernstück eines Trainings im klassischen Sinn. Handelt es sich um eine Präsentation, treten an die Stelle von Demonstration und Übung die eigentlichen Inhalte. Eine Moderation verzichtet in aller Regel auf Demonstrationen. Gut möglich sind jedoch Übungen, die Erfahrungen anregen und anstoßen wollen. Das eigentliche Lernen findet zum großen Teil in der Auswertung statt.

Der letzte Punkt schließlich sollte in keiner Anwendung fehlen. Jedes Training, jede Präsentation und jede Moderation sollte mit einer Verallgemeinerung abschließen, um die Erfahrungen an spätere Anwendungen anbinden zu können.

Nun zu den Schritten im Detail:

(1) Zielrahmen: In dieser Phase stecken Sie den grundsätzlichen Rahmen ab. An erster Stelle steht dabei, gemeinsam mit den Teilnehmern das Thema abzustecken.

Beim klassischen Training ist das Thema mehr oder weniger vorgegeben. Wenden Sie in dem Fall am besten das so genannte 4-Mat-Modell (→ Glossar) an.

Es berücksichtigt die unterschiedlichen Lernstile der Teilnehmer, die dadurch einen kurzen und prägnanten Überblick über das Was, das Wie, das Warum und das Wozu des Themas erhalten.

Ist das Thema nicht von vornherein scharf umrissen, so müssen Sie eine Zielklärung durchführen. Stellen Sie diese in einen Rahmen: „Ich möchte mit Ihnen jetzt die Ziele abklären, nämlich das, was wir in diesem Workshop bearbeiten werden und wollen."

Aber auch bei einem vorgegebenen Thema sollten Sie sich die Zeit nehmen, die Ziele zumindest grob festzulegen. Viele Teilnehmer haben die Ankündigung nicht genau gelesen, bereits wieder vergessen oder sie verbinden ganz andere Vorstellungen und Erwartungen mit dem Seminarthema. An dieser Stelle haben Sie noch Gelegenheit, Missverständnisse auszuräumen und Ihre eigenen Ziele und Vorgaben mit denen der Teilnehmer in Deckung zu bringen.

Verzichten Sie auf die Zielabklärung nur dann, wenn, wie bei einem klassischen Vortrag, der Teilnehmerkreis groß und die Zeit knapp ist. Nutzen Sie hier die Möglichkeiten, die Ihnen das 4-Mat bietet. Dies können Sie auch unter Verwendung von Vorannahmen tun (siehe dazu Abschnitt 8.3): „Ich heiße Sie herzlich willkommen. Sie haben einige Mühen auf sich zu kommen, um etwas zum Thema XY zu erfahren (das Was). Sie haben sich sicherlich in der Vergangenheit öfter gefragt, was kann man in diesem Fall tun (warum und wie) und sind gespannt darauf, welche Möglichkeiten es gibt, dies in der Praxis zu realisieren (wozu)." Achten Sie dabei gleichzeitig auf die nonverbalen Reaktionen Ihrer Teilnehmer. So können Sie innerhalb kürzester

Zeit feststellen, ob Ihre Präsentation den Zielen der Teilnehmer tatsächlich gerecht wird. Falls nicht, ist eine explizite Zielabklärung angebracht. (siehe dazu auch Kapitel 4)

(2) Literarische, humoristische Metapher: Ein gutes Training ist wie ein geschmackvoll und appetitlich zubereitetes Menü in mehreren Gängen. Zuerst gibt es einen Aperitif. Er stimmt auf das Mahl ein. Man lässt die Gläser klingen, nickt und lächelt sich zu. Als Nächstes wird die Vorspeise serviert. Sie stillt den ersten Hunger. Sie schmeckt vorzüglich und weckt dadurch die Vorfreude auf das „Eigentliche". Zudem ist sie leicht verdaulich. Nun folgt das Hauptgericht, das sehnlichst erwartet wird. Es trifft genau den Geschmacksnerv und liefert reichlich Nahrung für Geist und Körper. Schließlich geht es ja nicht nur um das Essen, sondern auch um Genuss. Zuletzt wird eine Nachspeise aufgetischt, um das Mahl abzurunden. Vielleicht wird dazu eine Portion Käse gereicht oder es gibt, wie in manchen indischen Lokalen üblich, Kräuter zum Knabbern, um die Verdauung anzuregen.

Metaphern machen Themen lebendig. Sie illustrieren und reichern an. Metaphern wecken Assoziationen, und – vielleicht das Wichtigste – sie werden vor allem auf unbewusster, emotionaler Ebene verstanden und verarbeitet. Als „Lektionen für die Seele" sprechen sie unsere gesamte Person an. Dadurch wirken sie motivierend. Metaphern berühren uns und unsere Emotionen, besonders wenn sie „bewegend" erzählt werden. Dann sind wir voll dabei.

Metaphern führen uns ins Erleben. Rein Kognitives bleibt eher nebensächlich. Die Wirkung von Metaphern beruht nicht zuletzt auf ihrem Unterhaltungswert und sie machen neugierig. Ganz ähnlich wie abendliche Gutenachtgeschichten: Gespannt wartet man auf die Fortsetzung!

Durch ihre Bildsprache aktivieren Metaphern zudem unbewusste Suchprozesse. Wo habe ich Ähnliches erlebt? Was wird eigentlich gesagt? Worauf kann sich die Geschichte beziehen?

Im Seminar dienen Metaphern vor allem dazu,

- den Grundstein zur gesamten Idee der Lehreinheit zu legen,

- die Verbindung zwischen dem Unterrichtsstoff und den Erfahrungen der Teilnehmer herzustellen sowie
- vor allem durch den unterhaltenden und emotionalen Charakter motivierend zu wirken.

Eine Metapher enthält also bereits die Grundidee, die in der Seminareinheit vermittelt werden soll.

Entwerfen einer Metapher

Wollen Sie eine Metapher entwerfen, stellen Sie sich als Erstes die Frage:

- Was will ich vermitteln? Was ist die Essenz, die Grundidee meines Themas?
- Sammeln Sie im nächsten Schritt Geschichten, Beispiele, Witze und Ähnliches dazu. Eine Fülle an Material bietet zum Beispiel das „Handbuch der Psychotherapie" von *Bernd Tränkle* sowie „Der Kaufmann und der Papagei" von *Nossrat Peseschkian*. Legen Sie eine Karteikartensammlung von Metaphern an. Wann immer Ihnen ein Witz oder eine gute Geschichte unterkommt, schreiben Sie sie auf. Oft enthält eine Geschichte mehrere Aspekte und Sie können sie in mehreren Zusammenhängen und Themen verwenden. Notieren Sie sich daher auch, welche Grundideen durch diese Metapher transportiert werden können.

Metaphern lockern auf und bereiten den Boden vor. Das Saatkorn ist gelegt. Nun kommt es nur noch darauf an, dass die Saat aufgeht

(3) Persönliche Metapher: Persönlichen Geschichten sieht man meist nicht an, dass sie Metaphern sind. Sie sind einfach „Geschichten, die das Leben schrieb". Daran sind die meisten Teilnehmer hoch interessiert. Eine günstige Gelegenheit für Sie, in der persönlichen Metapher die Grundidee der Seminareinheit zu verpacken.

Beispiel: Es liegt schon einige Zeit zurück, dass ich neben Studium und beginnender Berufstätigkeit als Flamencogitarrist häufig auf der Bühne stand und Konzerte gab. Steht man im Rampenlicht, ist das Gleißen der Scheinwerfer besonders stark. Die ganze Aufmerksamkeit ist auf die Musiker gerichtet. Oft löste das bei mir „Lampenfieber" aus. Einer dieser Auftritte war von einer ganz speziellen Sorte. In diesem Lokal war es üblich, dass es jeweils am Wochenende

Livemusik zu hören gab, allerdings nur Hintergrundmusik. Dies erfuhren wir jedoch erst kurz vor unserem Auftritt. Die meisten Gäste begrüßten uns flüchtig und widmeten sich dann intensiv Gesprächen mit ihren Tischnachbarn. Ich fragte mich: Was tun? Wie kann ich die Aufmerksamkeit des Publikums erringen? Intuitiv tat ich das Richtige und begann mit einem Solostück. Ich bemerkte, dass einige Besucher aufmerksam wurden und mir zuhörten. Ich nahm immer wieder Blickkontakt mit ihnen auf und begann, in erster Linie für diese Interessierten zu spielen. Daraufhin hörten sie noch konzentrierter zu. Zugleich wirkte das ansteckend auf die anderen Gäste. Die Zahl der „echten Zuhörer" nahm immer mehr zu, bis schließlich das gesamte Lokal im Banne der Musik stand.

Folgende Quellen kann der Trainer für persönliche Metaphern nutzen:

- die eigenen Erfahrungen,
- Erfahrungen mit einem Kunden oder Klienten im professionellen Rahmen
- oder mit anderen Seminarteilnehmern
- Begebenheiten, die direkt aus der Gruppe stammen, in der er gerade trainiert.

Achten Sie bei persönlichen Metaphern darauf, dass sie nicht zu privat sind. Zu viel Kumpanei und allzu Menschliches schwächt Ihre Autorität als Trainer oder Moderator. Erzählen Sie nicht ausschließlich rein private Anekdoten, sondern flechten Sie immer wieder Beispiele aus Ihrer beruflichen Praxis mit ein. Achten Sie dabei penibel auf Anonymität. So gewährleisten Sie den Schutz Ihrer Klienten und erlangen gleichzeitig das Vertrauen Ihrer Teilnehmer. Diese wissen, dass Sie mit den Erfahrungen aus dem Seminar behutsam und diskret umgehen.

Übung: Wie können Sie die Wirkung Ihrer Metaphern noch verstärken?

- Benutzen Sie dramatische Elemente zur Erzeugung von Spannung. Variieren Sie Ihre Stimme, schmücken Sie Ihre Erzählung mit lebendigen Details aus und benutzen Sie Adjektive. Dadurch aktivieren Sie sinnliches Erleben. Sprechen Sie alle Sinneskanäle an. Ihre Zuhörer können sich dadurch ganz in die Geschichte hineinversetzen.
- Heben Sie die Pointe besonders hervor. Verraten Sie sie nicht zu früh,

sondern bauen Sie in Ihrer Geschichte einen Spannungsbogen auf, sodass die Pointe – die Moral der Geschichte – die Zuhörer überrascht.
- Erzählen Sie Geschichten in der Geschichte. Der bewusste Verstand wird Ihnen nach einiger Zeit nicht mehr hundertprozentig folgen können. Auf diese Weise steht der Zugang zu unbewussten Lernprozessen offen.
- Verwenden Sie immer wieder wörtliche Rede, besonders an zentralen Stellen. Ihre Metapher gewinnt dadurch an Lebendigkeit. Zusätzlich können Sie mit diesem Hilfsmittel wichtige und zentrale Botschaften transportieren.

Trainieren Sie Ihre Fähigkeit, Geschichten und Metaphern zu erzählen. Wählen Sie für sich einen Witz oder eine Anekdote „der Woche" aus. Nutzen Sie jede **private Gelegenheit**, ihn zu erzählen. Führt er noch nicht zum erhofften Erfolg, analysieren Sie, woran es liegt. Probieren Sie anschließend weiter, bis Sie mit Ihrem Witz mit großer Sicherheit punkten können. Das hat zwei angenehme Nebeneffekte:
- Durch die Wiederholung prägen Sie sich die Metapher so gut ein, dass Sie sie bei Bedarf nur noch abrufen müssen.
- Sie trainieren Strategien, wie Sie bei Misserfolgen - Ihre Zuhörer lachen nicht wie erwünscht - reagieren können.

Die bisher angesprochenen Elemente des Grinder-Formats bilden eine Art Einheit. Wichtiger als das sklavische Befolgen der Reihenfolge ist, dass die wesentlichen Funktionen erfüllt wurden:
- **Orientierung und Einstimmung** auf das Thema, verbunden mit der
- **Motivation**, sich ihm zu nähern und es anzugehen.

(4) Die Demonstration einleiten und durchführen: Leben Sie Ihren Teilnehmern vor, was Sie ihnen vermitteln, und zeigen Sie es Ihnen! Sie aktivieren dadurch einen der wichtigsten Lernprozesse - das Modelllernen. Lernen am Modell gibt Sicherheit und Orientierung. Zudem erhöht es das Vertrauen in den Trainer und den Lernstoff. Der Trainer hat ja „bewiesen", dass das, wovon er redet, auch anwendbar ist und funktioniert. Kaum etwas überzeugt Teilnehmer mehr als die unmittelbare Anschauung. Übertroffen wird das nur noch von eigenem Ausprobieren und Üben.

> Überzeugen Sie durch Taten, nicht nur durch Worte! Nutzen Sie jede Gelegenheit, die Thematik auch praktisch zu demonstrieren.

Jeder Demonstration wohnt ein Risiko inne. Keiner kann garantieren, dass sie funktioniert. Demonstrieren Sie daher nur dann, wenn Sie sich Ihrer Sache relativ sicher sind. (Wenn nicht, sollten Sie allerdings auch überprüfen, ob es jetzt schon der richtige Zeitpunkt ist, mit Trainings anzufangen!) Nur so können Sie die Seminarthemen auch „verdeckt demonstrieren“. Stimmt Ihr Handeln mit dem Thema überein, wirken Sie und das Thema wesentlich überzeugender und glaubwürdiger. Sie sind nicht nur reiner Präsentator oder Vermittler, sondern Sie „behandeln“ die Themen im wahrsten Sinne des Wortes. Verdecktes Demonstrieren ist wie „Ideen säen“. In der späteren Übung treffen die Teilnehmer auf neue und doch vertraute Elemente. Sie haben es, wenn auch meist unbewusst, bereits erlebt.

Es gibt viele Möglichkeiten, verdeckt zu demonstrieren:

- Schon die Metaphern transportieren wesentliche Inhalte und Punkte eines Themas. Sie erlauben den Zugang zu den schon vorhandenen ähnlichen Erfahrungen der Teilnehmer und wirken dadurch handlungsrelevant.
- Sehr wirkungsvoll sind indirekte Demonstrationen, während Sie mit der Gruppe kommunizieren. Wollen Sie den Nutzen von aktivem Zuhören vermitteln, dann handeln Sie entsprechend: „Habe ich Sie richtig verstanden …?“. Lautet Ihr Thema „Was sind offene Fragen“, dann stellen Sie offene Fragen!
- Kommunikation spielt sich überwiegend nonverbal ab. In Ihrem nonverbalen Verhalten können Sie daher die wichtigen Aspekte des Themas indirekt demonstrieren. Beispielsweise wollen Sie die Fähigkeit trainieren, sich innerlich und äußerlich von problematischen Themen zu distanzieren. Demonstrieren Sie, was die Teilnehmer später in der Übung tun sollen, indem Sie während des Vortrages Ihre Positionen entsprechend wechseln.

- Oft können auch der Kontext und das Setting für eine indirekte Demonstration herhalten. Verändern Sie beispielsweise die Sitzordnung, wenn Sie vermitteln wollen, dass für Lösungen in komplexen Situationen wichtig ist, festgefahrene Standpunkte und Perspektiven aufzuweichen
- Auch scheinbar problematische Gruppensituationen können Sie wunderbar zu indirekten Demonstrationen verwenden. Die einzige Voraussetzung ist, dass Sie selbst die Chance erkennen, die sich Ihnen bietet. Stellen Sie sich vor, Ihr Seminarthema lautet „Einwandbehandlung im Verkauf." Einer Ihrer Teilnehmer erhebt gegen eine Ihrer Aussagen einen Einwand. Etwas Besseres kann Ihnen gar nicht passieren! Denn jetzt können Sie das zu vermittelnde Wissen und die entsprechenden Techniken anwenden. Sie sind als Modell wirksam, selbst wenn es den Teilnehmern zu diesem Zeitpunkt noch gar nicht bewusst ist, was Sie da tun. Später können Sie auf diese Situation als Beispiel zurückgreifen, was meist ein Aha-Erlebnis faszinierter Teilnehmer hervorruft.

Kommen wir nun zu den offenen und damit „offiziellen" Demonstrationen. Ihre Teilnehmer können die Methoden direkt nachvollziehen und sich aneignen, wenn Sie sie demonstrieren. Die Teilnehmer sehen, **dass und wie die Methode funktioniert**. Das regt Ideen an, was sie damit wo und wann anfangen können.

Eine Technik oder Übung zu demonstrieren, gehört zu den anspruchsvollsten Aufgaben des Trainers. Hier braucht er besondere Jonglierfähigkeiten. Eine gelungene Demonstration dient sowohl dem persönlichen Verstehen der Demoperson – dem Klienten – als auch dem Lernprozess der Gruppe. Im Idealfall führt dies zu einer klassischen Win-Win-Situation.

Achten Sie für diese Balance auf folgende Punkte:

- Die Demonstration hat zwei Adressaten: Ihre Demoperson und die Gruppe. Definieren Sie für beide Adressaten unterschiedliche Kommunikationsebenen oder „Beziehungsräume" (mehr dazu in Kapitel 8 – Ankern). Kommunizieren Sie in einem anderen Tonfall und in einer anderen Körperhaltung mit

Ihrem Klienten als mit der Gruppe. Achten Sie darauf, diese Unterscheidung während der gesamten Demonstration konsequent beizubehalten. Erleichtern Sie sich diese Aufgabe, indem Sie die beiden Kommunikationsebenen wirklich deutlich voneinander unterscheiden, selbst wenn es Ihnen anfangs sehr gewöhnungsbedürftig erscheint.

- Fragen Sie daher zu Beginn jeder Demonstration Ihre Demoperson, ob Sie immer wieder zwischendurch der Gruppe gegenüber Kommentare zum Prozess abgeben können. Achten Sie bei der Formulierung darauf, die Kommentare der Gruppe gegenüber nicht als Unterbrechungen zu definieren! Wählen Sie Formulierungen wie „Ist es für Sie in Ordnung, dass ich mich *während* des Prozesses immer wieder an die Gruppe wende, um das eine oder andere zu erläutern?“ In nahezu allen Fällen gibt Ihnen die Demoperson bereitwillig die erwünschte Erlaubnis.
- Halten Sie nonverbal den Kontakt zum Klienten aufrecht, wenn Sie die Gruppe ansprechen. Der eine Arm kann dabei der Gruppe zugewandt sein, während Sie mit dem anderen andeutungsweise die Demoperson umfassen.

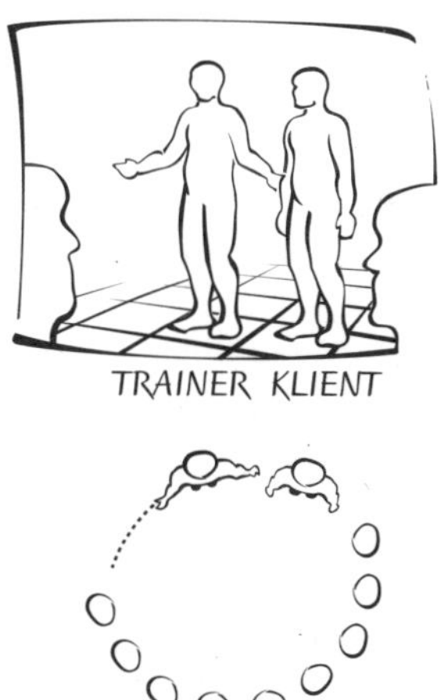

- Sichern Sie sich die Aufmerksamkeit der Gruppe. Besonders bei längeren Demonstrationen kann es für einzelne Teilnehmer schwer sein, dem Geschehen wach und aktiv zu folgen. Entscheiden Sie, ob es günstiger ist, die Schritte der Übung, die Sie demonstrieren wollen, vor oder nach der Demonstration zu präsentieren und zu erklären. Oft hilft schon ein kurzer Überblick über die wichtigsten Schritte in Stichpunkten. Die Teilnehmer können sich leichter orientieren und verstehen, wenn Sie bereits im Vorfeld erklären, was während der Übung geschieht. Für die andere Alternative - die Schrittfolge erst nach der Demonstration zu erläutern - spricht, dass die Teilnehmer nicht mit vorgefertigten Wahrnehmungskategorien herangehen. Sehr günstig ist das bei fortgeschrittenen oder sehr experimentierfreudigen Teilnehmern. Stecken Sie der Gruppe in diesem Fall jedoch einen Rahmen ab. Teilen Sie ihr mit, dass Sie ganz bewusst und zielgerichtet keine weiteren Erläuterungen vor der Demonstration geben. Definieren Sie dies als interessante Herausforderung für die Teilnehmer.
- Versorgen Sie die Teilnehmer als Nächstes mit Wahrnehmungsaufgaben während der Demonstration. Instruieren Sie einige Teilnehmer, besonders auf nonverbale Kommunikation zu achten, während andere sich mehr darauf konzentrieren sollen, sprachliche Interaktionsmuster zu identifizieren.
- Meist fördert es auch die Aufmerksamkeit der Gruppe, wenn Sie die Teilnehmer bitten, während der Demonstration die Notizen und Unterlagen beiseite zu legen, um sich voll und ganz auf das Geschehen konzentrieren zu können.
- Durch Kommentare zwischendurch bleiben die Teilnehmer aufmerksam. Geben Sie an passenden Stellen kurze Kommentare und Erläuterungen zu dem ab, was Sie gerade tun. Erläutern Sie, an welchem Punkt im Prozess Sie sich gerade befinden. Kommentieren Sie auch Ihre Wahrnehmungen („Als ich dieses Wort sagte, hob sich der Kopf meiner Demoperson und sie atmete tiefer durch.“) Sie unterstützen dadurch die Teilnehmer, Dinge zu sehen und zu hören, die sie sonst nicht bewusst wahrgenommen hätten. Zusätzlich lernen Ihre Teilnehmer, worauf man alles die Aufmerksamkeit richten kann.

- Viele Teilnehmer profitieren enorm, wenn Sie Ihre inneren Entscheidungsprozesse öffentlich machen. Im Psychodrama wird das als „lautes Denken" bezeichnet. „Bei diesem Wort reagierte meine Demoperson mit einer Mimik, die auf ein Problem hinweist. Da das Ziel jedoch ist, sich in einen guten Zustand zu versetzen, werde ich genau dieses Wort in Zukunft vermeiden und die Intervention erneut beschreiben, diesmal jedoch mit anderen Begriffen."
- Es ist nur sehr selten angebracht, die Gruppe an der Demonstration aktiv zu beteiligen. Achten Sie vor allem darauf, dass sich die Demoperson wirklich wohl fühlt.

In Trainer-Trainings erlebe ich regelmäßig, dass es den Ausbildungsteilnehmern schwer fällt, Kommentare in ausreichender Zahl an die Gruppe zu richten. Fast immer steht dahinter die Überzeugung, dass es für die Demoperson nicht gut sei und ihren Prozess störe. Meist ist jedoch das genaue Gegenteil der Fall. Kommentieren Sie das Geschehen der Gruppe gegenüber, unterstützen Sie damit häufig den Prozess der Demoperson. Sie hat ja volle Wahlfreiheit. Sie kann Ihren Ideen und Wahrnehmungen zuhören oder auch nicht. Die Botschaften und Aussagen sind nicht direkt an sie gerichtet. Dies erlaubt ihr, ganz unverbindlich darauf zu reagieren. Bringen Sie diese Idee gleich zu Beginn der Demonstration ein, während Sie Ihre Bitte äußern, kommentieren zu dürfen: „... und es steht Ihnen frei zuzuhören, wenn ich mich an die Gruppe wende, oder Sie beschäftigen sich weiter mit innerem Erleben, ganz wie Sie wollen ..."

Wichtige Punkte für das Gelingen einer Demonstration sind:

- Geben Sie konkrete Beispiele an, für welche Themen und Fragestellungen der Prozess, den Sie demonstrieren wollen, geeignet ist. Sammeln Sie Themen aus dem Teilnehmerkreis. Daran kann auch geklärt werden, ob und welche Themen tatsächlich zur demonstrierten Übung passen.
- Sorgen Sie für die passende Intensität des Themas. Wenn Ihre Demoperson ein leichtes und kaum problematisches Thema bearbeitet, gelingt die Demonstration meist schnell und flüssig. Zuweilen hinterlässt das jedoch bei der Gruppe den Eindruck,

dass es mit dem Ernstfall nicht so viel zu tun habe. Wählt Ihre Demoperson ein schweres und komplexes Thema, besteht auf der anderen Seite die Gefahr, dass der Zeitrahmen gesprengt wird. Allerdings kann so ein Thema dem Vertrauen der Teilnehmer enorm Vorschub leisten. Wenn die Demoperson den Mut aufbringt, in gewisser Weise öffentlich an einem schweren und emotionalen Thema zu arbeiten, erleichtert sie es den anderen, sich ebenfalls zu öffnen und mehr Vertrauen zu entwickeln.

Auswahl der geeigneten Demoperson: Einer der wichtigsten Punkte für das Gelingen einer Demonstration ist die Auswahl der geeigneten Demoperson.

- Achten Sie bereits im Vorfeld darauf, wer von den Teilnehmern besonders stark und besonders positiv auf Ihre Ausführungen zum Thema reagiert.
- Handelt es sich um die erste Demonstration oder verhält sich die Gruppe noch sehr abwartend, wählen Sie nach Möglichkeit eine „leichte“ Demoperson:
  - Bevorzugen Sie Teilnehmer, die sich im Seminar eher extrovertiert verhalten, verbunden mit deutlicher Mimik und Gestik.
  - Von Vorteil ist auch, wenn Ihr Draht zur Demoperson bereits gut ist.
  - Ideal für „leichte Demos“ sind Teilnehmer, die sich weniger an inneren, sondern vielmehr an äußeren Maßstäben orientieren.
- Achten Sie auf die Rolle, die Ihre Demoperson innerhalb der Gruppe spielt.
  - Wählen Sie anfangs keinen Gruppenaußenseiter. Die Gefahr, dass Sie während der Demonstration die Gruppe verlieren, wäre zu groß. Zu einem späteren Zeitpunkt kann eine Demonstration mit einem Außenseiter aber durchaus helfen, ihn wieder stärker in die Gruppe zu integrieren.
  - Meldet sich der inoffizielle Gruppenführer für die Demonstration, verbessert und fördert das Ihre Beziehung zur Gesamtgruppe.

Eine Demonstration ist immer auch ein Abenteuer. Nie wird sich absolut verlässlich voraussagen lassen, ob sie funktioniert und was genau geschieht. Es ist durchaus möglich, dass Sie die Demonstration nicht so durchführen können, wie Sie es sich vorgenommen haben. Was sollten Sie in so einem Fall tun?

Überprüfen Sie Ihre innere Haltung. Können Sie sich Fehler erlauben? Nach einer Grundannahme des NLP stellen ja Fehler wertvolles Feedback dar. Arbeiten Sie daran, Ihren eigenen Fehlern gegenüber gelassen zu bleiben. Nur so werden Sie sie in Feedback verwandeln können. Die innere Erlaubnis, Fehler machen zu dürfen, lässt Sie die Übung gelassen und ressourcevoll erleben, eine wichtige Voraussetzung, um das Umfeld und den Hintergrund Ihres „Fehlers" sowie andere Handlungsalternativen erkennen zu können.

In einer Ausbildungsgruppe demonstrierte ich ein Konfliktgespräch aus der Moderatorenrolle. Normalerweise gelingt mir das gut, doch diesmal verlief das Gespräch sehr zäh und ich kam nicht so recht voran. Kein Wunder, dass ich auch mein Zeitlimit überschritt. Zu guter Letzt begann ich auch noch, den Konfliktpartnern Ratschläge zu geben. Prompt wiesen sie diese wieder zurück. Mehr schlecht als recht konnte ich nach einiger Zeit zu einem Ende kommen, allerdings ohne brauchbares Ergebnis. Ich war sehr unzufrieden mit mir.

Zu meiner Verblüffung meldeten viele Teilnehmer in der Nachbesprechung zurück, dass es für sie sehr erleichternd war mitzuerleben, dass auch bei mir nicht immer alles wie am Schnürchen klappt. Im Nachhinein erwies es sich als sehr gut, dass mir „Fehler" unterlaufen waren!

(5) Auswertung der Demonstration: Sammeln Sie in dieser Phase Erfahrungen und Beobachtungen aus verschiedenen Perspektiven: Aus der Perspektive der Demoperson, aus der Beobachterposition der Gruppe und aus der Begleiterposition des Trainers. Günstig ist die Reihenfolge Demoperson, Gruppe, Trainer.

- Lassen Sie sich von Ihrer Demoperson ein kurzes Feedback geben, wie es ihr jetzt mit dem Thema geht im Vergleich zu vorher.
- Werten Sie dann gemeinsam mit den Teilnehmern die gestell-

ten Beobachtungsaufgaben aus. Was genau wurde wahrgenommen? Welche Schlüsse lassen sich daraus ziehen?
- Weisen Sie schließlich selbst auf Besonderheiten und Aspekte hin, die noch nicht angesprochen worden sind.
- Klären Sie nun weitere Fragen zur Demonstration. Lassen Sie nur Fragen zu, die sich konkret mit der Erfahrung beschäftigen, wie zum Beispiel „Was hat Sie veranlasst, an der Stelle X diese Intervention anzuwenden?". Werden Fragen gestellt wie „Was wäre, wenn Sie da dies gemacht hätten?", verschieben Sie die Frage auf den Zeitpunkt nach der Übung. Einige Unklarheiten werden sich durch Übung von selbst auflösen. Bei den Fragen, die übrig bleiben, existiert dann ein größerer Erfahrungshintergrund, der die Antworten besser unterfüttert.

(6) Übungsinstruktion: Jetzt werden die Teilnehmer zu Akteuren. Es ist ihre Aufgabe, die Anweisungen in geschütztem Rahmen auszuprobieren und umzusetzen. Sie müssen nur noch über den genauen Ablauf der Übung informiert werden. Halten Sie die Instruktionen für die Übung so konkret, nachvollziehbar und anschaulich wie möglich.
- Geben Sie einen Überblick über die Schrittabfolge. Stellen Sie zuerst die Grobstruktur der Übung dar.
- Visualisieren und erklären Sie die einzelnen Schritte der Übung dann etwas detaillierter.
- Klären Sie mit den Teilnehmern, ob es noch weitere Fragen zur Übung gibt. Achten Sie darauf, dass sich die Fragen auf die konkrete Übung beziehen. Verschieben Sie allzu theoretische und hypothetische Fragen auf die Diskussion nach der Übung.
- Geben Sie bei Bedarf weitere Instruktionen, wie sich die Teilnehmer nach der Übung Feedback geben sollen.
- Setzen Sie unbedingt auch einen Zeitrahmen fest. Vereinbaren Sie mit den Teilnehmern Regelungen, falls die zeitliche Grenze überschritten wird. Sie können beispielsweise Ihren Teilnehmern den Auftrag erteilen, in diesem Fall die Übung und den Prozess „einzupacken", das heißt, an einer für den Übungspartner passenden Stelle abzubrechen. Als Alternative könn-

ten Sie mit den Teilnehmern vereinbaren, dass sie die Übung beenden, während die anderen bereits mit dem Plenum beginnen.
- Achten Sie auch darauf, dass die Teilnehmer nicht immer mit denselben Partnern üben, sondern untereinander wechseln. Das fördert sowohl die Integration aller in die Gruppe als auch den Lernerfolg. Der Erfahrungsschatz der Teilnehmer wird umso reicher, je mehr sie mit unterschiedlichen Personen geübt haben.

(7) Übung: Besuchen Sie während der Übung die Übungsgruppen, halten Sie sich dabei aber eher im Hintergrund. Am wichtigsten ist für Sie einzuschätzen, wo Ihre Teilnehmer stehen:
- Was gelingt ihnen bereits gut?
- Was müsste noch verbessert und vertieft werden?
- Welche Teilnehmer benötigen eine individuelle Unterstützung?

Betrachten Sie dies als Feedback, wie gut es Ihnen gelungen ist, das Thema zu vermitteln.

Sammeln Sie schließlich während der Übung Beobachtungen und gute Beispiele für die spätere Auswertung. Machen Sie deutlich, dass Sie nur im Notfall eingreifen, und stibitzen Sie den Teilnehmern nicht ihre Fehler! Greifen Sie nur dann ein, wenn die Übung völlig aus dem Ruder zu laufen droht, wenn es den Beteiligten massiv schlecht geht oder wenn Sie direkt um Hilfe gebeten werden. Geben Sie auch in diesem Fall weniger Ratschläge, sondern fragen Sie nach:
- Welche Punkte waren Ihnen nicht klar?
- Was hätten Sie an dieser Stelle anders machen können?
- Was glauben Sie, hätte jemand anders, eine Person X, an dieser Stelle gemacht?

(8) Auswertung der Übung und Diskussion: Die Teilnehmer haben in der Übung praktische Erfahrungen mit dem Thema gesammelt. Nun gilt es, diese Erfahrungen auszuwerten, offene Fragen zu klären und Möglichkeiten zu diskutieren, wie die Übung in anderen Kontexten angewendet werden kann. Je mehr die Teilnehmer die Übung reflektieren und nochmals durchgehen, desto leichter und umfangreicher können sie Kenntnisse in Können verwandeln, mit anderen Worten: Umso nützlicher ist das Seminar!

Eine weitere wichtige Funktion der Auswertungsrunde ist, Missverständnisse während der Übung zu klären und Fehler zu analysieren. Sie wissen ja: Fehler sind Feedback. Vermeiden Sie daher, zu allgemein über Missverständnisse und Fehler zu reden. Lassen Sie sich jeweils die konkrete Sequenz berichten. Feedback ist dann nützlich, wenn es sinnlich konkret ist.

Lenken Sie das Gespräch auch auf die verschiedenen Wege, die den Erfolg dieser Techniken und Methoden sicherstellen können.

Lenken Sie die Aufmerksamkeit immer wieder auf den praktischen Nutzen der Erfahrungen und der Übung.

Führen Sie Auswertung und Diskussion durch Fragen:

- Welche Erfahrungen haben Sie während der Übung gemacht?
- Was haben Sie dabei persönlich für sich entdeckt?
- Was haben Sie daraus (etwa aus einem „Fehler") gelernt?
- Was hat bereits gut, was hat weniger gut funktioniert? Worauf führen Sie das zurück?
- Welche Tipps für die anderen können Sie weitergeben?
- Welche weiteren Fragen sind in der Zwischenzeit während der Übung aufgetaucht?

(9) Verallgemeinerung und Verknüpfung: Seminare stellen keinen reinen Selbstzweck dar. Erst der Nutzen – die Fragen nach dem Wofür und dem Wozu – verleiht Training und Moderationen Sinn.

Die Teilnehmer haben im Seminar individuelle und spezifische Erfahrungen gemacht. Wie können Sie dafür sorgen, dass diese Erfahrungen nicht im Seminarraum zurückbleiben, sondern von den Teilnehmern mit nach Hause und an ihren Arbeitsplatz genommen werden? Fassen Sie dazu gemeinsam mit der Gruppe die wesentlichen Gesichtspunkte der Einheit nochmals zusammen, um die Lernerfahrungen verallgemeinern zu können. Erst in der verallgemeinerten Form können die Ergebnisse auf andere Situationen übertragen werden. Unterstützen Sie Ihre Teilnehmer, die Erfahrungen im Seminar mit späteren Anwendungen zu verknüpfen. Fragen Sie Ihre Teilnehmer: „Wofür können die Erfahrungen aus der Übung in Ihrem Alltag oder in Ihrem Beruf nützlich sein?"

Lassen Sie den Teilnehmern ausreichend Zeit für diese Diskussion. Oft werden erst da die entscheidenden Brücken für den Transfer gebildet.

Planen Sie für Transfer und Abschluss ausreichend Zeit ein. Ein Training oder eine Moderation ohne gelungenen Transfer macht kaum Sinn. Eine ausgefeilte hypnotische Methode dieses Lerntransfers - der so genannte Future Pace - wird in Kapitel 9 beschrieben.

Zum Abschluss können Sie das Ganze noch mit einer kurzen Metapher oder Geschichte abrunden. Dadurch unterstützen Sie unbewusste Lerntransferprozesse.

Die letzten beiden Schritte des Grinder-Formats, von der Auswertung der Übung bis zum Lerntransfer, bilden häufig eine organische Einheit und können ineinander überfließen. Werten die Teilnehmer die Übung aus, reflektieren sie die unmittelbare **Vergangenheit**. Die Diskussion aktiviert alle dazugehörigen Erfahrungen in der **Gegenwart**. Schließlich werden die Erfahrungen in handliche Pakete zusammengefasst, um sie in Richtung **Zukunft** absenden zu können. Vorher wurde noch geklärt, wer die Pakete wann und wo in Empfang nehmen wird - und ab geht die Post! Die Teilnehmer dürfen sich schon auf den Moment freuen, wenn sie die Pakete in der künftigen Situation wieder auspacken und von den darin enthaltenen Erfahrungen profitieren können.

Ergänzungen und Varianten zum Grinder-Format: Das Grinder-Format ist speziell für Trainings entwickelt worden. Müssen Sie moderieren oder präsentieren, können Sie das Grinder-Format entsprechend abwandeln und variieren.

In einer klassischen **Moderation** erarbeiten sich die Teilnehmer die Inhalte im Wesentlichen selbst. Ihnen als Moderator obliegt nur die Aufgabe, sie dazu zu animieren und den weiteren Ablauf zu steuern. Das Kernstück des Grinder-Formats, die Demonstration, entfällt. Eine Demonstration würde Sie als Experte für die Seminarinhalte ausweisen, und das ist nicht Ihre Aufgabe als Moderator. Sie geben ausschließlich Anstöße und regen Erfahrungen an, anhand derer sich die Teilnehmer Wissen erarbeiten können.

Das schlägt sich auch in einer anderen Bedeutung der Übungen nieder. Übungen im Rahmen einer Moderation vermitteln und trainieren weniger spezielle Kenntnisse und Fertigkeiten, ihre Aufgabe ist es, den Teilnehmern Erfahrungshorizonte und Freiräume zum Experimentieren zu öffnen. Die sich daraus ergebenden Schlüsse und Konsequenzen leiten die Teilnehmer dann selbst ab. Dennoch ist Ihre Rolle als Moderator keineswegs passiv, im Gegenteil: Ihre Übungsinstruktion muss sehr präzise und klar formuliert sein. Denn im Gegensatz zu einer „trainierenden Übung" haben Sie hier im Verlauf nur wenige Möglichkeiten, bei Irrtümern korrigierend einzugreifen. Es empfiehlt sich daher, eine neue Übung vorher mit Kollegen oder im Bekanntenkreis auszuprobieren. Im Seminar muss die Anweisung dann sitzen. Übungen und Szenarien ohne vorbestimmtes Lernergebnis sind inhaltlich offen und lösen daher leicht Verunsicherung bis hin zur Irritation aus. Umso wichtiger, dass Sie das Zepter in der Hand behalten und das Seminar klar und bestimmt führen. Über die Anweisung sollte nicht mehr diskutiert werden müssen.

Auch während der Auswertung der Übung bzw. des Szenariums verbleiben Sie im Wesentlichen in der Rolle des Moderators. Sie strukturieren die Diskussion im Plenum so, dass die Erfahrungen aus dem Szenarium zusammengefasst und in den beruflichen Alltag transferiert werden können.

Für eine **Präsentation** steht meist nur ein sehr begrenztes Zeitbudget zur Verfügung. Eine Demonstration könnte da sehr riskant sein und den zeitlichen Rahmen sprengen. Es lässt sich nie genau vorherbestimmen, was in einem Liveprozess genau passiert. Wenn jedoch Ihre Präsentation länger als 30 bis 45 Minuten dauert, würde ein reiner Vortrag Ihr Publikum mit großer Sicherheit anstrengen und ermüden. Bringen Sie Ihr Publikum in Bewegung und planen Sie kurze Übungen. Zum einen dient dies der Auflockerung, zum anderen erfahren Ihre Teilnehmer die Inhalte Ihrer Präsentation nicht nur alleine aus der Zuschauer- und Zuhörerperspektive. Über aktives Handeln „erfassen" sie die Inhalte noch intensiver und einprägsamer. Allerdings sollten Sie sich als Moderator absolut sicher sein, dass die Übung so konzipiert ist, dass sie innerhalb der Zeitvorgabe zu realisieren ist. Sobald die Teilnehmer mit der Übung begonnen haben, sind Ihre Einflussmöglichkeiten darauf nur noch sehr beschränkt.

Planen Sie daher Übungen im Rahmen einer Präsentation ganz akribisch. Auch die Instruktion muss klar und präzise abgefasst sein. Ihnen steht nicht viel Zeit zur Verfügung, Unklarheiten und weitere Fragen zu bereinigen. Aber auch der Ablauf der Übung sollte exakt geplant und strukturiert sein. Am besten fungieren Sie von außen als Zeit- und Taktgeber. Die Größe des Teilnehmerkreises spielt dabei ebenfalls eine Rolle. Bei einem kleinen Kreis können Sie sich die eine oder andere Nachlässigkeit zur Not noch leisten. Wohnen Ihrer Präsentation jedoch zahlreiche Teilnehmer bei, rächt sich jede kleine Schlampigkeit in der Vorbereitung.

Auf den Punkt gebracht: Ein guter Präsentator ist absoluter Herr und Herrscher über Inhalt und Zeitstruktur!

8. Vermitteln können

Flipchart und Pinwand, Overheadprojektor und Beamer, Videokamera und CD-Player sind allesamt nützliche Medien, um Inhalte zu vermitteln und zu strukturieren. Doch das allerwichtigste Medium sind Sie selbst. Sie sind der unmittelbare Repräsentant des Themas. Ihre Teilnehmer sehen Sie, Ihre Teilnehmer hören Sie. Aus Ihrem Munde vernehmen sie die Inhalte. Mit Ihren Gesten unterstreichen Sie für alle offensichtlich bedeutsame Passagen in Ihrem Vortrag. Stimme und Körper sind die wichtigsten Instrumente, die Ihnen zur Verfügung stehen. Schon kleine und sparsame Gesten können „Beziehungsräume" gestalten und Kontakt anbieten oder auch erschweren. Je präziser Sie die Klaviatur der eigenen Körpersprache beherrschen, umso wirksamer, stimmiger und präsenter werden Sie trainieren oder moderieren.

8.1 Voller Einsatz – der Körper als Instrument

Überzeugend wirkt Körpersprache erst dann, wenn äußeres Verhalten mit der inneren Haltung korrespondiert. Ihr nonverbales Verhalten verrät, wenn Sie nicht zu dem stehen, was Sie tun oder sagen. Alle können wir zwischen einem echten und einem nur „aufgesetzten" Lächeln ohne die entsprechende innere Haltung unterscheiden. Sämtliche Techniken, die wir Ihnen hier vorstellen, sind keine Tricks. Ihre volle Kraft entfalten sie erst dann, wenn Ihr Verhalten im wahrsten Sinne des Wortes eine Verkörperung Ihrer inneren Haltung darstellt.

Wie Gestik und Haltung auf Sie und Ihre Teilnehmer wirken, erfahren Sie detailliert und präzise in diesem Kapitel. Betrachten Sie die Übungen zunächst als experimentelle Spielweise. Entdecken Sie Ihre Art und Weise, Körpersprache bewusst und stimmig in Training und Moderation einzusetzen.

Meist wird Körpersprache unter dem Gesichtspunkt behandelt, was sie bedeutet. Wir wechseln hier komplett die Sichtweise:

Uns interessiert nicht die **Absicht bzw. „Bedeutung“** der Körpersprache, sondern ausschließlich ihre **potentielle Wirkung**. Im Grunde ist es nicht relevant, was es für Sie bedeutet, wenn Sie während des Trainings die Hände in den Hosentaschen haben. Das kann unterschiedlichste Beweggründe haben. Entscheidend ist, wie es bei den Teilnehmern ankommt. Wir beschäftigen uns hier nur mit den Empfängern – den Teilnehmern. Einen guten Trainer zeichnet aus, dass er sich seiner Wirkung bewusst ist. Im Wesentlichen deckt sich seine Selbst- mit der Fremdeinschätzung.

Für die Wirkung gilt jedoch dasselbe wie für die Bedeutung. Es wäre höchst unwahrscheinlich, wenn unsere Körpersprache bei allen gleich ankäme. Allerdings wirken bestimmte Gesten und Haltungen auf die meisten Menschen ähnlich. Für den Trainingsalltag ist dieses Wissen meist ausreichend.

Dennoch gilt auch hier für Trainer, stets Augen und Ohren offen zu halten, um Ausnahmen und ungewöhnliche Reaktionen mitzubekommen.

Was ist Ihr Standpunkt?

Als Trainer kommt Ihnen im Seminar die Zentralposition zu: vorne in der Mitte. Ihre Aufgabe ist, sich den Raum zu nehmen und diese Position zu beziehen.

Fragen Sie sich in einem ganz wörtlichen Sinn:
- Wie stehen Sie zu sich selbst?
- Wie stehen Sie zu Ihren Teilnehmern?
- Wie stehen Sie zum Seminarthema?

Den Teilnehmern gehen andere Fragen durch den Kopf:
- Ist der Trainer auch standfest? Hält er Krisen aus? Oder kann ihn schnell etwas umhauen?
- Wie steht er zu mir?
- Sind seine Standpunkte unverrückbar oder kann er auch meine Ansichten neben sich stehen lassen?

Wir betreiben hier keine Wortspiele um des Vergnügens willen. Die physische und psychische Präsenz eines Trainers oder Moderators zeigt sich vor allem in seiner Körperhaltung:

Übung: Stand und Stabilität

Wir laden Sie zu einem kleinen Experiment ein, für das Sie einen Partner brauchen.

- Stellen Sie sich hin und halten Sie Ihre Füße und Beine ganz eng aneinander. Drücken Sie dabei Ihre Knie durch. Bitten Sie Ihren Partner, Sie mit langsam stärker werden Druck aus dem Gleichgewicht zu bringen. Versuchen Sie gleichzeitig, ihm Widerstand zu leisten. Es wird Sie kaum überraschen, dass schon ein geringer Kraftaufwand ausreicht, Sie aus dem Gleichgewicht zu bringen.
- Doch wie ist es, wenn Sie sich breitbeiniger hinstellen? Probieren Sie es aus. Stellen Sie sich wieder hin, die Füße jetzt gut schulterbreit auseinander. Lassen Sie dabei Ihre Knie weiterhin durchgedrückt. Diesmal wird Ihr Partner mehr Kraft aufwenden müssen, bis er Sie aus dem Gleichgewicht bringen kann. Allzu schwer wird es ihm jedoch nicht fallen.
- Variieren Sie das Experiment ein weiteres Mal. Stellen Sie sich erneut hin, die Füße wieder gut schulterbreit auseinander. Lockern Sie diesmal zusätzlich Ihr Kniegelenk und gehen Sie ein wenig – nur einige Zentimeter – in die Knie. Scheinbar mühelos werden Sie jetzt Widerstand leisten können und Ihr Partner muss viel Kraft aufbringen, um Sie doch noch aus dem Gleichgewicht zu bringen.

Zwei Faktoren sind hier wirksam:

- Wenn Sie sich genügend Raum geben, stehen Sie deutlich stabiler.
- Ihre Stabilität erfährt jedoch den entscheidenden Zuwachs, wenn Sie zusätzlich über mehr Bewegungsspielraum verfügen.

Nun müssen Sie nicht wie ein Tai-Chi-Meister tief in den Knien Ihr Seminar „durchstehen“. Ausreichend Bewegungsspielraum können Sie sich durch vieles schaffen. Genug Spiel im Kniegelenk ist nur eine Möglichkeit. Hier einige andere:

- Gelöst fließender Atem, egal ob Sie ruhig stehen oder sich bewegen.
- Fließende und bewegliche Gestik.

- Immer wieder kleinere oder größere Positionswechsel.
- Eine gut modulierte, abwechslungsreiche Stimme.
- Der periphere Blick.
- Eine gelöste und lebendige Mimik, die je nach Anlass ernst, heiter oder konzentriert wirkt.

Erinnern Sie sich an die Übung „wache Flexibilität“ aus dem dritten Kapitel. „Wache Flexibilität“ beschreibt einen inneren Zustand, der sich auch in der äußeren Körperhaltung widerspiegelt.

Wir können für „wach sein“ auch andere Begriffe verwenden wie „voll da sein“ oder „präsent sein“. Körperlich voll da und präsent sind Sie, wenn Sie sich den Raum nehmen. Und geistige Flexibilität geht Hand in Hand mit körperlicher Beweglichkeit.

Experimentieren Sie zu jeder Gelegenheit, die für Sie passende innere und äußere Haltung wacher und präsenter Beweglichkeit zu finden, eine Haltung, die Ihnen wirklich „steht“. In dieser Haltung wird Sie so schnell nichts aus dem Gleichgewicht bringen.

Auf den Punkt gebracht: Ihr „Standing“ als Trainer oder Moderator hängt entscheidend davon ab, wie Sie tatsächlich stehen!

Unterschiedliche Standpunkte von Frauen und Männern

Männer stehen als Trainer ihren Mann. Frauen stehen als Trainerin nicht ihren Mann, sondern „ihre Frau“. Frauen und Männer tendieren dazu, ihren Platz und ihren Standpunkt unterschiedlich einzunehmen, wie wir in vielen Seminaren beobachten konnten. Im Gegensatz zur jetzigen Mode sehen wir die Ursachen dieser Unterschiede nicht vorwiegend in den Genen. Wir betrachten sie als erworbene (inter-)kulturelle Phänomene. Dafür spricht, dass diese Unterschiede längst nicht bei allen Männern und Frauen durchgängig aufzufinden sind.

Viele männliche Trainer bevorzugen, gleichmäßig das Gewicht auf beide Beine zu verteilen und der Gruppe genau in der Mitte des Präsentationsraumes frontal gegenüberzustehen. Sie bieten dadurch gleichsam der Welt die Stirn.

Trainerinnen scheinen eher geneigt zu sein, bescheidener „aufzutreten“. Häufig ruht das Gewicht vor allem auf dem Standbein und mit dem Spielbein gehen sie mal vor, dann wieder zurück. Ihr Körper bietet dadurch weniger Angriffsfläche und ist der Gruppe nur gelegentlich frontal zugewandt. Trainerinnen nehmen auch seltener zentrale Mittelposition ein, so als wollten sie nicht den ganzen Raum für sich beanspruchen.

Sicher sind diese Befunde pauschal, dennoch enthalten sie einige hochinteressante Aspekte. Vergegenwärtigen Sie sich nochmals die beiden Hauptelemente des stabilen Standings: räumliche Präsenz und Bewegungsspielraum. Die typisch männliche Art zu stehen akzentuiert vor allem den Aspekt der räumlichen Präsenz. Die weibliche Variante betont eher den des flexiblen Bewegungsspielraums. Beides hat sowohl Vor- als auch Nachteile.

Der Gruppe frontal und symmetrisch gegenüberzustehen, wirkt auf viele Teilnehmer stark, sicher und souverän. Fraglich bleibt allerdings für die Teilnehmer, wie der Trainer mit Einwänden und Wünschen umgeht. Kann er seine Position verlassen oder führt das zwangsläufig zur Konfrontation? Wie beweglich ist er in seinen Ansichten?

Auf der anderen Seite lässt die „typisch weibliche“ Haltung viele Teilnehmer glauben, die Trainerin sei nett, aber etwas unsicher. Sie fragen sich: „Weiß sie wirklich, was sie will? Kann sie genügend Sicherheit geben?“ Gleichzeitig werden die meisten Teilnehmer davon überzeugt sein, dass auch für eigene Wünsche und Meinungen ausreichend Platz vorhanden ist. Der Trainerin wird selbstverständlich zugetraut, dass sie flexibel darauf eingehen kann.

Wohlgemerkt: Wir sprechen hier von Wirkung, unabhängig davon, was der Trainer „in Wahrheit“ beabsichtigt. Aus der Innenperspektive kann er das ganz anders empfinden und beabsichtigen.

Sehen Sie sich die Videoaufnahme eines eigenen Trainings oder einer eigenen Moderation an.

- Wie stehen Sie vor der Gruppe?

- Wie würde das auf Sie als Teilnehmer wirken?
- Wie wirken Sie auf andere? Holen Sie sich dazu so viel Feedback wie möglich!
- Wollen Sie so wirken?

Tipp: Eignen Sie sich beide Formen des „In der Welt Stehens“ an. Experimentieren Sie damit und vereinen Sie die jeweiligen Vorzüge. Sie vergrößern dadurch Ihr Wirkungsspektrum immens. Ihr Charisma besteht darin, je nach Situation souverän die richtigen Tasten auf der Klaviatur Ihrer Möglichkeiten zu bedienen.

„Beziehungsraum“ gestalten

Mit der Gestik „haben Sie es in der Hand“ wie Sie Beziehung aufnehmen und Beziehungsräume anbieten. Führen Sie zunächst einige kurze Experimente durch, entweder im Bekanntenkreis oder noch besser in einer Übungsgruppe.

Das Grundszenarium ist folgendes: Sie treten als Trainer vor die Gruppe und heißen die Gruppe mit zwei, drei Sätzen willkommen. Variieren Sie bei jedem Durchlauf die Gestik:

- Breiten Sie die Arme weit auseinander, so als würden Sie einen Kreis umfassen, der den Gruppenradius bei weitem übertrifft.
- Deuten Sie beim zweiten Mal ein sehr kleines Rund an.
- Zu guter Letzt begrüßen Sie die Gruppe mit einer Geste, die in etwa einen Kreis um die Gruppe herum andeutet.

Höchstwahrscheinlich melden die Teilnehmer zurück, dass die letzte Version am stimmigsten wirkte. Nahezu alle fühlen sich so wertgeschätzt und wohl. Wir nennen dieses Prinzip „die Gruppe streicheln“.

Experimentieren Sie so lange mit Ihren Gesten, bis Sie eine für Sie stimmige Geste gefunden haben, die in etwa den „Gruppenraum“ umfasst. Besonders hilfreich ist dies als Begrüßung oder zu Beginn einer neuen Einheit.

Tipps für den Feinschliff:

- Die Gestik muss nicht groß sein, der Raum kann auch durch Öffnen der Schultern und der Arminnenseite angedeutet werden.

- Achten Sie auch auf die Handflächen. Am wirkungsvollsten ist die Gestik, wenn die Hände etwa in einer Linie zu den Armen stehen.

Experiment zur eigenen Positionierung:

- Treten Sie wieder vor die Gruppe. Deuten Sie nun einen Raum an, der zwar die Gruppe umfasst, in dem Sie selbst jedoch nicht enthalten sind.
- In der Wiederholung bilden Sie mit Ihrer Geste einen Raum ab, in dem sowohl die Gruppe als auch Sie selbst enthalten sind.

Die erste Variante wirkt auf die meisten Menschen als Signal der Distanz die zweite als Signal der Nähe. Was fühlt sich für Sie stimmiger an? Worin können Sie sich selbst am ehesten wiederfinden?

Die meisten Teilnehmer empfinden die zweite Version als angenehmer. Sie deuten sie als Ausdruck von Empathie und Wertschätzung.

Tipp: Nehmen Sie eine Trainingssituation auf Video auf. Identifizieren Sie Ihre typische Gesten. Fragen Sie sich aus dieser Außenperspektive, welchen Beziehungsraum diese Gesten anbieten. Denken Sie daran: Das kann sich völlig von dem unterscheiden, was Sie selbst innerlich empfinden und beabsichtigen!

Die raumgreifende Gestik wirkt in der Regel nur dann stimmig, wenn dabei die Ellbogen nicht am Körper kleben, sondern wenn genügend Raum zwischen Ellbogen und Körper besteht. Wie viel Raum gönnen Sie sich selbst?

Experiment zum eigenen Raum

Achten Sie auf die Position Ihrer Ellbogen.

- Legen Sie diese im ersten Durchgang eng an den Körper an und gehen Sie so in die Trainerrolle.
- Lösen Sie anschließend die Ellbogen wieder und geben Sie sich ausreichend Raum. Welche Unterschiede stellen Sie fest?

Die meisten fühlen sich in der zweiten Haltung wohler. Sie können darin leichter, fließender und tiefer atmen.

In diesen Prinzipien offenbart sich ein offenes Geheimnis: Zu einer Beziehung gehören mindestens zwei. Indem Sie Raum für andere aufbauen, tun Sie dies gleichzeitig auch für sich selbst, sofern Sie sich in einer gelösten und aktiven Körperhaltung befinden. So schlagen Sie zwei Fliegen mit einer Klappe:

Zum einen bieten Sie einen Rahmen für Zugehörigkeit und eine gute Beziehung an, zum anderen erleichtert Ihnen Ihre Gestik, sich selbst in einen ressourcevollen Zustand zu versetzen.

Die „Gruppe streicheln" bewirkt noch mehr positive Effekte. In einem beinahe wörtlichen Sinn existiert eine „Resonanz" von „Beziehungsraum" und „Stimmraum". Deuten Sie mit der Gestik den Gruppenraum an, so wird es Ihnen spürbar leichter fallen, diesen Raum auch mit Ihrer Stimme zu füllen. Selbst eine ziemlich leise Stimme füllt dann leicht und mühelos den ganzen Raum. Die Gestik verbessert Ihr Körperbewusstsein und Ihre Atmung. Ihre Stimme kann davon nur profitieren.

- Stellen Sie sich Ihren Seminarraum auch als dreidimensionalen „Stimmraum" vor und dehnen Sie in der Vorstellung Ihren Stimmraum auch nach oben aus.
- Experimentieren Sie noch weiter und stellen Sie sich Ihre Stimme farbig vor. Malen Sie sich aus, wie diese Farbe den Gruppen- und Stimmraum leicht und wie von alleine vollständig ausfüllt (s. Abb. S. 165).

Noch ein positiver Effekt kommt hinzu: Raumgreifende, den eigenen Körper öffnende Gesten erleichtern das periphere Sehen.

Experiment zu Gestik und peripherem Sehen

Machen Sie, wieder von der Begrüßungssituation ausgehend, folgendes Experiment:

- Legen Sie Ihre Ellbogen eng an den Körper und wenden Sie sich nur einer Hälfte der Gruppe zu. Wie leicht bzw. wie schwer fällt es Ihnen, die andere Hälfte der Gruppe wahrzunehmen?
- Öffnen Sie Ihre Gestik und wenden Sie sich einer Hälfte der Gruppe zu, während Ihre Geste für die andere Hälfte offen bleibt. Wie leicht fällt es Ihnen diesmal, die andere Hälfte der Gruppe wahrzunehmen?

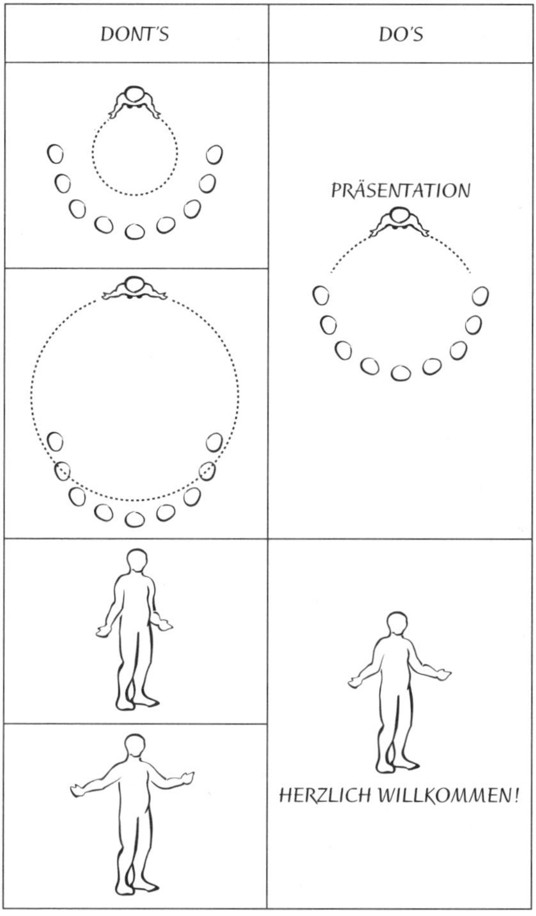

Wahrscheinlich fiel es Ihnen beim zweiten Durchgang wesentlich leichter. Die offene Gestik ermöglicht peripheres Sehen, ein unerlässliches Instrument der Wahrnehmung für Trainer und Moderatoren. Im Grunde sind Menschen spielend in der Lage, gleichzeitig in beiden Modi des Sehens - fokussiertem und peripherem Sehen - ausgezeichnet wahrzunehmen. Die wichtigsten Voraussetzungen dafür bilden eine offene Körperhaltung und der fließende Atem. Die Kombination von fokussiertem und peripherem Sehen befähigt, den Kontakt gleichzeitig zum einzelnen Teilnehmer als auch zur ganzen Gruppe zu halten. Als willkommener Nebeneffekt stellt sich zusätzlich Ihr eigener ressourcevoller Zustand ein. Offene Körperhaltung und fließender Atem reichen somit aus, wie ein Jongleur mühelos alle wichtigen Elemente der Beziehungsebene im Spiel zu halten: Sie selbst, die einzelnen Teilnehmer und die gesamte Gruppe.

Jonglieren auf der Beziehungsebene

Hier eine etwas anspruchsvollere Übung, mit der Sie trainieren können, in einer schwierigeren Situation sowohl Kontakt zum einzelnen Teilnehmer als auch zur gesamten Gruppe zu halten.

- Steigen Sie wieder in das Grundszenarium aus den vorangegangenen Übungen ein. Diesmal hat ein Teilnehmer die Aufgabe, Sie so weit als möglich in Beschlag zu nehmen. Dazu kann er eine Serie von Fragen stellen, einen intensiven Erfahrungsbericht zum Besten geben oder ähnliches.

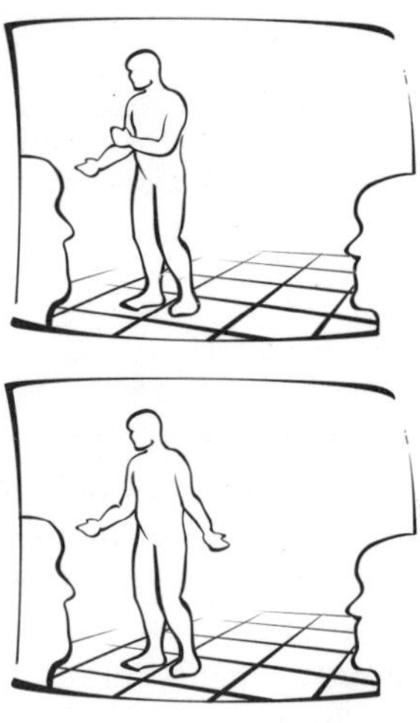

- Gehen Sie als Trainer in direkte Kommunikation mit dem Teilnehmer. Wenden Sie sich ihm dabei auch etwas zu und bewahren Sie gleichzeitig die offene Körperhaltung.
- Wie leicht bzw. schwer fällt es Ihnen diesmal, mit der Aufmerksamkeit auch bei der Gruppe zu bleiben?
- Eine noch größere Herausforderung stellt folgende Variante dar. Bitten Sie im Vorfeld den Mitspieler, dass er etwas fragt oder über etwas berichtet, was Sie selbst brennend interessiert.
- Beginnen Sie erneut mit dem bereits bewährten Szenarium.
- Reflektieren Sie im Anschluss, wie leicht oder schwer es Ihnen möglich war, in beiden Wahrnehmungsmodi zu verweilen. Ist Ihnen das leicht gelungen, jonglieren Sie bereits mit vier Bällen, Kontakt zu sich selbst, zu den Teilnehmern, zur Gruppe und zusätzlich behalten Sie auch den Inhalt im Blick.

Sie brauchen sich jedoch auch dann keine Sorgen zu machen, wenn es Ihnen (noch) nicht so leicht gefallen ist. Wir müssen nicht ständig alle Bälle in der Luft halten. Selbst ein perfekter Trainer muss zuweilen unperfekt sein, denn sonst wäre er als Vorbild uneinholbar und würde dadurch die Teilnehmer entmutigen.

Sie können es sich daher durchaus leisten, zuweilen nur auf einen oder zwei Aspekte zu achten. Stellen Sie allerdings sicher, dass Sie über einen gewissen Zeitraum hinweg alle Aspekte berücksichtigen.

Tipp: Wenden Sie zu Beginn eines Seminars viel Energie auf, um einen guten Draht zu den Teilnehmern zu finden sowie ein angenehmes Gruppenklima herzustellen. Kurze Unterbrechungen im Kontakt sind dann völlig unproblematisch. Eine tragfähige Beziehung verträgt viel und verzeiht einiges!

Das Wechselspiel von Verhalten und innerer Haltung

Experimentieren Sie so lange mit den oben angebotenen Möglichkeiten, bis sie für Sie stimmig sind. Anfangs wird die eine oder andere Geste auf Sie sehr unnatürlich wirken oder eine spezielle Körperhaltung fühlt sich für Sie zunächst nicht sonderlich gut an. Bleiben Sie am Ball! Gehen Sie mit der Einstellung an die Experimente heran, genau herauszufinden, wie Ihre Art ist, sich Raum zu geben oder die Gruppe „zu streicheln". Früher oder später wird es sich für Sie stimmig anfühlen. Stimmig heißt, dass Ihr Verhalten mit Ihrer inneren Haltung übereinstimmt. Ihre Körpersprache ist dann sichtbarer und kongruenter Ausdruck Ihrer ganzen Person. Ihre Gestik, Ihre Bewegungen und Ihre Stimme transportieren, dass Sie Ihre Teilnehmer wertschätzen.

Aber nicht nur die innere Haltung wirkt auf das Verhalten, sondern im Gegenzug auch das Verhalten auf die innere Haltung.

Mit einer offenen Gestik und Körperhaltung verschaffen Sie sich die Voraussetzung, Ihren Teilnehmern gegenüber auch innerlich eine offene Haltung einzunehmen.

Wohlgemerkt, es handelt sich dabei um die Möglichkeit, nicht um eine Notwendigkeit. Sicher ist nur, dass Ihnen diese Möglichkeit weitgehend versperrt bleibt, wenn Sie in einer verspannten Körperhaltung und engen Gestik verharren. Unser Verhalten eröffnet uns somit die Chance, auch in die entsprechende innere Haltung gehen zu können.

In der Theorie hört sich das einfach an, als schwieriger erweist sich dies im realen Trainingsalltag. Möglicherweise haben Sie in der Nacht zuvor schlecht oder zu kurz geschlafen und mussten auf der Fahrt zum Seminar noch ein problematisches und unbefriedigendes Telefonat führen. Von einer optimalen inneren Haltung sind Sie weit entfernt und Sie spielen mit dem Gedanken, das Seminar einfach abzusagen. Dazu ist es jedoch schon zu spät – und wenn Sie ehrlich zu sich selbst sind, wollen Sie das auch nicht wirklich.

> Erinnern Sie sich an die Schlüssel, die Ihnen den Zugang zu einer ressourcevollen inneren Haltung eröffnen können. Nehmen Sie eine gelöste und offene Haltung ein, bei der es Ihnen leicht fällt, voller und fließender zu atmen. Meist dauert es nur wenige Minuten und Ihre Ressourcen und Ihre gute Verfassung haben sich wieder zurückgemeldet.

8.2 Methoden für unterschiedliche Situationen

Sie lesen gerade ein Fachbuch, das Sie stark interessiert. Immer wieder stoßen Sie auf Aussagen, die Sie für außerordentlich wichtig halten. Sie nehmen Ihren Leuchtmarker zur Hand und heben die betreffenden Sätze besonders hervor. Nichts anderes tun Sie beim „analogen Markieren", nur handelt es hier nicht um geschriebene, sondern um gesprochene Worte. Sie verwenden dazu auch keinen Leuchtmarker, sonder benutzen Ihre Stimme und Ihre Gestik, um die wichtigen Aussagen besonders zu unterstreichen. Analog markieren ist ein Spezialfall des Ankerns. Raumanker helfen dem Trainer und der Gruppe, Zustände zu sortieren und auseinander zu halten.

Analoges Markieren erleichtert den Teilnehmern, die Inhalte und Botschaften zu sortieren und Wichtiges von Unwichtigem zu unterscheiden. Analog markierte Aussagen sind wie Leuchttürme, die den Teilnehmern die Orientierung erleichtern, besonders wenn Sinn und Struktur des Themas für sie noch ziemlich im Dunkeln liegen. Sie liefern wichtige Anhaltspunkte, bis die Teilnehmer wieder festen kognitiven Boden unter ihren Füßen spüren.

Unsere Zentralaussage lautet daher: **Analoges Markieren ist sehr nützlich!**

Übrigens wurde analoges Markieren nicht erst von Hypnotherapeuten, NLPlern oder Didaktikern erfunden, seit jeher unterstreichen gute Redner intuitiv die wichtigsten Passagen ihrer Rede. Vor dem entscheidenden Satz setzen sie zu einer kurzen, aber bedeutungsvollen Pause an oder sie senken plötzlich die Stimme, begleitet von einer eindringlichen Geste. Jeder Mensch markiert analog.

In Training oder Moderation können Sie dieses Instrument systematisch einsetzen, um die Lerninhalte zu strukturieren und wesentliche Punkte herauszustreichen. Noch vor dem stimmlichen gebührt dabei dem gestischen Markieren der Vorrang.

Übung zum analogen Markieren

Überlegen Sie sich schon bei der Planung die Zentralaussagen Ihrer Präsentation oder Ihres Trainings und notieren Sie sich diese.

Wählen Sie eine gestische Untermalung aus, die Sie jedes Mal ausführen, wenn Sie Ihre zentrale Botschaft äußern. Achten Sie auf folgende Punkte:

- Seien Sie nicht zu zurückhaltend. Gestalten Sie Ihre Geste deutlich und „raumgreifend", je größer die Gruppe umso deutlicher!
- Platzieren Sie die Geste auf einer Körperseite. Das wirkt, als hätten Sie die Aussage auf eine Flipchart geschrieben. Eher ungünstig ist es, die Geste direkt vor Ihrem Körper auszuführen.

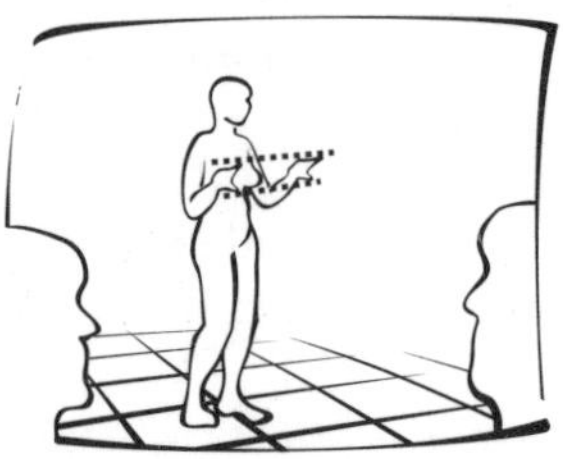

Analog Markieren wird Ihnen leichter fallen, wenn die Bewegungen und die Gesten, die Sie auswählen, Ihrem persönlichen und natürlichen Repertoire an Gesten entspringen. (In der Lern- und Übungsphase ist es allerdings eher wünschenswert, wenn es sich **noch nicht natürlich** anfühlt. Nur dann können Sie sicher sein, dass Sie wirklich etwas Neues lernen. Erst im Laufe der Zeit wird Ihnen das neu Erlernte zur zweiten Natur und in Ihr Repertoire eingegliedert werden.)

Wählen Sie für Ihre Zentralaussage zusätzlich einen besonderen Tonfall, der sich von Ihrer normalen Stimmlage unterscheidet. Es wäre doch schade, wenn ein Teilnehmer Ihre Hauptbotschaft nicht mitbekäme, weil er gerade auf seine Unterlagen blickt. Wenn Sie gleichzeitig in zwei Sinneskanälen markieren, stellen Sie sicher, dass Sie alle Teilnehmer erreichen, gemäß dem Motto „doppelt gemoppelt hält besser". Zweifach zu markieren – **gestisch und stimmlich** – fällt darüber hinaus viel leichter, als es nur für einen Sinneskanal zu tun. Das Zauberwort lautet Verknüpfung. Je mehr Transportwege miteinander verbunden sind, desto leichter lassen sich neue Informationen behalten und umsetzen.

Machen Sie einen Testlauf vor dem Spiegel oder vor einem ausgewählten freundlichen Publikum. Flechten Sie in Ihren Vortrag immer wieder analog markierte Botschaften ein.

Noch leichter wird Ihnen analoges Markieren fallen, wenn Sie es mit der Arbeit an der Flipchart verknüpfen, auf der Sie Ihre Zentralaussagen notieren. Durch die Visualisierung sind diese schon hervorgehoben. Deuten Sie zusätzlich immer dann, wenn die Sprache auf diese Botschaften kommt, auf die Flipchart und ändern Sie dabei Ihren Tonfall. Ihre Teilnehmer werden sich die Hauptaussagen noch besser einprägen können.

Analog Markieren auf der Beziehungsebene: Analog Markieren auf der Beziehungsebene ist eine delikate und sensible Angelegenheit. Das erste Ziel ist hier, Ihre Achtsamkeit wachzurufen. So überraschend es für Sie klingen mag: Die Kenntnis des analogen Markierens auf der Beziehungsebene hilft in erster Linie, **bestimmte Dinge nicht zu tun!** Weiter unten wird Ihnen noch deutlich werden, wann es sinnvoll ist, analoges Markieren anzuwenden oder zu unterlassen. Lassen Sie uns vorher jedoch beschreiben, was analog Markieren auf der Beziehungsebene eigentlich ist.

Ich erinnere mich an einen Teilnehmer in einem Ausbildungsseminar. Er setzte an seine Leistung einen äußerst strengen Maßstab an und war der Prototyp des nach Perfektionismus strebenden Teilnehmers. Neue Informationen und Übungen nicht sofort professionell und souverän anwenden zu können, schien ihm unerträglich. Das ist so, als würde man das erste Mal zur Gitarre greifen und sehr enttäuscht sein, dass man ihr nicht gleich die Klänge von „Recuerdos de Alhambra" entlocken kann. Oft hätte ich solche Teilnehmer am liebsten geschüttelt, um ihnen eine wichtige Botschaft regelrecht einzubläuen: „Nicht können müssen, nicht wissen müssen – lernen dürfen!"

Doch zurück zu unserem Teilnehmer. Natürlich unterliefen auch ihm während der Übungen Fehler und nicht alles ging von Anfang an glatt. In einem Pausengespräch unter vier Augen erzählte er mir von seinen massiven Selbstzweifeln, die ihn stark belasteten.

Wieder im Seminar erwähnte ich zur Illustration des Themas ein Fallbeispiel. Es drehte sich um eine Frau, die in einer heftigen Krise steckte. Ihre Beziehung war gescheitert und auch beruflich stand vieles auf der Kippe. Sie fühlte sich von anderen Menschen isoliert und glaubte, nichts wert zu sein. Sie schlenderte einsam und ziellos durch die Stadt, blieb vor dem einen oder anderen Schaufenster kurz stehen, ohne sich jedoch wirklich für die ausgestellten Dinge zu interessieren. So landete sie schließlich vor der Auslage einer Buchhandlung. Und plötzlich stach ihr der Untertitel eines Buches ins Auge: „Du bist einzigartig und wunderbar!!" Während ich diesen Satz aussprach, blickte ich den Teilnehmer direkt an. Ich sah, wie es ihn förmlich durchfuhr. Später berichtete er mir, wie direkt ihn das erreicht und getroffen habe, ohne dass er zu diesem Zeitpunkt wusste, was genau da mit ihm geschah.

Markierte Aussagen, die sich ganz direkt an Teilnehmer wenden, können eine enorme Kraft besitzen. Seien Sie daher achtsam damit, was Sie zu wem sagen!

Stellen Sie sich vor, Sie sitzen als Teilnehmer in einem Seminar zum Thema einschränkende Glaubenssätze. Der Trainer führt als Beispiel die Aussage an „Das schaffst du nie!" und blickt dabei einen Teilnehmer an, der zwei Stühle rechts von Ihnen sitzt. Sie sind erleichtert, dass er nicht Sie angesprochen hat, ahnen aber, wie das wirken kann!

Es setzt Erfahrung voraus, ressourcevolle Botschaften auf der Beziehungsebene analog zu markieren, und ist eher etwas für „alte Hasen". Aber allein schon das Wissen um das, was Sie vermeiden sollten, bietet enormen Nutzen.

Tipp: Schauen Sie auf einen neutralen Ort, am besten auf den Boden, wenn Sie tendenziell problematische Aussagen verwenden. Absolut unerlässlich ist das, wenn die Aussage noch in der direkten Anrede – „Du" oder „Sie" – verpackt ist.

Problematische Aussagen in der Du-Form sollten Sie wie scharfe Munition behandeln. Gehen Sie sehr vorsichtig damit um. Etwas entschärfend wirkt, von der Du- in die Ich-Form zu wechseln, von „Du schaffst das nicht!" zu „Ich schaffe das nicht." Die wenigsten Teilnehmer werden sich dadurch direkt angesprochen fühlen. Die Ich-Form weist jedoch einen anderen schwerwiegenden Nachteil auf: Es besteht die Gefahr, dass Sie dadurch Ihre eigene Position schwächen. Die Hypnotherapie kennt dafür den Begriff „Zitate verlieren". Ihre Teilnehmer fragen sich auf der unbewussten Ebene, ob Sie jetzt wirklich über jemand anderen oder nicht doch auch über sich selbst sprechen. Weit besser wäre es da, Sie würden über einen Bekannten berichten, der unlängst äußerte: „Ich habe wirklich viel zu sagen!"

> Schützen Sie sich und Ihre Teilnehmer, indem Sie problematischen Aussagen größte Achtsamkeit schenken!

Sorgfältig und respektvoll angewandt, erzielen Sie mit analog markierten Botschaften große Wirkung und setzen entscheidende Impulse. Gut platzierte Botschaften flößen Teilnehmern, die an sich selbst oder an ihrem Platz in der Gruppe zweifeln, Sicherheit und Vertrauen ein, ohne das direkt in aller Öffentlichkeit vor der ganzen Gruppe anzusprechen. Einigen Teilnehmern wäre es sicherlich peinlich und sie würden sich bloßgestellt fühlen, egal wie gut Sie es meinten.

Analoges Markieren ist eine indirekte Intervention.

Wie wirksam sie sein kann, wurde mir eher versehentlich bewusst. Ohne direkt darauf abgezielt zu haben, rief ich bei einem Teilnehmer eine drastische Änderung seines Verhaltens hervor. Dieser Teilnehmer nahm sehr engagiert am Seminar teil und lieferte viele Wortbeiträge. Allmählich ging das den anderen auf die Nerven. Ich sprach gerade von einem Nürnberger Theaterstück, für mich ein Beispiel dafür, wie wir während Kindheit und Jugend unser inneres Drehbuch entwickeln. Das Theaterstück, das von einer fränkischen Konfirmation handelt, steht schon seit Jahrzehnten auf dem Spielplan. Die Schauspieler führen über Jahre hinweg das Stück beinahe täglich auf. Üblicherweise kennen Schauspieler nur ihren eigenen Text, den sie auf ein Stichwort hin abrufen können. In diesem Fall konnten jedoch alle Schauspieler den gesamten Text. Jeder hätte im Grunde jede Rolle spielen können (und dasselbe „Theater" spielt sich immer dort ab, wo Menschen länger miteinander zu tun haben!). Jedes Mal nun, wenn ich den Titel des Stücks nannte – „Schweig Bub" – blickte ich den betreffenden Teilnehmer an. In dem Moment war mir das gar nicht bewusst. Die Wirkung jedoch war durchschlagend: Er meldete sich viel seltener zu Wort und wurde um einiges schweigsamer. Langsam wurde er den anderen sympathischer.

„Das ist doch pure Manipulation!“, werden Sie vielleicht einwenden. Hier nur folgende Anmerkung: Analoges Markieren wirkt nur, wenn der Kommunikationspartner dazu willens und bereit ist. Im Falle des oben erwähnten Teilnehmers können wir annehmen, dass er unbewusst wohl schon spürte, dass sein Zuviel-Reden weder für ihn noch für die Gruppe wünschenswert war. Denn hätte er das Wort weiterhin in diesem Ausmaß an sich gerissen, hätte es nicht mehr lange gedauert und er wäre völlig isoliert gewesen. In gewisser Weise musste ich ihn vor sich selbst schützen.

Trotzdem machte mich die Reaktion des Teilnehmers damals sehr nachdenklich. Ich achte seitdem noch stärker auf das, was ich unterschwellig sage. Zwar stimmt es, dass bei den Teilnehmern die Bereitschaft da sein muss, die Botschaft anzunehmen. Je schlechter es jedoch einem Teilnehmer geht, desto empfänglicher wird er für negative Suggestionen.

Tipp: Aktivieren Sie so früh und so intensiv wie möglich Ressourcen (→ Glossar) bei Ihren Teilnehmern. Je selbstsicherer und mündiger Ihre Teilnehmer sind, umso gefeiter sind sie gegen jegliche Manipulation, selbst wenn sie beabsichtigt oder unbeabsichtigt von Ihnen selbst ausgeht.

Vielleicht kam Ihnen beim Lesen dieser Seiten manches übertrieben vor. Ist es wirklich notwendig, so sehr auf die eigenen Worte zu achten? Natürlich nicht immer, denn die meisten Menschen verfügen über ein ziemlich gut ausgeprägtes „psychisches Immunsystem“ und lassen sich nicht so schnell aus der Bahn werfen.

Bedenken Sie jedoch auf der anderen Seite, dass die Situation in einer Gruppe für viele einen erheblichen Stressmoment darstellen kann. Es geht um die eigene Positionierung und um die Einbindung der eigenen Person in die gesamte Zugehörigkeit. Die Frage „Reicht das, was ich kann und was ich bringe?“, stellt sich ein. In der Orientierungsphase zu Beginn einer Gruppe und in Krisenzeiten sind diese Themen sehr brisant. Ihnen als Trainer wird die Autorität zugeschrieben, hier für Ordnung zu sorgen.

> **Auf den Punkt gebracht:** Schätzen Sie die eigene Rolle und Macht als Trainer oder Moderator realistisch ein. Das, was Sie sagen, hat Gewicht. Achten Sie daher auf Ihre Sprache!

Auch wenn Ihnen Kooperation und Eigenverantwortung der Teilnehmer sehr wichtig sind, existiert auf der Beziehungsebene dennoch eine hierarchische Beziehung zwischen Teilnehmern und Trainer. Sie besitzen allein durch Ihre Funktion bereits Autorität und Macht. Ihre Aussagen „machen" etwas und sind „Machtworte" im buchstäblichen Sinn. Unkontrolliert und unbeabsichtigt ausgesprochen, können Ihre Aussagen auch in negativer Art und Weise machtvoll sein. Seien Sie sich bewusst: Ihr Wort gilt!

Diese Macht hat natürlich auch ihre positiven Seiten. Vielleicht ist Ihnen noch gar nicht aufgefallen, wie viele unterstützende und ermunternde Aussagen Sie in Ihrem Reden verwenden. Werden Sie immer hellhöriger für das, was Sie sagen. Blicken Sie jedes Mal bei positiven Aussagen einen oder mehrere Teilnehmer an.

Das Schlimmste, was dabei passieren kann, ist, dass die Botschaft für den Teilnehmer nicht weiter nützlich ist. Wesentlich häufiger ist jedoch, dass der entsprechende Teilnehmer gerade jetzt die verpackte positive Botschaft gut gebrauchen kann. Und selbst wenn er sie nicht braucht, es hört sich meist einfach gut an.

Hier eine Auflistung nützlicher Aussagen, die wichtige Kernbedürfnisse von Menschen ansprechen:

- „Du bist willkommen."
- „Du bist o.k."/„Du bist in Ordnung."
- „Ich sehe dich."
- „Du bist wertvoll."
- „Du bist wichtig."

Prozess und Inhalt strukturieren – Ankern

Stellen Sie sich vor, dieses Buch wäre ausschließlich im Fließtext geschrieben. Keine Überschrift, keine Hervorhebung, ja selbst nicht mal Leerzeilen oder Einrückungen zwischen verschiedenen Abschnitten würden den Text untergliedern – alles ein einziger Buchstabenbrei. Nach wenigen Seiten würden Sie das Buch frustriert zur Seite legen.

Wir brauchen klare Kategorien zur Orientierung. In welche Kapitel und Oberthemen gliedern sich die Inhalte? Welche Themen gehören in denselben Abschnitt und welche Inhaltsgruppen unterscheiden sich voneinander? Wir wünschen Bewertungen, die uns zu sortieren helfen, denn nicht alles ist gleich wichtig. Was bildet Kern oder die Essenz des Themas? Was ist eher nebensächlich? Schließlich erwarten wir Orientierung in der Chronologie. Was kommt zuerst? Was ist jetzt schon wichtig? Was kommt später dran?

Sie wollen ein mehrgängiges Menü zubereiten. Aus einer aberwitzigen Anwandlung heraus nehmen Sie sich vor, diesmal ganz anders vorzugehen. Sie fragen sich: „Wozu die vielen Töpfe, Schüsseln und Pfannen?“, und beschließen, alles zusammenzumischen, in der Hoffnung, dass Ihnen damit ein großer Wurf gelingt. Der größte Topf ist gerade recht. Sie bereiten die Zutaten vor und rühren Sie zusammen. Süß mischt sich mit salzig, bitter mit sauer, bis schließlich die ganze Würze dahin ist.

Unsere Gefühle bringen die richtige Würze in unser Leben. Stellen Sie sich vor, Sie befänden sich immer im selben Gefühlszustand.

Sie erwachen ganz gelassen, verbringen den Tag in großer Gelassenheit, legen sich gelassen wieder zur Ruhe. Am nächsten Tag derselbe Ablauf und auch am folgenden und am übernächsten Tag. Auch Wochen später sind Sie immer noch ruhig und gelassen, im Gegensatz zu dem einen oder anderen Leser dieser Zeilen.

Wie die Jahreszeiten den Jahreslauf, strukturieren unsere Emotionen unser Leben. Sie bewerten unsere Gedanken und unsere Wahrnehmung und bringen dadurch Ordnung hinein.

> Wir brauchen Struktur in fast allen Lebensbereichen, beim Denken und den Inhalten, in der Zeit und bei Veränderungsprozessen, in unseren Zuständen und Emotionen. Achten Sie darauf, Ihren Teilnehmern genügend klare Strukturen anzubieten.

Wahrscheinlich ist deutlich geworden, dass Struktur nicht nur eine Angelegenheit des Verstandes ist. Das Bedürfnis nach Struktur durchdringt alle Ebenen unserer Persönlichkeit. Zuweilen mag es einen Widerspruch zwischen Verstand und Intuition geben. Intuition und Struktur jedoch widersprechen sich nicht.

In den folgenden Abschnitten besprechen wir äußerst wirksame Prinzipien und Methoden, Ihr Seminar mit all seinen Inhalten und unterschiedlichen Kommunikationsebenen klar und präzise zu strukturieren. Das Hauptwerkzeug, auf das wir hier zurückgreifen, ist im NLP unter dem Begriff Ankern (→ Glossar) bekannt.

Zu Beginn meiner Trainerlaufbahn veranstaltete ich ein Seminar für die Volkshochschule. Der Seminarraum lag in einem alten Schulgebäude, in dem ich einige Monate meines zweiten Schuljahres verbracht hatte. Beim Eintreten war mir das jedoch nicht bewusst, ich nahm nur den Geruch alten Linoleums wahr. Prompt hatte ich das unbehagliche und von damals sehr vertraute Gefühl, „meine Hausaufgaben" nicht gemacht zu haben. Der Geruch – der „Anker" und Auslöser – öffnete eine alte „Schublade" in meinem Gedächtnis.

Zunächst widmen wir uns den so genannten Raumankern. Damit sind die Positionen gemeint, die Sie als Trainer oder Moderator im Raum einnehmen. Mit Raumankern sortieren und ordnen Sie vor allem unterschiedliche Gruppenzustände und Kommunikationsebenen. In Kapitel 6 haben wir bereits einige dieser Methoden beschrieben, ohne sie ausdrücklich als Ankern zu kennzeichnen. Nachdem Sie die grundlegenden Prinzipien kennen gelernt haben, wird Ihnen das Konzept noch um einiges klarer erscheinen.

In Kapitel 9.3 zum Thema Lerntransfer kommen wir noch einmal auf das Ankern zurück: Ein gelungener Lerntransfer sorgt dafür, dass wir mit dem passenden „Schlüssel" unsere geistigen

Schubladen wieder öffnen können, in der wir unsere Lernerfahrungen abgelegt haben.

Raumanker

Sind Sie ein Querdenker und suchen Inspirationen im scheinbar Nebensächlichen oder wollen Sie lieber ganz vorne mit dabei sein, nach dem Motto „Vordenken statt nachdenken"? Vielleicht geht es Ihnen auch um etwas ganz anderes. Ihnen reicht es nicht, nur die Oberfläche anzukratzen, sondern Sie möchten die Tiefen des menschlichen Geistes ergründen.

Wir denken bevorzugt dreidimensional, wie Sie es auch an den einleitenden Sätzen ablesen können. Alle Raumdimensionen wurden in ihnen angesprochen: Die Seiten, oben und unten, hinten und vorne.

Da ist es sehr „nahe liegend", gerade im Training den zur Verfügung stehenden Raum ganz bewusst als Medium zu nutzen, Inhalte und Beziehungsebenen zu strukturieren. Und in der Tat: Kaum ein Medium eignet sich dazu besser als der Raum.

Die Zentralposition: Werden die Seminarinhalte nur „am Rande" besprochen, dann hat das Seminar seinen Sinn verfehlt. Der Nutzen und damit die Inhalte, die ihn erst möglich machen, sollten unbedingt „im Mittelpunkt" des Seminars stehen. Daraus leitet sich auch die zentrale Trainings- und Präsentationsposition ab, die Grund- oder Zentralposition.

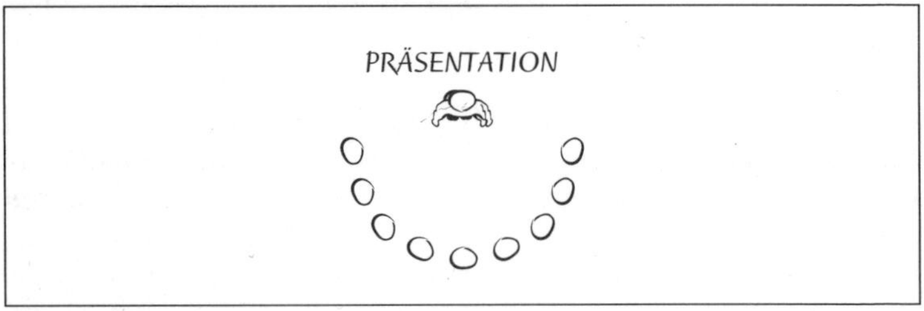

Wie ermitteln Sie die richtige Zentralposition? Erinnern Sie sich an „die Gruppe streicheln". Führen Sie den Halbkreis, den die Teilnehmer bilden, in Gedanken weiter, bis er sich zu einem ganzen Kreis oder einer Ellipse schließt. Die Zentralposition befindet sich auf dieser gedachten Linie und weist zu den beiden Endpunkten des Teilnehmer-Halbkreises jeweils den gleichen Abstand auf.

Der Trainings- und Präsentationsraum: Im Verlaufe eines Trainings nehmen die Themen „beträchtlichen Raum“ ein. Die Zentralposition ist nicht die einzige Position, von der aus Sie präsentieren. Sie stellt vielmehr den „Ausgangspunkt“ des gesamten Präsentationsraums dar. Je nach den tatsächlichen räumlichen Gegebenheiten bildet dieser einen Kreis bzw. eine Ellipse, die vorne und zum größten Teil innerhalb des gesamten Gruppenrundes liegt.

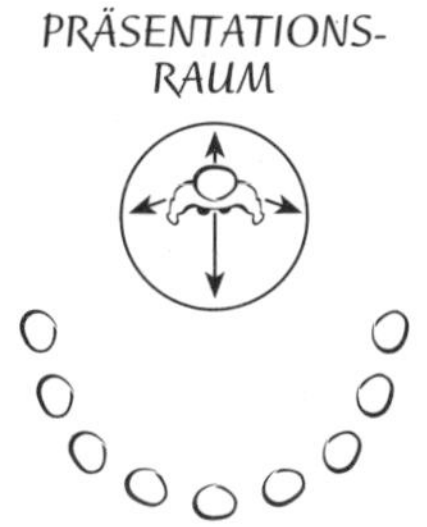

Innerhalb dieses Präsentationsraumes „gehen“ Sie die einzelnen Themen durch. Sie können diesen Raum weiter untergliedern und dadurch die Inhalte anschaulich strukturieren. Beispielsweise könnte „Wechseln der Wahrnehmungsperspektiven“ das Thema Ihrer nächsten Seminareinheit bilden.

Zu Beginn erläutern Sie die beiden wichtigsten Wahrnehmungsperspektiven, die Sichtweise der ersten Person und die der dritten Person, die Beobachterperspektive. „Steigen wir für einen Moment in die Ich-Perspektive ein (nehmen Sie jetzt eine bestimmte Position innerhalb des Präsentationsraumes). Hier nehmen wir das Geschehen mit unseren eigenen Augen aus unserer Sicht und mit unseren eigenen Ohren wahr. Ganz anders würde es ein externer Beobachter sehen (treten Sie während des Sprechens aus der Ich-Position und nehmen Sie eine andere außerhalb ein). Er verfügt über einen ganz anderen Blickwinkel und sieht die Person (gestisch darauf hinweisen) von außen ..."

Ihre Teilnehmer durchlaufen die Positionen innerlich mit Ihnen mit. Gleichzeitig sind unterschiedliche Raumpositionen „offensichtlich" und wirken auch als Visualisierung. Für die Teilnehmer werden die Unterschiede zwischen den Punkten klar und deutlich „ersichtlich".

Nutzen Sie auch die Raumachsen des Präsentationsraumes:

- Wollen Sie Ihren Teilnehmern etwas Besonderes „nahe bringen", bewegen Sie sich mehr in Richtung Kreismitte.
- Geht es Ihnen darum, den „Hintergrund" der Thematik deutlich zu machen, weisen Sie auf hinter Ihnen stehende Pinwände oder Wandtafeln hin.
- Ist Ihr Anliegen, unterschiedliche Pole und Aspekte eines Themas zu illustrieren, bewegen Sie sich etwas nach rechts und links.
- Platzieren Sie „Randbemerkungen" tatsächlich etwas seitlich. Dazu tut es schon ein halber Schritt nach rechts oder links

Präsentationsraum und „Zeiträume" – die Zeitachse: Leben und Lernen strukturieren sich in der Zeit. Um dies abzubilden, bietet sich die seitliche Dimension des Präsentationsraumes an, mit der Sie hervorragend Entwicklungsverläufe veranschaulichen können.

Dabei repräsentiert die mittlere Position die Gegenwart, während die von den Teilnehmern aus gesehen linke Seite für die Vergangenheit steht und die rechte für die Zukunft. (In unserer Kultur stellen sich die meisten Menschen Zeitläufe eher von links nach rechts vor.

Ebenso wird in der Mathematik die Zeit von links nach rechts abgetragen, genauso wie dabei wohl auch unsere Schreibrichtung eine Rolle spielt.) Nun sind Sie gut ausgerüstet, um Themen entlang dieser Zeitachse zu ordnen:

- Das aktuelle Trainingsgeschehen gehört in die Gegenwart und damit in die Mitte.
- Vergangenes, wie die Anknüpfung an das vorhergehende Se-

minar, können Sie auf der – von den Teilnehmern aus gesehen – linken Seite ansprechen.

- Wollen Sie einen Ausblick über das nächste Mal geben, tun Sie dies von der rechten Seite aus. Das gilt auch, wenn Sie über (künftigen!) Nutzen sprechen.

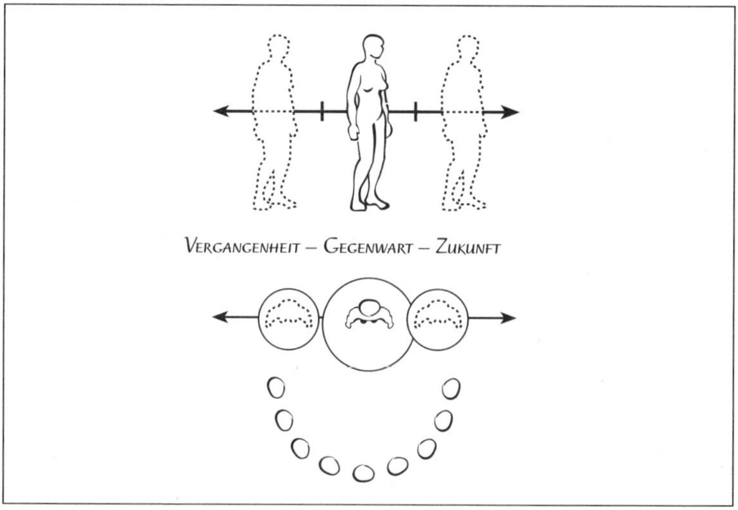

Die Zeitachse selbst bildet ein Kontinuum. Wenn Sie sich mit dem Raum als Präsentationsmedium schon vertraut fühlen, können Sie weitere Feinabstufungen vornehmen.

Beispielsweise lassen sich damit Prozess-„Abläufe“ sehr plastisch und nachvollziehbar illustrieren: „Sie fragen sich vielleicht, wo Ihnen das in der Vergangenheit schon mal begegnet ist (währenddessen bewegen sich zur von den Teilnehmern aus gesehen linken Seite) und was davon Ihnen hier (Sie haben sich in die Gegenwartsposition zurückbegeben) präsentiert wird.

Gleichzeitig können Sie sich schon überlegen, welchen Nutzen das Ganze für Sie persönlich hat (währenddessen sind Sie nach rechts gegangen) und, vor allem, wo und wann Sie das anwenden werden.“

Im Abschnitt „Future Pace“ werden wir darauf nochmals zurückkommen.

Zustände und Kommunikationsebenen sortieren: Auch beim Sortieren von Zuständen und Kommunikationsebenen ist das Arbeiten mit Raumankern in hohem Grade effektiv und beinahe simpel. Im Grunde brauchen Sie nur auf zwei Dinge zu achten:

- Nehmen Sie für unterschiedliche Zustände jeweils unterschiedliche Positionen ein.
- Kommunizieren Sie je nach Kommunikationsebene von verschiedenen Positionen aus.

Schon die meisten Methoden aus den Abschnitten über Gruppendynamik nutzen spezifische Raumpositionen, um Klärungsprozesse auf den Weg zu bringen. Hier wollen wir Sie nochmals an die wichtigsten Prinzipien erinnern:

- Die Zentralposition steht in erster Linie für die Inhaltsebene. Sie repräsentiert auch den „Normalzustand". Dazu gehören die gute Beziehung zwischen Trainer und Gruppe sowie das gute Klima innerhalb der Gruppe.
- Positionieren Sie Klärung von Schwierigkeiten immer auf der Seite, am besten auf der von den Teilnehmern aus gesehen linken. Ziel der Klärung ist, dass der Konflikt oder das Problem bald der Vergangenheit angehören möge, damit wir uns wieder voll und ganz den aktuellen Themen der Gegenwart zuwenden können und uns der Weg in die Zukunft offen steht.
- Treffen Sie Unterscheidungen bei Fragen und Beiträgen aus dem Teilnehmerkreis:
  - Tragen sie zum aktuellen Thema bei, sollten Sie sie aus der Zentralposition heraus klären. Es geht schließlich um den Inhalt.
  - Handelt es sich um ein eher nebensächliches Thema, beantworten Sie es in einer seitlichen Position. Oft reicht dazu ein kleiner Schritt, denn das Thema hat ja am Rande schon mit dem Hauptinhalt zu tun.
  - Geht es um Beziehungsklärung, nehmen Sie eine Position auf der linken Seite ein, durch zwei oder drei Schritte klar getrennt vom Präsentationsort. So sind Klärung und inhaltliche Vermittlung deutlich unterschieden. Negative Emotio-

nen werden zu einem angemessenen Platz transportiert und können dort später buchstäblich links liegen gelassen werden.

- Auch bei Themen, die nur den Rahmen betreffen, sind seitliche Positionen günstig. Dies gilt beispielsweise für organisatorische Aspekte, die nur zu leicht massive Unzufriedenheit auslösen können.

„Präsentationsraum einrichten“:

Wann immer es möglich ist, schauen Sie sich Ihren Seminarraum schon einige Zeit vor dem offiziellen Beginn einmal an. Überprüfen Sie, ob die Anordnung der Stühle passend ist und einen guten und überschaubaren „Gruppenraum“ bildet. Können Sie ohne Mühe die Zentralposition einnehmen? Nicht immer stehen dazu Stühle und Tische günstig.(Nur wenn es unbedingt notwendig oder unvermeidlich ist, sollten Sie Tische zwischen sich und Ihre Teilnehmer platzieren!) Verändern Sie die Anordnung. In manchen Räumen lässt sich das nicht optimal realisieren, nutzen Sie aber die vorhandenen Möglichkeiten voll aus.

Schreiten Sie von der Zentralposition aus den ganzen Präsentationsraum ab. Wenn das Seminar anfängt, stellt er Ihre Bühne dar.

Testen Sie, wie viel Platz Sie an den Seiten haben. Lässt sich die Klärungsposition bequem einrichten? Weichen Sie nur zur Not auf die andere, von den Teilnehmern aus gesehen rechte Seite aus.

Machen Sie sich mit der Zeitachse vertraut. Bleibt der Zukunft genug Raum? Platzieren Sie eine Flipchart oder Pinnwand auf diese Seite. Auf ihr wird später den Teilnehmern angekündigt, was an Neuem auf sie zukommt.

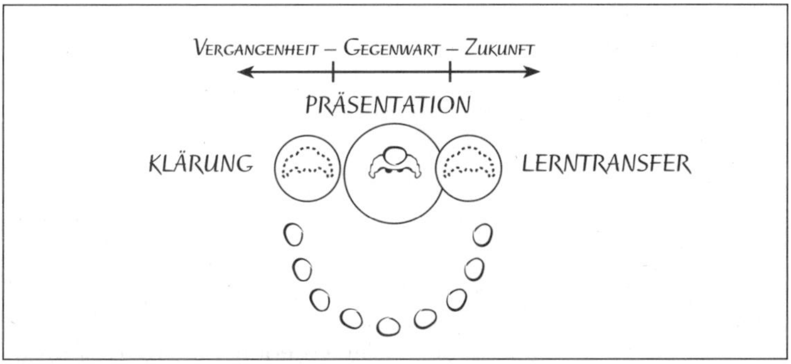

> **Tipp:** Seien Sie sparsam mit der Zahl der Raumpositionen. Zu Beginn reichen in der Regel zwei: der zentrale Präsentationsraum sowie eine Klärungsposition. Alle weiteren Positionen können Sie später im Verlaufe des Trainings festlegen und einrichten.

Chance zum Neubeginn: Je länger ein Training oder eine Moderation dauert, desto schwieriger wird es, die Positionen auf Dauer immer ganz klar und sauber voneinander abzugrenzen. Doch glücklicherweise ist das nicht weiter problematisch. Jeder neue Tag und jede neue Seminareinheit bietet in gewisser Weise die Möglichkeit eines Neubeginns. Schon das Tragen anderer Kleidung allein kann dies bewirken. Ähnlich wie die Kapitelüberschrift in einem Buch signalisiert es einen neuen Seminarabschnitt. Bringen Sie Ihren Präsentationsraum in Ordnung und richten Sie erneut klare Raumpositionen ein.

Manchmal geht fast alles schief. Sie haben die Positionen komplett vermischt und sind auf der Zentralposition in einer schwierigen Beziehungsklärung stecken geblieben. Ändern Sie vor Beginn des nächsten Seminartags oder der nächsten Seminareinheit das komplette Setting und drücken Sie dadurch gewissermaßen die Reset-Taste. Wechseln Sie die Raumseite, von der aus Sie präsentieren, sorgen Sie dafür, dass sich Ihre Teilnehmer auf andere Plätze setzen oder siedeln Sie ganz in einen anderen Raum um. Falls Sie vorher Musik zur Untermalung einsetzten, unterlassen Sie es – und umgekehrt. Sicherlich fallen Ihnen noch weitere Möglichkeiten ein.

> Denken Sie daran: Sie bekommen immer eine zweite Chance!

Zum Abschluss noch ein Tipp für Vollprofis in der Arbeit mit Raumankern. Selbst wenn sich Positionen, Zustände und Kommunikationsebenen vermischt haben und durcheinander geraten sind, können Sie sogar während des Präsentierens wieder Ordnung hineinbringen.

In einem Ausbildungsseminar wurde die Abschlussprüfung besprochen. Leider versäumte ich es, dazu eine andere Raumposition einzunehmen. Wenn auch etwas mühsam, gelang es mir schließlich, die offenen Fragen zu klären. Allerdings war es, als waberte auch danach noch eine Wolke von Problem- und Stressempfinden durch den Raum. Ich sprach das in der Zentralposition an und begann dann die Teilnehmer an ihre Fähigkeiten zu erinnern, auch mit schwierigen Situationen umzugehen. Ich malte diese Ressourcen weiter plastisch aus.

Schließlich zog ich daraus den Schluss, dass es den Teilnehmern ein Leichtes sein werde, die Ängste und Befürchtungen klein zu halten und sie erst mal auf die Seite zu schieben und links liegen zu lassen. Währendessen bewegte ich mich allmählich von den Teilnehmern aus gesehen nach links und verwies zusätzlich noch gestisch die Problemgefühle auf ihren Platz. Anschließend kehrte ich auf die Zentralposition zurück und konnte das Training fortsetzen. Das Gruppenklima war bereinigt und rasch machte sich wieder eine optimistische Stimmung breit.

Der methodische Werkzeugkoffer für Moderations- und Trainingsprozesse

Für die Praxis gut gerüstet sein – die Phasen der Moderation zielorientiert und integrativ einsetzen

Überall dort, wo Veränderungsprozesse oder auch Change Management angesagt sind, steigt die Nachfrage nach Moderation. Und Moderationsprozesse erfordern methodisches Rüstzeug. Ähnlich wie ein Installateur, der zu einem Schadensfall gerufen wird und die richtigen Werkzeuge dabei haben sollte, geht es uns auch in Moderation und Training. Der Installateur kann, wenn er gut ist, seine Zangen und Schraubendreher geschickt einsetzen. Es gibt aber auch Situationen, da muss er seine „Werkzeuge" entfremden und eine Zange vielleicht auch mal als Schlagwerkzeug benutzen.

In vielen Moderations- und Trainingsprozessen haben wir festgestellt, dass eine gute Konzeption mit einer zielgerichteten Auswahl der Methoden sehr nützlich ist. Aber auch wenn die Vorbereitung noch so gut ist, sind innovatives und spontanes Agieren und Reagieren wichtig für den erfolgreichen Verlauf einer Veranstaltung. Mittlerweile kann der Werkzeugkoffer nicht groß genug sein, um für Probleme gut gerüstet zu sein. Vermutlich wegen der Balance haben wir uns einen zweiten Werkzeugkoffer zugelegt. Er wird gebraucht. Gleichzeitig dürfen die Werkzeuge aber auch nicht verstauben und sollten häufig in die Hand genommen werden. Erst durch regelmäßige Anwendung können wir die „Werkzeuge" gut handhaben.

Bei einer Moderation ist es nicht damit getan, erwartungsvoll in die Runde zu blicken und das Wort zu erteilen. Entscheidend ist, dass der Moderationsprozess zielgerichtet durch Fragen unterstützt, die Beiträge der Teilnehmer wertschätzend in das Gesamtgefüge integriert und zu einem Ergebnis zusammengefügt werden.

Bei einem Training ist es ebenfalls nicht damit getan, sein Programm so abzuspulen, dass man eine Folie nach der anderen auflegt und die Inhalte vorträgt, ohne die Erwartungen der Teilnehmer zu berücksichtigen. Vielmehr muss der Trainer den Rahmen so initiieren und gestalten, dass individuelle Veränderungsprozesse für die Teilnehmer möglich werden.

Nachfolgend finden Sie für Ihre Moderations- und Trainingsprozesse in kurzer Zusammenfassung weitere **methodische Anregungen** zum Thema: „Moderation und Training … oder die Kunst des Jonglierens". Es handelt sich um unterstützende methodische Aspekte, die ergänzend zu den bisherigen Methoden eingesetzt werden können.

Bei der Auswahl der Methoden ist bewusst kein Unterschied zwischen Trainings- und Moderationsprozessen gemacht worden, da es sehr häufig zu einer Vermischung zwischen beiden Prozessen kommt.

Viel Spaß und Freude beim innovativen Gestalten!

Die Phasen der Moderation

Gestaltung des Rahmens

- Stuhlkreis oder Tische
- Blumenschmuck als atmosphärische Unterstützung
- Getränke
- Bilder als Ablenkung oder inhaltlicher Bezug
- Gegenstände zum assoziativen Arbeiten

- Medieneinsatz: Flipchart; Pinnwände; Overhead-Projektor; Beamer; Video- und Fernsehgerät

Der Beginn vor dem Start

- Gruppenspiegel auf einer Pinnwand (Name, Vorname, Welche Erwartungen habe ich?; Was könnte ich noch an „Know-how" gebrauchen? Was ist mir noch wichtig?
- Beim Eintreten in den Veranstaltungsraum erhält jeder Teilnehmer ein Getränk und wird eingeladen sich einzutragen; lockeres Gespräch; Start im Stehen

Die Einstiegssituation (häufig auch Kennenlernphase)

- Visualisierte Fragen (Name, Wohnort, Beruf, Hobbys, Erwartungen) am Flipchart in Verbindung mit einem Partnerinterview oder einem Gespräch in einer Kleingruppe; Zeit: je nach Fragenumfang und Dauer der Veranstaltung ca. 5–8 Minuten
- Erweiterung durch gegenseitiges Vorstellen der Partner; bei Kommunikationstrainings auch vor der Gruppe
- Bei Gespräch in der Kleingruppe anschließend kurze Zusammenfassung der Ergebnisse des Austausches in der großen Gruppe
- Die Geschichte meines Namens: Die Teilnehmer erzählen zu Beginn der Veranstaltung das, was sie über ihren Vor- und Zunamen wissen (bei fortlaufenden Veranstaltungen gut geeignet).
- Stimmungsbarometer: Meine Stimmung heute Morgen? Jeder Teilnehmer trägt seine Stimmung/sein Befinden/seine Wünsche auf einer Skala ein; anschließend kann sich, muss sich aber nicht dazu geäußert werden. Ziel: Klärung schaffen und einen Beziehungsrahmen setzen; Teilnehmer fühlen sich ernst genommen und in ihren Bedürfnissen berücksichtigt.

Themen und Inhalte sammeln

- Brainstorming: Die Beiträge der Teilnehmer werden ohne Bewertung am Flipchart, an der Pinnwand gesammelt und visualisiert.
- Brainwriting: Die Teilnehmer schreiben oder zeichnen aufgrund einer oder mehrerer vorgegebener, verbalisierter oder visualisierter Fragestellungen ihre Überlegungen auf ein Flipchart-Papier (Nutzung der Potentiale der rechten und linken Gehirnhälfte) und präsentieren es anschließend.
- Kartenabfrage: Die Teilnehmer schreiben ihre Gedanken aufgrund einer verbalisierten oder visualisierten Frage auf; auf eine Karte einen Begriff; wichtig für spätere Strukturierung und weitere Bearbeitung

Themen und Inhalte auswählen

- Punktbewertung: Jeder Teilnehmer erhält halb so viele Punkte, wie The-

men gesammelt wurden, und darf nach persönlichen Prioritäten mit maximal zwei Punkten je Thema werten.
- Strichbewertung: Gleiches Verfahren mit Textmarker
- Beide Verfahren am Flipchart (für die Gruppe sichtbar/nicht sichtbar)
- Abfrage durch Zuruf

Themen und Inhalte bearbeiten
- Moderierte Diskussion zum Thema/Inhalt; Ergebnis visualisieren
- Gruppenarbeit ohne Vorgabe der Methode (wichtig: visualisierte Fragestellung; Zeitvorgabe; Ergebniszusammenfassung)
- Gruppenarbeit mit Vorgabe der Methode und Aufforderung zur Visualisierung
- Zwei-Felder-Methode (Problem/Lösung)
- Problem-Lösungsschema
- anschließende Präsentation der Gruppenergebnisse
- Präsentationsform vorgeben oder kreative Gestaltung durch die jeweilige Gruppe

Maßnahmen planen und Ergebnis festhalten
- Gesamtergebnis visualisieren
- **Wer** setzt **was** bis **wann** um und wird gegebenenfalls **von wem** unterstützt bzw. kontrolliert
- Konkrete weitere Verfahrensweise festlegen
- Welche Punkte sind erledigt, welche sind noch nicht bearbeitet und wie geht es weiter?
- Wer ist über die Ergebnisse zu informieren – von wem und auf welche Art und Weise?
- Wie geht es weiter? – Erwartungen/Ausblick

Prozessgestaltung:
- Die Rolle des Moderators herausstellen: Der Moderator ist für die Methode und den Ablauf, die Gruppe für den Inhalt zuständig.
- Die Rolle des Trainers klären: Der Trainer initiiert den Rahmen, in dem individuelle Lern- und Veränderungsprozesse ermöglicht werden.
- Für unterstützende Visualisierung sorgen
  - Aussagen von Teilnehmern ohne Bewertung visualisieren
  - dadurch wird Wertschätzung der Teilnehmer erreicht
  - gleichzeitig nachhaltige Impulse für andere Teilnehmer und den weiteren Prozess.
- Für konkrete Aussagen sorgen
  - Bewusste Wahrnehmung der Aussage mit allen Sinnen
  - das Wahrgenommene anschließend durch Fragen konkretisieren: Was meinen Sie konkret? Ist für alle deutlich und verständlich?

- Das ist sehr abstrakt … können Sie das konkretisieren?

- Rapport(→ Glossar) herstellen und halten: Wertschätzung der Teilnehmer „kontrollieren“, ausgleichend und lenkend mit Unterstützung von Fragen eingreifen.
- Hintergründe aufdecken und Zusammenhänge klären
  - Lässt der körperliche Gesamteindruck (Physiologie) darauf schließen, dass ein Teilnehmer nicht in ressourcevollem Zustand ist, sollten Fragen zur Aufklärung beitragen.
  - Moment! Ist der Zusammenhang für alle deutlich? Um was geht es konkret? Haben Sie ein Beispiel dafür? Für mich ist das noch nicht eindeutig, wie ist das für die anderen?
- Zum Thema zurückführen
  - Ist das noch Bestandteil des Themas?
  - Die Frage lautet: !
  - Ist die derzeitige Diskussion wichtig für unser Thema?
- Vielredner einbeziehen, aber auch anderen Personen Gelegenheit zur Meinungsäußerung geben
  - Geben Sie auch den anderen beteiligten Personen Raum sich zu äußern. Beispiel: O.k. Herr/Frau X hat ihre Meinung umfassend dargestellt, gibt es andere Überlegungen und Meinungen?
  - Ja. Gut. Gibt es andere Meinungen? Vielleicht gibt es auch andere Beiträge?
- Wortmeldungen wahrnehmen und zuteilen
  - Berücksichtigen Sie alle Meldungen.
  - Sprechen Sie Teilnehmer mit Namen an; notfalls fragen Sie nach, eine größere Wertschätzung können Sie anderen Menschen in der Situation nicht zuteil werden lassen.
  - Notieren Sie die Namen und arbeiten Sie die Warteliste ab.
  - Sollte eine Überforderung aufgrund der Vielzahl der Meldungen eingetreten sein, artikulieren Sie diese! Bitte, welche Meldung ist noch aktuell? Wer hatte sich gemeldet? Ich weiß nicht mehr, wer sich gemeldet hatte.
  - Offenheit bringt Entlastung und zeigt, dass Sie mit der Situation selbstbewusst umgehen können.
  - Intervenieren Sie nicht sofort.
  - Lassen Sie sich Diskussionen auch mal entwickeln … stellen Sie Ihre Zurückhaltung aber heraus, sonst registrieren die Teilnehmer ein Führungsvakuum und werden verunsichert.
- Zurückhaltende Gesprächsteilnehmer aktivieren
  - Gibt es noch andere Meinungen?

- Gehen Sie dabei einen Schritt auf die sich zurückhaltenden Personen zu – oder im Sitzen: Nehmen Sie Blickkontakt auf und zeigen Sie bewusst auf die sich zurückhaltende Person. Stellen Sie jedoch an der Physiologie fest, dass eine Meinungsäußerung in keinem Fall gewollt ist, nehmen Sie wertschätzend Abstand. Der Versuch war es wert! Auch die Wertschätzung hat ihre Wirkung.

Schluss-Situationen

Am Ende ist noch lange nicht Schluss: Wie und wann geht es wo weiter?

- Feedback
- Blitzlicht

8.3 Wirkungsvolle Sprachmuster einsetzen

Training, Moderation und Präsentation hängen eng mit Sprache zusammen. In diesem Abschnitt behandeln wir einige wirkungsvolle Sprachmuster, die ursprünglich aus der Hypnotherapie stammen, jedoch auch in anderen Anwendungsgebieten einen erheblichen Nutzen aufweisen.

Um Begriffe wie „Hypnose" oder „hypnotische Kommunikation" ranken sich Befürchtungen und Vorurteile. Daher wollen wir einige dieser Vorurteile und Missverständnisse ausräumen. Danach wenden wir uns der Frage zu, was hypnotische Muster überhaupt bewirken und wozu sie dienlich sein können. Anschließend stellen wir vier hypnotische Sprachmuster vor, die für den Trainingskontext besonders geeignet sind.

Falls Sie sich bisher kaum mit diesem Thema beschäftigt haben, empfehlen wir Ihnen, sich zunächst nur die ersten beiden Muster, Preframe und Yes-Set, anzueignen. Beide sind einfach zu erlernen und sofort anwendbar. Anders verhält es sich mit den Mustern, die aus Vorannahmen und mit Hilfe der „Nicht-Sprache" gebildet werden. Sie erfordern etwas mehr Übung und Erfahrung, bis sie ganz selbstverständlich in Ihre Rede mit einfließen. Doch selbst mit wenig Vorerfahrung kann Ihnen die Lektüre der entsprechenden Seiten Appetit machen, sich intensiver damit zu beschäftigen.

Bei den vorgestellten Sprachmustern bietet es sich förmlich an, sie auch in den Text mit einzuflechten. Zuweilen mag Ihnen das etwas ungewöhnlich erscheinen, denn bei hypnotischen Sprachmustern handelt es sich in der Regel um gesprochene Sprache, nicht um Schriftsprache. Betrachten Sie es einfach als Anschauungsmaterial. Manchmal haben wir die entsprechenden Sprachmuster ausdrücklich gekennzeichnet, manchmal weisen wir erst im Nachhinein darauf hin.

Ist Hypnose wirklich so gefährlich? Über Hypnose und hypnotische Kommunikation existieren eine Menge stereotyper und meist falscher Vorurteile. Viele befürchten, „unter Hypnose“ (Welch grandiose Formulierung!) würden sie ihren freien Willen beim Hypnotiseur abgeben, ähnlich wie den Mantel an der Garderobe. Von der Vorstellung, dass der Hypnotiseur dann mit dem „hypnotisierten Subjekt“ machen kann, was er will, geht eine ambivalente Faszination aus. Als ich noch als Hypnotherapeut arbeitete, kamen regelmäßig Klienten zu mir. In der Hoffnung auf ein Wunder baten sie mich, ich möge ihnen gewissermaßen den Kopf ausschalten. Sie erwarteten, nach der Hypnose oder der Trance aufzuwachen und all ihre Probleme wären für immer gelöst. Meine Botschaft enttäuschte diese Klienten meist: „Sie müssen Ihre Probleme schon selbst lösen und am besten dazu auch Ihren Kopf benutzen!“

Genährt werden die wilden Fantasien vor allem durch Showhypnose auf der Bühne. Was geschieht da nicht alles mit den armen Leuten! Wir glauben hingegen, dass diese Effekte nur sehr wenig bis gar nichts mit der Hypnose selbst zu tun haben. Zappen Sie sich einen Nachmittag lang durch die unsäglichen Talk-Shows im Fernsehen: Dort blamieren und entblößen sich die Menschen freiwillig vor aller Augen, mit offensichtlich großem Behagen und bei vollem Bewusstsein, egal wie peinlich das auch ist.

Mit anderen Worten: Menschen, die so etwas mit sich machen lassen, **wollen** auch, dass es mit ihnen geschieht. Menschen, die das nicht wollen, tun es auch unter Hypnose nicht. Für diese Bereitschaft wurde in der Hypnotherapie der Begriff „Reaktionsbereitschaft“ geprägt. Wenden wir hypnotische Sprachmuster in

Training oder Moderation an, geht es uns einzig und allein darum, die vorhandene Reaktionsbereitschaft zu wecken und zu aktivieren. Falls keine vorhanden ist, verpuffen unsere Bemühungen wirkungslos.

Hypnotische Techniken und Sprachmuster machen Menschen keinesfalls gefügiger oder manipulierbarer. Eher scheint das Gegenteil der Fall zu sein: Menschen sind bei vollem Wachbewusstsein leichter zu manipulieren. Wir sind der Auffassung, dass hypnotische Kommunikation lediglich nützliche Rahmenbedingungen und Voraussetzungen für erwünschte Veränderungen und Lernprozesse schaffen kann.

Wie wirken hypnotische Sprachmuster? Hypnotische Zustände sind wesentlich durch die Fokussierung der Aufmerksamkeit gekennzeichnet. Dabei handelt es sich im Grunde um nichts anderes als um Konzentration. Bestimmt erinnern Sie sich an Situationen, in denen Sie so voll konzentriert bei der Sache waren, dass Sie kaum mehr wahrnahmen, was um Sie herum vorging. Selbst wenn Sie in diesem Zustand von jemanden angesprochen wurden, gaben Sie bestenfalls eine automatisierte Antwort und registrierten erst später, um was es dabei überhaupt ging. Ihre eigene Erfahrung zeigt, dass hypnotische Zustände im Grunde alltägliche Erfahrungen darstellen, die sich häufig spontan einstellen.

Diese Fokussierung der Aufmerksamkeit ist für den Trainings- und Moderationskontext extrem nützlich, hier nennt man es aber schlicht und einfach „konzentriertes Arbeiten und Lernen“.

Vieles kann Ihre Teilnehmer davon abhalten, sich auf das Seminarthema zu konzentrieren, angefangen mit der Frage, was hier wohl auf sie zukommen wird, über die Befürchtung, von der Gruppe nicht akzeptiert zu werden, bis hin zu Gedanken an Besorgungen, die noch zu erledigen sind, oder Bilder vom Frühstückstisch oder vom letzten Abend. Hypnotische Sprachmuster können diese „zerstreuten“ Empfindungen und Gedanken einfangen und allmählich auf das Seminarthema richten. Hypnotische Kommunikation bewirkt jedoch noch mehr: Sie vertieft das Erleben und öffnet den Zugang zu erwünschten Zuständen. Lernen ist zustandsabhängig. Wie effektiv lernen Menschen, wenn sie sich voller Versagensängste fühlen? Erleichtert ihnen gähnende Langeweile, die Seminarziele zu erreichen? Können sie Augen, Ohren und Herzen dem Lernstoff öffnen, wenn sie sich gekränkt und missachtet fühlen? Die Antwort lautet eindeutig Nein!

Vielleicht sind Sie schon mal Opfer der unbändigen Lernlust kleiner Kinder geworden: Sie haben ihnen eine Fertigkeit demonstriert und dabei Ihr junges Publikum fasziniert. Ihnen reicht dieser eine Durchgang, doch da ertönt das berüchtigte: „Noch mal!". Den erwartungsfrohen Gesichtern lesen Sie ab, dass es auch damit noch lange nicht genug ist. Was Erwachsenen nur als stupides Einpauken oder Exerzieren erscheint, erleben Kinder äußerst lustvoll. Der Drang nach Wiederholung, nach üben und „noch mal" üben, ist eine weise Einrichtung der Natur. Wenn wir als Erwachsene so viel zu lernen hätten wie kleine Kinder, wir würden morgens die Bettdecke über den Kopf ziehen und hoffen, dass der Tag vorübergeht, ohne uns zu entdecken! Zum Glück ist es jedoch auch uns Großen vergönnt, Spaß am Lernen zu haben und Neuem entgegenzufiebern. Hypnotische Kommunikation kann uns einladen, den Zustand kindlicher Neugier und Freude wieder zu aktivieren. Wohlgemerkt: Hypnotische Muster können uns nicht dazu zwingen, dass es uns gut geht. Genauso wenig können wir Sie zwingen, hypnotische Kommunikation als etwas Hilfreiches, Respektvolles und sehr Nützliches anzusehen. Bestenfalls können wir Sie neugierig darauf machen, wie diese Muster funktionieren.

Preframes

So angenehm und hilfreich hypnotische Zustände auch sein mögen, die Begriffe, die sie beschreiben, wirken oft sperrig und fremd. Es ist auch nicht sicher, ob Ihnen die Muster unmittelbar einleuchten. Fragen und Zweifel tauchen auf und das eine oder andere mag Ihnen verwirrend oder unverständlich vorkommen. Im Grunde sind das erfreuliche Reaktionen, denn so können Sie am besten herausfinden, was für Sie besonders nützlich ist und welche Muster Sie anwenden wollen.

Was bedeutet nun der Begriff „Preframe"? Am einfachsten lässt sich ein Preframe als Störungsprophylaxe und die Vorwegnahme von Einwänden definieren. Indem potentielle Störungen vorher angekündigt werden, nehmen diese Preframes ihnen den Wind aus den Segeln. Wenn die angekündigten Ereignisse dann eintreten, haben sie ihre störende Kraft verloren. Als normale Begleiterscheinungen gehören sie einfach mit dazu und das Training kann ohne Sand im Getriebe wie geschmiert weiterlaufen.

Der beste Zeitpunkt für ein Preframe liegt **vor der jeweiligen Trainingseinheit**. Versetzen Sie sich in die Lage der Teilnehmer: Im Verlauf eines Trainings oder einer Moderation werden sie immer wieder gehörig herausgefordert. Statt passiv zu konsumieren, sollen sie sich die Themen aktiv erarbeiten. Einige Teilnehmer fürchten, ihr Gesicht zu verlieren, und scheuen Risiko und Fehler. Viele Seminare sprengen auch den Rahmen der alltäglichen Erfahrung und wirken auf den ersten Blick schlicht merkwürdig und ungewohnt.

Unsicheres Terrain veranlasst viele Teilnehmer, sich zunächst defensiv zu verhalten und nicht gleich aus der Deckung hervorzukommen. Seminare muten Teilnehmern also einiges zu und bringen sie zuweilen an ihre Grenzen. Ohne entsprechende Rahmung ruft das Widerstände hervor. Mit Preframes sprechen Sie vorher genau die Phänomene an, die unangekündigt zu Störungen und Widerständen führen können.

Viele Übungen leben vom Überraschungseffekt. Würden die Teilnehmer den Sinn von Anfang an durchschauen, verlöre so manche Übung einen großen Teil ihres Lerneffekts. Diese notwendige Ungewissheit schmälert jedoch die Bereitschaft der Teilnehmer, sich auf den Übungsprozess einzulassen. Sie reagieren irritiert und fragen sich, was das denn soll. Beugen Sie dem vor, indem Sie genau das vorher ankündigen: „Im Verlauf der Übung kann es vorkommen, dass Sie sich fragen, was denn der Sinn des Ganzen sei. Das ist völlig normal. Lassen Sie sich trotzdem darauf ein. Im Anschluss an die Übung werden wir alles auflösen und das Geheimnis lüften." Die Übung startet und tatsächlich fragen sich die Teilnehmer nach einiger Zeit, was das Ganze soll. Doch da erinnern sie sich an Ihre Ankündigung. Für einen Moment nicht zu wissen, was den Sinn der Übung ausmacht, wird nicht als Zeichen dafür angesehen, dass die Übung falsch ausgeführt wird oder dass sie wirklich sinnlos ist. Die Teilnehmer wissen sich weiterhin auf Kurs und können sich leichter der Übung und dem Trainer anvertrauen, gemäß dem Motto: „Er wird sich schon etwas dabei gedacht haben."

Preframes sind eine der elegantesten Methoden, dem „Ja, aber" der Teilnehmer zuvorzukommen. Sie wandeln potentielle Einwände in ein „Aber ja!" um. Widerstände schmelzen dahin. Preframes vermitteln Sicherheit, auch ohne dass man den genauen Inhalt preisgeben muss. Eine Ankündigung wie: „Es ist gut möglich, dass Sie zuweilen merkwürdige und seltsame Erfahrungen bei der nächsten Übung machen werden", lässt den Spielraum völlig offen, *welche* seltsamen Erfahrungen gemacht werden. Wenn ein Teilnehmer dann tatsächlich seltsame Dinge fühlt, weiß er, dass es „normal" ist, und ist beruhigt. Er braucht nicht aus der Übung auszusteigen, sondern bleibt im Boot und kann so optimalen Nutzen aus dem Prozess oder der Übung ziehen.

Hinzu kommt ein weiterer positiver Effekt: Preframes benötigen nur wenig Zeit und sind einfach zu gestalten und anzuwenden.

Preframes planen und konstruieren

Preframes entfalten ihre volle Wirkung, wenn sie gut geplant und vorbereitet sind.

- Ermitteln Sie zunächst potentielle Schwierigkeiten und Einwände:
  - Überlegen Sie sich die einzelnen Schritte der nächsten Trainingseinheit.
  - Versetzen Sie sich nun in die Position der Teilnehmer. An welchen Stellen könnten Schwierigkeiten auftreten?
  - Verschärfen Sie das und versetzen Sie sich in die Position verschiedener „schwieriger Teilnehmer". Welche Einwände kommen dem „Kritiker"? Was könnte die Ängstlichen verunsichern? Wo könnte der Bedürftige einen Mangel an Bestätigung erleiden?

- Nutzen Sie Ihre bisherigen Erfahrungen mit dieser Einheit: Welche Schwierigkeiten sind dabei in der Vergangenheit aufgetreten?
- Listen Sie auf, welche von Ihnen erwünschten und mit eingeplanten „Schwierigkeiten" Teil der Übung sind.
- Formulieren Sie in einem zweiten Schritt einleitende Sätze, die diese Einwände vorwegnehmen:
  - Benutzen Sie Formulierungen, die diese Einwände als Möglichkeiten darstellen. Also nicht: „Es wird irritierend werden", sondern: „Möglicherweise kann es zu Irritationen kommen."
  - Verknüpfen Sie die Ereignisse, die Sie vorankündigen, mit positiven Bewertungen: „Es ist dabei völlig normal, wenn Sie sich während der Übung etwas verunsichert fühlen."
  - Beschreiben Sie eher Prozesse und weniger spezifische Inhalte.
  - Benutzen Sie immer wieder die Du-Position (→ Glossar) und formulieren Sie das Preframe aus der Sicht des Teilnehmers: „Möglicherweise werden Sie sich zu Beginn fragen, was soll das Ganze …"

Besonders elegante Preframes gelingen Ihnen, wenn Sie ab und zu auch die Nicht-Sprache (→ Glossar) mit einflechten (siehe weiter unten). Verwenden Sie anstelle von: „… und es kann auch anstrengend werden", besser „… und es kann auch sein, dass es Ihnen nicht immer leicht fällt."
Sie sollten die Nicht-Sprache jedoch nicht überstrapazieren. Benennen Sie potentielle „negative" Erfahrungen direkt und ohne Umschreibung, werden sie kaum mehr negativ empfunden, wenn sie tatsächlich auftreten.

> **Tipp:** Formulieren Sie Ihre Preframes schriftlich. Vollständige Sätze sind besser als pure Stichpunkte. Sie stellen dadurch sicher, dass Sie die Sprachmuster exakt anwenden. Wenige Sätze reichen ja aus. Und scheuen Sie sich nicht davor, Preframes auswendig zu lernen! Gönnen Sie sich diese Hilfsmittel. Sie erleichtern es Ihnen, sich in einen guten und sicheren Zustand zu versetzen. Das ist doppelt gut, solange Ihnen Preframes noch nicht völlig vertraut sind.

Mögliche Probleme bei der Anwendung von Preframes: Preframes bergen die Gefahr, schlafende Hunde zu wecken. Denken Sie an den Beipackzettel eines Medikamentes. Vorher fühlt man sich voller Zuversicht, dann wird einem beim Lesen ganz mulmig angesichts der ganzen Palette an Risiken und Nebenwirkungen. Wenn Sie ähnliche Reaktionen bei Ihren Teilnehmern befürchten, sollten Sie als erstes abwägen, wie es sich auswirken würde, wenn Sie die potentiellen Störungen *nicht* ansprächen und sie dennoch aufträten. Erscheint Ihnen das nicht besonders problematisch, lassen Sie den Preframe einfach weg. Gelangen Sie jedoch zu dem Schluss, dass Sie dieses Risiko nicht eingehen wollen, beachten Sie folgende Strategien:

- Achten Sie akribisch darauf, die Preframes besonders knapp und kurz zu formulieren. Machen Sie sich dafür unbedingt schriftliche Notizen.
- Sprechen Sie die befürchteten Phänomene nicht direkt an, sondern verwenden Sie konsequent die Nicht-Sprache (→ Glossar).
- Wenn Sie sich dennoch direkt auf die potentielle Störung beziehen wollen, beschreiben Sie diese ausschließlich in sehr vagen und allgemeinen Begriffen

Grundsätzlich gilt: Werden Sie nicht zum Vielredner bei Preframes. Sie wirken am besten, wenn sie präzise und knapp eingesetzt werden. Andernfalls werden Ihre Teilnehmer ziemlich ungeduldig oder verunsichert reagieren.

Yes-Set

Im Grunde wirkt ein Yes-Set wie ein Wecker – nur meist viel angenehmer. Mit einem Yes-Set zielen wir darauf ab, die noch „schlafende Zustimmung" zum Seminar und zum Thema aufzuwecken. Zu Beginn konkurriert das Engagement für und das Interesse am Seminar mit einer ganzen Reihe anderer Gedanken und Befürchtungen, Bedürfnissen und Zielen.

Bei einem Teilnehmer klingt noch der Ärger über die zeitraubende Parkplatzsuche nach, ein anderer trauert um die verpasste Gelegenheit, den Seminartag auch anders zu gestalten. Die meisten dieser Gedanken sind für das Seminar nicht besonders nützlich oder stehen dem Erfolg sogar entgegen. Trainer brauchen „aufgeweckte" Teilnehmer. Eine Grundbereitschaft, sich am Seminar zu beteiligen, existiert bei nahezu sämtlichen Teilnehmern und sei sie noch so klein. Immerhin haben es Ihre Teilnehmer bis zum Seminarraum geschafft.

Ein Yes-Set weckt die schlummernde Zustimmung zum Seminargeschehen, indem es über eine „Ja-Straße“ zu einer zustimmenden Haltung führt. Es funktioniert jedoch nur dann, wenn eine Grundbereitschaft dafür vorhanden ist, die oben erwähnte „Reaktionsbereitschaft“. Wenn nichts da ist und kein Ja im Verborgenen schlummert, dann kann auch nichts geweckt werden.

Ideal lässt sich ein Yes-Set zu Beginn einsetzen, unabhängig davon, ob es sich um ein Training, ein Meeting, eine Konferenz, ein Verkaufsgespräch handelt oder ob Sie ein Coaching eröffnen wollen.

Zusätzlich besitzen Yes-Sets einen weiteren großen Vorteil: Sie benötigen keinerlei Extrazeit! Stellen Sie sich einen Trainer vor, der das Seminar mit den Worten beginnt: „Unser Thema ist Aktives Zuhören. Unter Aktivem Zuhören verstehen wir …“ Sie würden sich sicherlich überrumpelt und überfahren fühlen. Wir beginnen ein Training oder eine Moderation *immer* mit einigen allgemeinen und einführenden Sätzen. Etwas Smalltalk zum Anwärmen vermeidet einen abrupten Kaltstart, mit dem ein Seminar nur sehr stotternd ins Laufen käme. Verknüpfen Sie Smalltalk mit Yes-Sets, kann man mit Recht über den Smalltalk sagen: Klein, aber oho!

Wie ist nun ein Yes-Set aufgebaut? Jedes Yes-Set besteht aus einer Verknüpfung zweier Aussageklassen:
- verifizierbare Aussagen und
- Prozessinstruktionen

Als verifizierbar bezeichnen wir jene Aussagen, die augenscheinlich wahr sind und denen zugestimmt werden muss. Im Rahmen eines Yes-Sets sprechen diese verifizierbaren Aussagen meist ganz simple Ereignisse an, die gerade stattfinden oder stattgefunden haben.

Eine Aussage wie: „Sie befinden sich hier in diesem Raum“, kann von keinem Teilnehmern eines Trainings oder einer Konferenz bestritten werden. Sie muss bejaht werden, alles andere wäre absurd. Ja-Aussagen drücken schlichte Sachverhalte aus. Je konkreter und einfacher, desto besser. Ereignisse im Vorfeld des Trainings können ebenfalls genutzt werden, z. B.: „Mit einigen von Ihnen hatte ich bereits telefonisch Kontakt."

In der NLP-Terminologie werden verifizierbare Aussagen auch „Pacing-Aussagen" (→ Glossar) genannt, da sie sich dem Erleben der Teilnehmer angleichen und ihm nicht widersprechen. Der Kunstgriff eines Yes-Sets besteht nun darin, mehrere Pacing-Aussagen hintereinander anzubieten, bevor es zu einer Leading-Aussage (→ Glossar) kommt. Die Leading-Aussage oder Prozessinstruktion spricht dann das erste Mal das an, was aufgeweckt werden soll - ein erwünschtes Ergebnis, sich etwa voller Engagement und Elan am Seminar zu beteiligen.

Das Yes-Set beginnt mit einer ersten Pacing-Aussage und die Teilnehmer stimmen ihr zu, was Sie meist einem leichten und unwillkürlichen Kopfnicken ablesen können. Auch die nächsten zwei bis drei Pacing-Aussagen stoßen auf keinerlei Widerstand von Seiten der Teilnehmer.

Nun schließt sich eine Aussage an, die eine Behauptung oder einen Wunsch enthält. Da die Teilnehmer Ihnen bereits mehrfach zustimmen konnten, wird meist auch diese Aussage - die Leading-Aussage - zumindest vorläufig wohlwollend aufgenommen.

Besonders unwiderstehlich wird ein Yes-Set, wenn Sie Verbindungsworte wie „und" oder „während" benutzen, um von den Pacing-Aussagen zur Leading-Aussage überzuleiten: „... und so können wir voller Elan an das Thema herangehen."

Noch stärker werden die Ja-Aussagen mit den Prozessinstruktionen verknüpft, wenn in den Verbindungsworten etwas Kausales mitschwingt.

- „Pacing-Aussagen ... und daher bin ich mir sicher, dass Sie neugierig darauf geworden sind, welche Möglichkeiten noch in einem Yes-Set stecken." (Leading-Aussage)
- „Pacing-Aussagen ... und deswegen wird es uns leicht fallen, das an sich nicht ganz leichte Thema zu bearbeiten." (Leading-Aussage)
- „Pacing-Aussagen ... und somit gehe ich davon aus, dass wir kreative und konstruktive Lösungswege finden werden." (Leading-Aussage)

Ein Yes-Set konstruieren

- Sammeln Sie im ersten Schritt verifizierbare Sachverhalte und Umstände. Wichtig ist, dass sie unbedingt der Sicht der Teilnehmer entsprechen.
- Formulieren Sie eine oder maximal zwei Leading-Aussagen. Diese sollten Ihr Prozessziel enthalten.
- Konstruieren Sie nun ein komplettes Yes-Set, bestehend aus drei bis fünf Pacing- und einer bis maximal zwei Leading-Aussagen. Überlegen Sie sich, wie Sie die Pacing-Aussagen mit der Leading-Aussage verknüpfen wollen. Schreiben Sie Ihr Yes-Set nieder.
- Lernen Sie so lange Yes-Sets auswendig, bis Sie sich absolut sicher fühlen, jederzeit ein Yes-Set aus dem Stand formulieren zu können.

Das Wichtigste: Halten Sie in jedem Fall Ihr Yes-Set kurz und knapp.

Sprechen Sie eine endlos lange Liste an sich banaler Dinge an, werden Ihre Teilnehmer schnell ungeduldig.

Tipp für Profis: Sie können Ihr Yes-Set auch als diagnostisches Instrument nutzen. Achten Sie auf die Physiologien (→ Glossar) der Teilnehmer, während Sie sprechen. Unwillkürliches Kopfnicken Ihrer Teilnehmer deutet darauf hin, dass sie sich auf den Prozess einlassen werden, zumindest im Moment. Nehmen Sie jedoch Reaktionen wahr, die sich nicht mit den Aussagen decken, sollten Sie sich auf Einwände und verdeckte Wünsche und Ziele Ihrer Teilnehmer einrichten.

Als Vollprofi könnten Sie das auch noch indirekt ansprechen: „… und möglicherweise wissen einige von Ihnen noch gar nicht so recht, was ihnen dieses Training überhaupt bringen soll."

Nicht-Sprache

Das Thema dieses Abschnittes ist nicht ganz einfach. Allerdings brauchen Sie nicht gleich mit allem vollständig vertraut zu sein, um einiges schon bald in Ihren Seminaren nutzbringend anwenden zu können.

Die Kernbotschaft dieses Abschnitts ist einfach und klar: Gehen Sie als Trainer achtsam mit dem Wörtchen „nicht" um.

Wir meinen nicht, dass Sie „nicht" nicht ansprechen sollten! Ein „nicht" an der richtigen Stelle kann äußerst nützlich sein. Umgekehrt kann ein „nicht" zum falschen Zeitpunkt erhebliche Probleme aufwerfen. Dies besitzt seine Ursache darin, dass der kognitive Prozess des Verneinens komplexer ist als der des Bejahens.

Exkurs: „Das Unterbewusstsein kennt das Nicht nicht." Vielen leuchtet diese Aussage auf Anhieb ein, und dennoch ist sie falsch bzw. nicht richtig. Als Beleg werden meist Sätze wie „Denke nicht an einen blauen Elefanten" angeführt. Und in der Tat: Unwillkürlich muss ich an einen blauen Elefanten denken. Wie steht es aber nun mit einschränkenden Glaubenssätzen wie: „Das schaffe ich nicht!"? Könnte unser Unterbewusstes das „nicht" nicht erfassen, wäre das ja eine positive Affirmation: „Das schaffe ich!"

Leider lehrt uns die alltägliche Erfahrung etwas anderes. Der Glaubenssatz wirkt negativ, obwohl etwas Positives – das Schaffen – direkt angesprochen wird. Wie wir uns das erklären? Das, **was** wir uns vorstellen, vermag das Wörtchen „nicht" nicht zu verhindern. Es ist aber durchaus in der Lage, das **Wie** dieser Vorstellung zu beeinflussen.

Machen Sie dazu ein kleines Gedankenexperiment: Sagen Sie sich einmal „Denke an blaue Elefanten!" und dann „Denke nicht an blaue Elefanten!" Vergleichen Sie die beiden Erfahrungen. Wie hat sich die jeweilige Vorstellung eines blauen Elefanten von der anderen unterschieden? Experimentieren Sie auch mit emotional bedeutsamen Aussagen.

Vergleichen Sie die Aussage: „Ich kann das", mit der Aussage: „Ich kann das nicht", und beziehen Sie sich dabei jedes Mal auf dieselbe Tätigkeit. Wahrscheinlich wird noch deutlicher wahrnehmbar, dass das „nicht" die Art und Weise unserer Vorstellung beeinflusst. Unser Unbewusstes ist also doch ein bisschen klüger, als viele Mentaltrainer meinen, und kann das „nicht" sehr wohl aufnehmen.

Dennoch ist der Rat nach wie vor hilfreich, darauf zu achten, wann und wie wir das „nicht" verwenden.

Sie wollen Ihre Teilnehmer beruhigen und kündigen die nächste Einheit an mit: „Die Übung, die wir gleich machen werden, ist nicht schwer." Erst durch diese Formulierung lenken wir unsere Aufmerksamkeit auf „schwer" und erinnern uns, wie sich eine schwere Übung anfühlt. Auf diese Idee würden Teilnehmer gar nicht kommen, wenn Sie sagen würden: „Die nächste Übung ist recht einfach."

Achten Sie daher darauf, ob Sie tendenziell problematische Vorgänge überhaupt ansprechen wollen. Entscheiden Sie sich nur dann dafür, wenn Sie darin einen Sinn sehen und die Teilnehmer einen Nutzen davon haben.

Ersetzen Sie in allen anderen Fällen Negativ-Formulierungen durch positive. Verwandeln Sie Aussagen wie: „Sie brauchen sich keine Sorgen zu machen …", in: „Sie können sich sicher sein …" oder: „Setzen Sie sich nicht unter Druck!", in: „Erlauben Sie sich zu experimentieren!"

Die Nicht-Sprache eröffnet jedoch eine Reihe faszinierender Möglichkeiten. Ersetzen Sie „Diese Übung ist nicht schwer" durch „Diese Übung ist leicht", könnte es sein, dass Sie leichtfertig ein Versprechen geben, das Sie vielleicht nicht einlösen können. Selbst wenn Sie glauben, dass die Übung leicht ist, kann sie Teilnehmern schwer fallen. Wäre es demnach doch besser, beim Begriff „schwer" zu bleiben, um falsche Versprechungen zu vermeiden? Keineswegs! Eine Formulierung wie: „Diese Übung fällt nicht immer leicht!", **stimmt immer** und lenkt gleichzeitig die Aufmerksamkeit auf die Vorstellung von „leicht". Die Aussage ist immer richtig, unabhängig davon, ob die Übung tatsächlich leicht oder schwer fällt.

Trachten Sie daher danach, das „nicht" einzugrenzen und einzuschränken. Sagen Sie: „Die Übung ist nicht leicht", wirkt das nicht nur etwas plump, Sie können zudem falsch liegen. Nutzen Sie folgende Möglichkeiten, den Geltungsbereich der Aussage einzuschränken und verwenden Sie Formulierungen wie:

- „nicht auf Anhieb"
- „nicht immer"
- „nicht sofort"

Solche Formulierung räumen ein, dass es auch anders, und zwar in die positive Richtung gehen kann. Sie sagen damit immer die Wahrheit, was Ihre Glaubwürdigkeit weiter steigert.

Der achtsame Umgang mit dem Wörtchen „nicht" fällt Trainern nicht immer sofort leicht. Die Nicht-Sprache ist ja nur eine unter vielen Aspekten, die es im Training oder in der Moderation zu beachten gilt. Allerdings ist es nicht notwendig, dass Sie die verschiedenen Varianten der Nicht-Sprache sofort umsetzen.

Sie haben bestimmt bemerkt, dass der Satz ebenfalls die Nicht-Sprache enthält. Diese Variante eignet sich hervorragend dazu, Druck- und Stressgefühle bei Teilnehmern zu reduzieren. Wir wünschen uns alle engagierte Teilnehmer, Teilnehmer, die begierig sind, ihr Wissen und ihre Fertigkeiten zu erweitern, Teilnehmer, die alles aufnehmen und am liebsten gleich anwenden wollen.

Ein gutes Training vermittelt eine Fülle von Inhalten. Zahlreiche Nebenbemerkungen ranken sich um wenige zentrale Aussagen. Ergänzende Details und plastische Beispiele schmücken die Kernbotschaften aus und veranschaulichen sie. Alles zu behalten, ist unmöglich.

Glaubt ein Teilnehmer aber, sich alles merken und alles anwenden zu müssen, führt das zwangsläufig zur Überforderung. Die Folge ist Stress, der Lernblockaden auslöst, die wieder den Stress vermehren – und so dreht sich die Spirale weiter. Im Dickicht der Rand- und Nebenbemerkungen, der Details, Vertiefungen und Ausblicke geht die Übersicht verloren, er weiß nicht mehr, was wirklich wichtig ist und was nicht.

Nicht-Sprache hilft den Teilnehmern, Ordnung in den Wissens- und Begriffsdschungel mit all seinen Fallstricken zu bringen. Sie unterstützt die Teilnehmer dabei, zu sortieren, was wesentlich und was nebensächlich ist. Gleichzeitig reduziert sie Druck und Stress, was wiederum die generelle Aufnahmebereitschaft erhöht. Diese Anwendungsform der Nicht-Sprache ist komplexer als die bereits dargestellten und erscheint daher möglicherweise nicht ganz so leicht.

So gehen Sie vor:

- Sortieren Sie Ihren Lehrstoff:
  - Welche Inhalte sollen die Teilnehmer **unbedingt** erlernen, behalten oder umsetzen?
  - Bei welchen Inhalten ist das (noch) nicht notwendig?
- Wenden Sie die Nicht-Sprache bei den peripheren Inhalten an. Achten Sie dabei auf Folgendes:
  - Verneint wird nicht das Behalten, Merken oder Umsetzen des Inhalts an sich, **verneint wird nur die Notwendigkeit** des Behaltens, Merkens oder Umsetzens! Ungünstig wären Formulierungen wie: „Merken Sie sich nicht, dass ...", viel besser sind Aussagen wie: „Sie müssen sich nicht merken, dass ..." oder „Es ist nicht notwendig, sich dies ... zu merken."
  - Bauen Sie Vorannahmen (→ Glossar) mit ein: „Es ist nicht notwendig, sich **jetzt schon** ... zu merken. So ist es nur noch eine Frage der Zeit und letztlich unvermeidlich, sich dies zu merken.
- Nehmen Sie Zentralthemen unbedingt von der Nicht-Sprache aus und formulieren Sie diese direkt. Die Teilnehmer wissen dann genau, was sie auf jeden Fall behalten sollten. Gleichzeitig bleibt das Ausmaß überschaubar.
  Markieren Sie die zentralen Themen zusätzlich noch analog, und heben Sie sie durch Stimme, Gestik oder Visualisierung besonders hervor, dann grenzt dies schon an ein perfektes Seminar. Aber Sie wissen ja: Es ist nicht notwendig, schon von Beginn an die Kernthemen analog zu markieren.

Der eigentliche Wirkmechanismus dieser Methode beruht auf der Erlaubnis, die sie erteilt. Es handelt sich bei diesen „Sprachspielen" um weit mehr als um rein rhetorische Tricks.

Greifen wir uns zur Anschauung eine Formulierung heraus. In „Es ist nicht notwendig, sich jetzt schon zu merken ...", wird mindestens zweierlei erlaubt:

- Die Aussage enthält die Erlaubnis, sich die Informationen tatsächlich nicht zu merken. Die darin innewohnende Botschaft lautet: Du musst nicht!
- Sie erlaubt gleichzeitig, sich die Information dennoch zu

merken. Hier lautet die Botschaft: Du musst nicht, aber Du kannst!

Ginge es nur um das Nicht-Müssen, könnten auch Formulierungen wie: „Sie können das wieder vergessen“, angebracht sein. Die zweite Erlaubnis – „Sie können es sich merken, wenn Sie wollen.“ – wäre damit jedoch getilgt.

Machen Sie sich daher klar:

- Welche Erlaubnis wollen Sie erteilen (zum Beispiel vergessen dürfen)?
- Wie können Sie diese Erlaubnis in der Nicht-Sprache formulieren?

Eine Anmerkung noch zum Abschluss: Nur, wenn Sie die Erlaubnis ernst meinen, wird Nicht-Sprache voll wirksam werden. In erster Linie sorgt nicht Ihr präzise formuliertes **sprachliches Verhalten** dafür, dass Ihre Teilnehmer sich gelassen und frei von Druck der Thematik widmen können. Primär ist es die dazugehörige **innere Haltung**, die den entscheidenden Impuls liefert.

Tipp für Profis: Eine äußerst effektive und elegante Anwendung der Nicht-Sprache besteht darin, Themen und Begriffe, die erst im späteren Verlauf relevant werden, bereits jetzt im Vorfeld anzusprechen. Die Teilnehmer brauchen sie sich einfach nur anzuhören. *Milton Erickson* nannte dies auch „Ideen aussäen“. Damit bereiten Sie das Feld schon vor. Werden diese Themen und Begriffe später ausführlich behandelt, fällt es viel leichter, sie im Gedächtnis zu behalten, weil sie schon einmal unverbindlich gehört und aufgenommen wurden.

Vorannahmen

Wir wissen nicht, ob Sie schon im vorherigen Abschnitt über die Nicht-Sprache den Nutzen von Vorannahmen erkannt haben. Vielleicht ist Ihnen auch noch nicht ganz klar, für welche Situationen sich Vorannahmen besonders gut eignen. Genauso wenig wissen wir, ob Ihnen schon beim ersten Lesen dieser Sätze die darin enthaltenen Vorannahmen bewusst aufgefallen sind.

Wir können nicht ohne Vorannahmen kommunizieren, denn es werden immer bestimmte Aspekte stillschweigend vorausgesetzt, meist ohne dass sich die Kommunikationspartner dessen bewusst zu sein brauchen.

Bewusst eingesetzte Vorannahmen lenken die Aufmerksamkeit der Teilnehmer auf die erwünschten Prozessziele, und das ganz nebenbei. Vorannahmen wirken hintergründig und gerade das macht sie so effektiv. Der Trainer stellt einen Nebenaspekt in den Vordergrund, wodurch die eigentliche, auf ein Prozessziel hin orientierte Botschaft in den Hintergrund tritt. Unsere bewusste Aufmerksamkeit sieht keinerlei Anlass, die Aussage genauer zu überprüfen oder in Frage zu stellen, denn wir sind auf bewusster Ebene nahezu ausschließlich daran interessiert, was im Zentrum der Aufmerksamkeit steht.

Der erste Satz dieses Abschnittes mag uns dies verdeutlichen. Der Nebenaspekt, auf den sich der bewusste Fokus richtet, ist die Frage, ob Sie **jetzt schon** den Nutzen von Vorannahmen **erkannt** haben. Völlig selbstverständlich wird dabei vorausgesetzt, **dass die Anwendung von Vorannahmen nützlich ist**!

Natürlich werden längst nicht alle Vorannahmen einfach so geschluckt. Sie wirken bestenfalls kurzfristig, wenn sie unseren persönlichen Bedürfnissen und Einstellungen widersprechen. Der Effekt verpufft dann ziemlich schnell. Um einen tragfähigen und dauerhaften Hintergrund abzugeben, müssen die Vorannahmen mit den Werten und Überzeugungen der betreffenden Personen harmonieren.

Auch wenn wir uns wiederholen: Es geht bei der Anwendung hypnotischer Sprachmuster nicht um Tricks und schon gar nicht um Manipulation. Es geht für Sie als Trainer einzig und allein darum, den Trainingsprozess und damit den Effekt des Trainings zu optimieren und die Teilnehmer entsprechend zu unterstützen! Es kommt also auf Ihre innere Haltung an – dann wird auch Ihr Verhalten glaubwürdig, respektvoll und wirksam bei den Teilnehmern ankommen.

Vorannahmen bieten aber noch weitere Vorteile. Sie weichen einfach gestrickte Entweder-oder-Schablonen auf. Immer wieder denken wir in Entweder-oder-Kategorien. Entweder bringt mir das Seminar etwas oder nicht. Entweder kann ich mir die Inhalte merken oder nicht. Entweder fühle ich mich in der Gruppe wohl oder nicht. Auch die binären Strukturen unserer Sprache verführen uns immer wieder dazu, die feinen Zwischentöne zu überhören. Die feinen Schattierungen und Nuancen, die darin sichtbar werden, bilden die tatsächliche Situation aber viel genauer ab. Eine Denkbrille, die nur Gläser für schwarz oder weiß besitzt, bleibt dafür völlig blind.

Vorannahmen unterstützen differenziertes Wahrnehmen und Denken. Es geht nicht darum, **ob** die Teilnehmer im Seminar etwas gelernt haben, sondern ausschließlich um das **Wie** oder **Was**. Wenn mein Bewusstsein neugierig darauf ausgerichtet ist, **wann** es bemerken wird, dass ich etwas gelernt habe, erhalten auch kleine und kleinste Lernfortschritte die Chance, registriert zu werden. Damit verbunden ist die Chance, sich weiterzuentwickeln und zu wachsen. Hierin liegt auch ein Grund, warum großspurige Seminarankündigungen und das Versprechen von Wundern sich häufig als ein Schuss nach hinten erweisen. Stellt sich das versprochene Wunder nicht sogleich ein, werden viele Teilnehmer der Meinung sein, dass das Seminar rein gar nichts gebracht habe, was in der Regel nicht stimmt.

Auf den Punkt gebracht: Besonders nützlich und hilfreich erweisen sich Vorannahmen, wenn die Seminarinhalte komplex und schwierig sind und wenn Ihre Seminarteilnehmer die Anspruchslatte an sich selbst sehr hoch legen.

Vorannahmen unter der Lupe – ein Baukasten voller Wort-Werkzeuge

Vorannahmen der Zeit unterstellen, dass das Erreichen von Zielen nur eine Frage der Zeit ist. Da keiner wirklich wissen kann, was die Zukunft bringt, sind sie im Grunde nicht widerlegbar. Selbst wenn man zum gegenwärtigen Zeitpunkt etwas nicht kann, lässt sich die Möglichkeit nicht ausschließen, dass doch noch etwas daraus wird. Vorannahmen der Zeit fördern Optimismus. Sie lenken die Aufmerksamkeit weg von möglichen Misserfolgen hin zu einer positiven Zukunft.

Weiter oben haben wir empfohlen, hypnotische Sprachmuster auch schriftlich zu formulieren. Gut möglich, dass Sie dies bis jetzt noch nicht umgesetzt haben. Möglicherweise wollen Sie noch ein wenig weiter lesen, bevor Sie sich hinsetzen und selbst Vorannahmen zu Papier bringen. Vielleicht fällt Ihnen dieser Schritt leichter, wenn Sie zunächst die Muster an Vorannahmen auswählen, die Ihnen besonders liegen und gut gefallen.

Doch stöbern wir nun in unserem Werkzeugkasten. Ein Set haben wir bereits aufgefunden, die **Adverbien der Zeit**. Besonders hilfreich sind hierbei die Wörtchen „schon", „jetzt schon" und „noch". Ist Ihnen **jetzt schon** ersichtlich, wie Sie dies anwenden werden? Es ist **noch nicht** notwendig, dies sofort umzusetzen! Aber es gibt noch weit mehr. Wie wäre es mit „bevor"? Was brauchen Sie noch an Informationen, **bevor** Sie Freude am Einsatz von Vorannahmen gewinnen? Das ist noch längst nicht alles, weitere Begriffe treten zutage: „nachdem", „weiterhin", „beginnen", „beenden", „fortfahren", „bereits", „nicht mehr", „erst dann", „nicht bevor" usw. Haben Sie **bereits begonnen**, Vorannahmen schriftlich oder im Geiste zu konstruieren? Keiner zwingt Sie, **jetzt schon** selbst Beispielsätze mit den anderen aufgeführten Begriffen zu bilden. Die Wirksamkeit einer Methode hängt auch von der Dosis ab. Dieser Abschnitt konfrontiert Sie mit einer sehr hohen Dosis. Besonders dann, wenn die bewusste Aufmerksamkeit auf die Vorannahmen konzentriert ist, fühlt es sich wie eine Überdosis an. Im Trainingsalltag werden jedoch die wenigsten Vorannahmen von den Teilnehmern bewusst wahrgenommen. Selbst hohe Dosen sind für die Teilnehmer bekömmlich, vor allem dann, wenn sie mit positiven Prozesszielen verknüpft sind.

Aber auch die schlichten **Zeitformen Vergangenheit**, **Gegenwart und Zukunft** bieten uns vielfältige Gelegenheiten, Vorannahmen zu bilden. Besonders hervorheben möchten wir wieder die Zukunftsform. Eines Tages **wird** für Sie die Bildung von Vorannahmen einfach ein Teil Ihrer unbewussten Kompetenz sein. Keiner könnte mit absoluter Sicherheit urteilen, dass diese Aussage nicht wahr sei.

Noch wirksamer ist die **zweite Zukunft**, **Futur II**. Nach einem gewissen Zeitraum **werden** Sie zurückblickend feststellen, wie leicht das Erlernen der Vorannahmen **gewesen ist**. Vergangene

Ereignisse betrachten wir als real und damit glaubhaft. Der Trick hierbei ist, die Wahrnehmungsperspektive so weit in die Zukunft zu verschieben, dass aus dieser Warte die der Gegenwart nähere Zukunft bereits Vergangenheit ist. Sie liegt zwar faktisch noch in der Zukunft, wirkt aber schon so realistisch und glaubwürdig, als ob sie sich bereits in der Vergangenheit befände. Beim Thema Lerntransfer werden wir uns den Möglichkeiten, die uns das Futur II anbietet, nochmals ganz gezielt zuwenden.

Unser Werkzeugkasten enthält noch einiges mehr. Als nächstes entdecken wir die **Aufmerksamkeitsprädikate** wie „bemerken", „wissen" oder „entdecken". Haben Sie schon **bemerkt**, dass dieses Werkzeug, kombiniert mit Adverbien der Zeit wie dem Wörtchen „schon", besonders wirkungsvolle Vorannahmen bildet?

Aufmerksamkeitsprädikate unterstellen einfach, dass das Ziel bereits erreicht bzw. das Behauptete bereits vorhanden sei. Ungewiss bleibt einzig und allein, ob wir davon wissen und Notiz genommen haben.

Zu unterstellen, dass das Ziel bereist *jetzt* erreicht und vorhanden ist, charakterisiert noch einige andere Vorannahmen. (Damit sind diese Aussagen allerdings potentiell widerlegbar. Sie sind nicht so unangreifbar und immun wie die Vorannahmen, die sich auf die Zukunft beziehen.)

Da finden wir **zeitbezogene Nebensätze** vor: **Während Sie dieses lesen**, wächst die Neugier, welche weiteren Möglichkeiten existieren, Vorannahmen zu bilden. Dies zu behaupten, birgt ein gewisses Risiko, denn möglicherweise empfinden Sie keinerlei Neugier. Besser ist, diese potentiell widerlegbaren Vorannahmen mit anderen Kategorien zu „immunisieren" und unwiderlegbar zu machen. **Während Sie dieses lesen**, wächst **vielleicht** die Neugier, welche weiteren Möglichkeiten existieren, Vorannahmen zu bilden. Oder: **Während Sie dieses lesen**, wächst **vielleicht jetzt schon** die Neugier, welche weiteren Möglichkeiten existieren, Vorannahmen zu bilden. Oder: **Während Sie dieses lesen, bemerken Sie möglicherweise jetzt schon**, wie neugierig Sie auf das sind, was noch kommt.

Ganz ohne Vorannahmen: Lassen Sie sich von den verschiedenen Kategorien Appetit darauf machen, selber Beispielsätze zu bilden, am besten schriftlich. Sie können auch eine andere Option wählen. Ich selbst habe mir so manche langweilige Bahnfahrt damit versüßt, mit Vorannahmen und den anderen hypnotischen Sprachmustern zu spielen. Lassen Sie sich einfach überraschen, welche dieser Optionen Ihnen lieber ist – und da hat sich doch schon wieder eine Vorannahme eingeschlichen!

Aber vergleichen Sie selbst. Ich bin neugierig, welche der verschiedenen Kategorien der Bildung von Vorannahmen Ihnen **stimmiger** in der Anwendung erscheint. Diese Vorannahme bediente sich der **Komparative**, der Vergleiche.

Als nächste Kategorie ist die **Reihenfolge** dran. Was aus diesem Abschnitt werden Sie **als erstes** anwenden? Oder hätten Sie lieber noch zusätzliche **Alternativen** (das „oder“)? Lassen Sie sich überraschen, ob Sie im Seminar erst die Vorannahmen der Zeit erproben **oder** mit der Vergleichsform operieren?

Glücklicherweise ist die Anwendung von Vorannahmen leichter, als Sie vielleicht denken – vor allem nach der Lektüre dieses Kapitels. Und da haben wir noch eine Kategorie: **Kommentare** wie „glücklicherweise“, „notwendigerweise“, „interessanterweise kannst du“, „es ist erfreulich/verständlich/bedauerlich/interessant, dass …“. **Es ist sehr erfreulich**, dass gerade diese erkleckliche Ansammlung an verschiedensten Möglichkeiten, Vorannahmen zu konstruieren, dazu führt, mindestens eine bei allernächster Gelegenheit in die Praxis umzusetzen.

Aber auch alte Bekannte sind vielseitiger, als wir zunächst angenommen haben. Die guten alten **W-Fragen** lernen wir hier in einer neuen Rolle kennen. So wenige Buchstaben und doch so vielfältig und universal einsetzbar und anwendbar.

Wann werden Sie dieses Wissen nutzbringend umsetzen? **Wie genau** wird dies Ihre Trainer-Fähigkeit erhöhen? **Welche** dieser Kategorien werden Sie **häufiger** (und da hat sich glatt noch ein Komparativ eingeschlichen) einsetzen? **Wo** und **mit wem** wird Ihnen dies am meisten Spaß machen?

Der lockere Schreibstil dieses Abschnittes könnte zur irrigen Annahme führen, dass Vorannahmen einfach nur eine nette, aber nicht wirklich wichtige Beigabe zu Training und Moderation darstellen. Weit gefehlt! Um es einmal pathetisch zu formulieren: Mit Hilfe der Vorannahmen werden Sie als Trainer oder Moderator zum **Hüter und Wächter der kleinen Schritte und Veränderungen**! Schon *Wittgenstein* sprach von er „Verhexung des Verstandes" mit Mitteln der Sprache. Vielen Begriffen wohnt die kaum erkennbare Vorannahme inne, dass sie **entweder** sind **oder** nicht. Fragen „Hat Ihnen das Seminar etwas gebracht?" oder „Haben Sie etwas aus der Übung gelernt?" basieren auf einem digitalen Konzept. Es geht nur um Ja oder Nein, null oder hundert, schwarz oder weiß. Damit werden kleine Veränderungen und Lernergebnisse im Keim erstickt und abgetötet.

Lenken Sie daher die Aufmerksamkeit Ihrer Teilnehmer und schulen Sie sie, differenzierter wahrzunehmen: „Was hat Ihnen das Seminar gebracht?" und „Was haben Sie aus der Übung gelernt?" Auf diese Weise können wir wirkungsvoll sicherstellen, dass die Veränderungen und Lernerfahrungen aus dem Seminar tatsächlich in den Anwendungskontext und in den beruflichen Alltag hineingetragen werden. Und das ist ja der eigentliche Sinn und Zweck von Training und Moderation!

8.4 Mit Fragen Lösungen auf den Weg bringen

Was könnte ich tun, wenn ich während einer Veranstaltung an einer bestimmten Stelle den berühmten „roten Faden" verloren habe?

Was werden Sie jetzt antworten? Welche Gedanken gehen Ihnen jetzt durch den Kopf?

Viele Fragen oder sind es doch mehr Antworten?

Das entscheidende Werkzeug für Moderatoren und Trainer sind die Fragen. Fragen und das haben wir von *Sokrates* gelernt, sind der sprachliche Ausdruck eines Vakuums im Erkenntnisdrang und führen letztendlich, über die Stufe auf der eine Erweiterung des Wissens angestrebt wird, in aller Konsequenz zu der Erkenntnis, dass man letztlich nichts weiß und nur dies anerkennen kann. Frage und Antwort, und auch das wissen wir von *Sokrates*, sind zwei Elemente unseres Denkens und Handelns, die in Form eines Gespräches, wenn es wertschätzend und gleichberechtigt, in Form eines Dialogs, erfolgen.

Wozu sind Fragen nützlich?

In Moderations- und Trainingsprozessen sind Fragen die Grundlage einer Bestandsaufnahme und das Instrumentarium für die Steuerung von Beziehungen zwischen den beteiligten Personen. Fragen sind neben der Gewinnung von Informationen aber auch geeignet, Suchprozesse bei Teilnehmern zu aktivieren und zu initiieren. Dadurch können nachhaltige individuelle Erkenntnisprozesse ermöglicht werden. Fragen sollen den Teilnehmer zu Antworten veranlassen, die erkennen lassen, welche weiteren Fragen während des Prozesses am nützlichsten sein werden. Fragen sind dazu geeignet, um Gedankengerüste in Bewegung zu bringen. Sie dienen dazu, das Gespräch zielgerichtet zu führen und Gesprächsblockaden zu lösen.

Beziehungen herstellen und gestalten mit wertschätzenden Fragen: Mit der Unterstützung von Fragen sind wir in der Lage Beziehungen zu eröffnen und zu gestalten. Sind diese Fragen wertschätzend und darauf ausgerichtet, dass die Lebenswelt der beteiligten Personen erkundet werden soll, entsteht eine Art der Beziehung, die wir auch als Rapport (→ Glossar) bezeichnen. Um Rapport aufrechtzuerhalten, ist es nützlich, Fragen so einzusetzen, dass die hinter den Ergebnissen stehenden Erfahrungen der Menschen weiterhin wertschätzend behandelt werden. Die auf individuellen Werten beruhenden Antworten und deren Anwendung bilden die Grundlage und den Rahmen für ein Beziehungsgeflecht, das in gegenseitigem Vertrauen im Umgang miteinander in Moderations- und Trainingsprozessen zum Ausdruck kommt.

Fragen gestalten Prozesse: Je nachdem wie Sie Ihre Veranstaltung planen und letztendlich durchführen, werden Fragen als das zentrale Instrument zur Steuerung von Gruppenprozessen eingesetzt. Mit Fragen gestalten Sie den Einstieg in jeden Arbeitsschritt und durch Nachfragen führen Sie den Prozess zielorientiert weiter. Dort wo es Unklarheiten, Blockaden oder Konflikte gibt, werden sie wertschätzend zum Freisetzen von Erkenntnisprozessen genutzt. Es hat sich bewährt, Fragen mit der klassischen Form der Moderationsmethode zu verbinden. Unterschiedliche Situationen bedingen einen Wechsel von visualisierten und verbalisierten Fragen. Werden Fragen zudem ziel- und lösungsorientiert formuliert, erzielen sie eine ressourcevolle Wirkung, die für den weiteren Prozess förderlich. Dadurch wird Rapport hergestellt und gehalten.

Die sechs Phasen des prozessorientierten Fragenmodells

Um diese immer wiederkehrende Komplexität erfassen zu können, haben wir das sechsstufige prozessorientierte Fragenmodell für Moderations- und Trainingsprozesse entwickelt (s. Abbildung S. 214).

Die zentralen Werkzeuge und Steuerungsinstrumente für Moderations- und Trainingsprozesse sind:
(1) Lösungs- und zielorientierte
(2) Visualisierte und
(3) Verbalisierte Fragen

Fragen sollten deshalb **lösungs- und zielorientiert** sein, weil der Fokus unmittelbar auf das Ergebnis gerichtet ist. Dadurch wird die eingesetzte Energie ressourcevoll eingesetzt. Im Prozess selbst wird dadurch eine positive Stimmung nicht im Sinne von alles ist O.k., sondern im Verständnis einer bejahenden und „nach vorne gerichteten“ Atmosphäre erzeugt.

Jeder neue Arbeitsschritt (1–6) im Moderations- und Trainingsprozess sollte mit einer **visualisierten** offenen Fragestellung beginnen. Innerhalb dieser Phasen und des weiteren Prozesses werden Fragenstellungen **verbalisiert**, die dazu geeignet sind, die Beziehung zwischen den beteiligten Personen zu unterstützen.

Für die Veranstaltung selbst sollten Fragen:
(1) wertschätzend
(2) prozessorientiert und
(3) durch Rapport (→ Glossar) gekennzeichnet sein

Das sechsstufige, prozessorientierte Fragemodell für Moderations und Trainingsprozesse

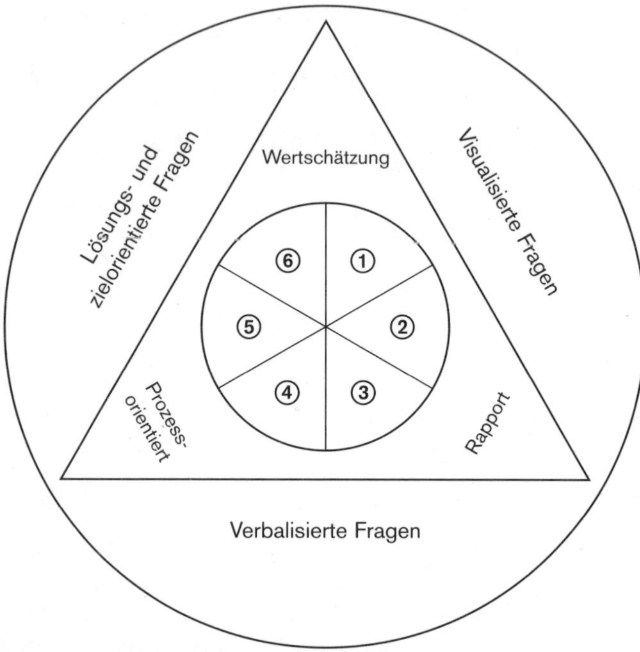

Fragenstellungen sind dann **wertschätzend**, wenn sie in der jeweiligen Situation berücksichtigen, dass die beteiligten Personen mit ihrem Verhalten eine positive Absicht verfolgen. Das erfordert von der Einstellung des Fragenden ein positives Menschenbild. Orientiert an der Aussage von Rousseau, „der Mensch ist von Natur aus gut" ermöglicht dies eine positive, den anderen Menschen bejahende Beziehung. Sie basiert auf Verständnis und Vertrauen. Werden beide Werte gelebt, sprechen wir auch von Rapport.

Betrachten wir neben dem Inhalt, also um was es konkret geht, den **Prozess**, nämlich das wie, so ist es möglich Veränderungsprozesse zu moderieren ohne die Inhalte eines Problems im Detail zu kennen. Es wird hier auch von verdecktem Arbeiten gesprochen. Mit Hilfe von Fragen können solche für den Moderator und Trainer „verdeckten Inhalte“ auf der Prozess-Ebene gesteuert werden. Das hat den großen Vorteil für Teilnehmer, dass sie das Problem in der Veranstaltung nicht nennen bzw. vertiefend darstellen müssen. Noch konkreter: Wenn ein Teilnehmer erzählt: „Ich habe ein Problem mit der Person in der beruflichen oder privaten Situation“ so kann der Moderator oder Trainer durch wertschätzende, ziel- und lösungsorientierte Fragen durchaus wirkungsvoll intervenieren, ohne von dem konkreten Problem zu wissen. Sehr häufig wird an dieser Stelle die Frage des „Warum“ gestellt. Vielleicht wäre es für die anderen Teilnehmer oder für den Fragenstellenden interessant.

Diese Frage ist jedoch nicht geeignet, um zur Lösung beizutragen. Sie verstärkt eher das Problem und wirft neue Fragen auf, die so vielfältig und komplex sind, das Antworten gar nicht oder nicht mehr gefunden werden, weil die Situation und die beteiligten Personen, also weitere Systeme, sich bereits verändert haben. Spätestens durch die Fragestellung.

Diese Überlegungen erfordern nun eine Integration in die einzelnen Phasen der Veranstaltung. Orientiert an dem jeweiligen Ziel der Veranstaltung und dem methodischen Gesamtgefüge sind die Phasen eines Moderationsprozesses zeitlich unterschiedlich kurz oder lang zu gestalten.

① **Einstiegsphase**
- Welche Erwartungen haben Sie an die heutige Veranstaltung?
- Welches „Know-how“ könnten Sie noch gebrauchen?
- Was muss heute erfolgen? Was sollte nicht passieren?
- Was ist für Sie heute (ganz) besonders wichtig?
- Welche Informationen benötigen Sie noch zum organisatorischen Rahmen?

② **Themen und Inhalte sammeln**
- An welchen Themen soll heute gearbeitet werden?
- Welche Themen/Inhalte sind für Sie heute besonders wichtig?
- Worüber müssen wir heute sprechen?

③ **Themen und Inhalte auswählen**
- Mit welchen Themen beginnen wir heute?

- In welcher Reihenfolge wollen wir die Themen bearbeiten?
- Was ist zunächst für Sie (ganz) besonders wichtig?

④ **Themen und Inhalte bearbeiten**

- Bearbeitung mit der Zwei-Felder-Tafel (1. Problem/2. Lösungsansatz)
- Bearbeitung mit dem Vier-Felder-Problem-Lösungsschema
  (1) Wo ist das Problem konkret?
  (2) Was will ich/wollen wir erreichen?
  (3) Wer oder was behindert mich/uns daran?
  (4) Lösungsansätze

⑤ **Maßnahmen planen**

- Was haben wir besprochen? Was soll umgesetzt werden?
- Wer setzt es um?
- Bis wann soll es umgesetzt werden?
- Welche Punkte sind offen geblieben, was passiert damit?

⑥ **Schlussphase**

Als **Feedback** gestaltet:

- Was war mir wichtig?
- Was möchte ich der Gruppe noch sagen?
- Was nehme ich mit nach Hause?
- Mit welchem Gefühl verlasse ich den Raum?

Als **Blitzlicht**:

- Was hat mir ganz besonders gut gefallen?

Oder:

- Was war für mich heute ganz besonders wichtig?

Nun werden Sie sicherlich fragen, woran Sie erkennen können, dass Sie die entscheidenden, prozessorientierten Fragen stellen.

- Welche Physiologie (→ Glossar) zeigt der Teilnehmer beim Sprechen über das Problem?
- Handelt es sich bei der Körpersprache des Teilnehmers um einen ressourcevollen Zustand oder befindet er sich in einem stuck state? (→ Glossar)
- Was benötigt der Teilnehmer um in einen ressourcevollen Zustand zu gelangen?
- Welche Frage könnte jetzt hilfreich sein, um den Teilnehmer zu einem Lösungsansatz zu aktivieren?
- Wer oder was könnte den Teilnehmer jetzt unterstützen?

- Was müsste erfolgen, damit Verständnis und Vertrauen zwischen mir, dem Teilnehmer und der Gruppe hergestellt und weiterhin gehalten wird.

Mit dieser letzten Fragestellung sind wir bereits wieder beim **Rapport** (→ Glossar), der Grundlage für einen wertschätzenden Umgang der beteiligten Personen. Durch die Art der Fragen stellen Sie Rapport zwischen Ihnen und einzelnen Teilnehmern, aber auch zur gesamten Gruppe her und sind in der Lage den Rapport mit lösungs- und zielorientierten Fragestellungen zu halten und zu steuern.

Umgang mit Fragen von Teilnehmern

In unseren Trainingsseminaren hören wir immer wieder die Fragen von Teilnehmern: „Wie sollen wir reagieren, wenn wir eine Frage nicht beantworten können?" „Manchmal sind Fragen nicht eindeutig oder sogar unverständlich?" Bringen wir es auf den Punkt. Wie sollten wir mit damit umgehen? Zunächst sind folgende Überlegungen von Bedeutung:

(1) Die innere Einstellung des Trainers und Moderators zu der Fragestellung: Wir können die Fragestellung von der Person selbstverständlich nicht so ohne weiteres trennen. Selbst wenn wir es tun, schwingt im Hintergrund unsere Einstellung zu der Frage, zu der Person und das sich dahinter befindliche philosophische Menschenbild. Betrachten wir zunächst unsere Einstellung zu der Frage selbst. Gehen wir wertschätzend mit der Frage um oder ordnen wir die Frage in die Kategorie ein „Was soll diese Frage denn?" „Hat der Teilnehmer denn nicht verstanden, um was es hier geht?" Wir interpretieren diese Frage in eine bestimmte Richtung. Das verhindert vermutlich eine angemessene und wertschätzende Antwort. Wenn wir an dieser Stelle davon ausgehen, dass der Teilnehmer einen guten Grund hat, diese Frage zu stellen und somit nicht die Frage selbst hinterfragen, dann werden wir dieser Frage selbst eine Anerkennung zukommen lassen. Sie hat eine Berechtigung, gestellt zu werden, weil es den Teilnehmer aufgrund der vorhandenen Situation und der vorhandenen Reize bewegt hat, diese Frage zu stellen. Betrachten wir nun unsere Einstellung zu der fragenden Person. Vielleicht hinterfragen wir nicht nur die Frage, vielleicht stellen wir auch fest, dass wir die Person selbst infrage stellen. Warum stellt dieser Teilnehmer bloß diese Frage? Was will er damit bewirken? Will er mich bloßstellen? Will er mir beweisen, dass er mehr weiß als ich? Vielleicht kennen Sie solche Situationen? Wenn Sie weiterhin wertschätzend mit dem Teilnehmer umgehen wollen, dann sollten diese Überlegungen weit, weit zurückgestellt werden. Es gibt auch hier vermutlich eine gute Absicht, auch wenn sie für uns nicht immer sofort wahrnehmbar ist.

Jetzt werden Sie sicherlich einen berechtigten Einwand haben. Was ist wenn der Teilnehmer nun schon zum x-ten Male eine Frage stellt, mit der er Sie persönlich angreifen will. In dem Zusammenhang erscheint uns die Frage nach dem philosophischen Menschenbild von Bedeutung zu sein. Wir wollen hier in keine philosophische Diskussion eintreten, was sicherlich sehr spannend wäre. Die Überlegungen sind uns für die tägliche Praxis und den Umgang mit Fragen jedoch wichtig.

Betrachten wir einerseits das bereits erwähnte positive und das negative Bild von Menschen. Mit ‚positiv' ist hier nicht gemeint, dass alles rosarot und wunderbar ist. Es geht hier um ein den Menschen anerkennendes, respektierendes und somit wertschätzendes Menschenbild. Grundlage dieser Überlegung ist die von *Rousseau* geäußerte Feststellung, dass der Mensch von Natur aus gut ist! Das negative Menschenbild geht zurück auf die Überlegungen von *Thomas Hobbes*, der feststellte, dass der eine Mensch des anderen Wolf sei. Das heißt, das wir im Umgang mit anderen Menschen, solch ein Menschenbild zugrundgelegt, ständig und überall nur das Negative wahrnehmen, eben auch in der Fragestellung.

Betrachten wir diese absoluten Positionen nun in aller Konsequenz, scheint das Ergebnis klar zu sein. So ist aber nicht die Praxis. Worum geht es konkret? Es hat sich als sehr hilfreich erwiesen, zunächst mit einem wertschätzenden Menschenbild auf Fragesituationen und die beteiligten Personen zu reagieren. Das hat zur Folge, dass die Körpersprache eben genau die innere Haltung widerspiegelt. Wir können uns davon nicht freimachen. Unsere innere Haltung wird nach außen transportiert und von anderen Menschen wiederum wahrgenommen.

Die Folge ist, dass Teilnehmer aufgrund unserer gezeigten Körpersprache ebenfalls wieder wahrnehmen und entsprechende Prozesse ablaufen. Entscheiden Sie nun selbst, welchem Trainer Sie eher gegenüber sitzen wollen. Jemand der Ihnen kongruent und authentisch in die Augen schaut, oder einer Person die keinen persönlichen Blickkontakt herstellen kann und beim Aufnehmen und Beantworten einer Frage ständig zu Boden oder an die Wand schaut.

Wir wollen aber noch einen Schritt weitergehen. Den wertschätzenden Umgang wollen wir auch auf uns selber beziehen. Er hat selbstverständlich auch für Sie als Trainer und Moderator Gültigkeit. Wenn Sie bei der zweiten oder dritten Frage das Gefühl haben, dass Sie keinen wertschätzenden Umgang erfahren, dann können Sie doch genau das äußern. Das hängt selbstverständlich mit der Situation und den beteiligten Personen zusammen. An der Stelle wird Ihnen jedoch eine, vielleicht die entscheidende Frage weiterhelfen. Sie hat allerdings einen Haken – Sie können sich diese Frage in aller Konsequenz nur selbst beantworten. Sie lautet: Was ist mir jetzt in dieser Situation wichtig?

(2) Stellen Sie aufgrund der Frage eine eigene Fragestellung: Was ist konkret mit dieser Frage gemeint? Kann ich die Frage unmittelbar beantworten? (Inhaltliche Ebene): Menschen befinden sich in unterschiedlichen Lebenswelten und erleben Situationen auch anders als andere beteiligte Menschen. Deshalb ist es wichtig, durch Fragen die jeweiligen „Landkarten“ der Lebenswelten mit denen sich andere Menschen orientieren zu entdecken. Setzen Sie also eine Frage ein, um eben möglichst genau wahrnehmen zu können, mit welchem ‚Ausschnitt der anderen Lebenswelt‘ Sie gerade konfrontiert werden. „Was meinen Sie konkret damit?“ Können Sie dies anhand eines Beispiels verdeutlichen?“ „Ich habe das so verstanden, ist es das was Sie meinen?“

Sollten Sie eine Frage mal nicht beantworten können, haben Sie die Gelassenheit und den Mut auch mal zuzugeben, dass Sie dazu im Moment keine Aussage machen können. Vielleicht zeigen Sie gerade dadurch etwas von Ihrer Persönlichkeit.

(3) Wenn ich die Frage auf der inhaltlichen Ebene beantworten kann, sollte ich sie selber unmittelbar beantworten oder sollte sie aufgrund von gruppendynamischen Prozessen in die Gruppe hineingegeben werden? Auch wenn Sie Fragen sofort beantworten könnten, kann es manchmal hilfreich sein, genau dass nicht zu tun. Hilfreich deshalb, weil das gemeinsame Entdecken neuen Wissens, Aufmerksamkeit und Spannung erzeugen kann. Und das zu initiieren und den Rahmen dafür zu gestalten, eben das ist die Aufgabe von Trainern und Moderatoren. Das erreiche ich, in dem ich „die Frage zunächst in die große Gruppe gebe". Es hat zur Folge, dass sich Teilnehmer mit ihren Erfahrungen an der Fragebeantwortung beteiligen können. Als Moderator geben Sie dafür den zeitlichen Rahmen und bringen in der Zusammenfassung die Antwort auf den Punkt.

(4) Gibt es in der Gruppe einen Teilnehmer der die Frage aufgrund seiner Kompetenz beantworten könnte und sollte? Dies ist eine Frage der Wertschätzung von anderen Menschen. Warum sollten wir als Trainer oder Moderator eine Frage beantworten, wenn sie ein Teilnehmer aufgrund seiner besonderen Qualifikation oder langjährigen Erfahrung beantworten könnte. Das setzt selbstverständlich voraus, dass wir entsprechende Kenntnisse von den Teilnehmern haben. Dies ist in mehrfacher Hinsicht von Bedeutung. Erstens haben wir uns mit den Teilnehmern beschäftigt. Wir nehmen sie ernst und schätzen ihre bisherigen Erfahrungen. Zweitens nutzen wir ihre Kenntnisse, um sie in den gesamten Prozess zu integrieren. Und drittens „ziehen" wir uns an dieser Stelle zurück. Wir machen uns entbehrlich. Selbst wenn wir die Frage beantworten könnten. Warum sollten wir eine vorhandene Kompetenz noch toppen. Das hat sicherlich etwas mit dem jeweiligen Selbstverständnis zu tun. Unsere Erfahrung hat jedoch gezeigt, dass es wenig hilfreich ist, sich auf allen Gebieten und in jeder Situation als der „Besserwisser" zu verstehen. Wir betrachten die Aufgabe des Trainers und Moderators eher als die des Initiators, des Vermittelnden, ja des Ausgleichenden – eben desjenigen, der auch mit diesen Dingen jonglieren kann.

(5) Sie nehmen anhand der Physiologie von Teilnehmern wahr, dass ein Teilnehmer aus der Gruppe die Frage beantworten möchte. Wichtig ist, dass Sie aufmerksam sind und die „Meldung" wahrnehmen und berücksichtigen. Lassen Sie dem Teilnehmer aus der Gruppe den Vortritt. Sie haben die Aufgabe zu jonglieren. Allerdings entscheiden Sie, wie Sie jonglieren.

(6) Umgang mit kritischem Feedback: Eine wichtige Vorbildrolle übernehmen Sie auch dadurch, wie Sie selbst mit Feedback umgehen, besonders, wenn es kritisch ist. Sie werden mit einem Vorwurf konfrontiert. Auch Vorwürfe sind Feedback, nur eher ein schlecht formuliertes. Gehen Sie daher folgendermaßen vor: Umschreiben Sie den Vorwurf: „Ich registriere, dass Sie verärgert sind. Um was genau geht es für Sie? Erfragen Sie das Anliegen: „Worum geht es Ihnen? Was wollten Sie ursprünglich erreichen?" Lassen Sie sich nicht davon abbringen, das Anliegen herauszubekommen. Stimmen Sie mit dem Anliegen überein, wenden Sie im nächsten Schritt die Wie-Strategie an: „Wie können wir in Zukunft vorgehen?" Falls Sie dem Anliegen Ihres Gesprächspartners nicht zustimmen können, sollten Sie zunächst grundsätzlich Ziele und Erwartungen auf beiden Seiten klären.

Fragen für einen ziel- und lösungsorientierten Prozess

Weitere **Fragestellungen und Fragetechniken** die für einen ziel- und lösungsorientierten, wertschätzenden Prozess hilfreich sein könnten:

Wählen Sie aus und konstruieren Sie aufgrund der Impulse neu:

- **Zielorientierte Fragen**: Was möchten Sie verändern?
- **Kreativitätserzeugende Fragen**: Was müsste geschehen, damit

sich die Situation im Unternehmen/im sozialen Umfeld verändern könnte?

- **Konkretisierungsfragen**: Um was geht es genau? Was konkret ist von Ihnen beabsichtigt?
- **Fragen nach dem Kontext**: In welcher Situation genau haben Sie das festgestellt? In welchem Zusammenhang soll die Lösung gefunden werden? In welchem Kontext genau soll das Ziel erreicht werden?
- **Die Frage nach der Ökologie**: Was ist Negative am Positiven? Welche Auswirkungen haben die Veränderungen auf das soziale Umfeld?
- **Impulsgebende oder Hypothetische Fragen**: Stellen Sie sich vor, ...; Was wäre, wenn ...; Mal angenommen, dass ...;
- **Klärende Fragen**: Wissen alle, wann wir uns am Nachmittag treffen?
- **Offene Fragen**: Welche Maßnahmen sollten unverzüglich getroffen werden?
- **Geschlossene Fragen**: Haben Sie sich schon entschieden? Haben Sie das Buch schon bis zum Schluss gelesen?
- **Reflexionsfragen**: Insbesondere nach Übungen ist diese Form der Frage besonders wichtig. Wenn die Teilnehmer in die große Gruppe zurückgekehrt sind, sollten sie von ihren Erfahrungen berichten und ein Erfahrungsaustausch hergestellt werden. Durch offene Fragen leiten Sie diesen Reflexionsprozess ein. Entscheidend ist hier, dass Sie keine inhaltlichen Vorgaben durch die Fragestellung initiieren: Welche Erfahrungen haben Sie gemacht? Was ist passiert? Was haben Sie wahrgenommen? Was funktioniert bereits gut, was weniger gut? Welche Fragen konnten Sie klären? Welche Fragen sind noch offen?

9. Zielorientiertes Vorgehen – Reflexion und Auswertung

Die Zielerreichung eines Moderations- und Trainingsprozesses lässt sich durch eine reflektierende Betrachtung der einzelnen Elemente feststellen.

Nun sollte die Ergebniskontrolle nicht allein nur an das Ende einer Veranstaltung gelegt werden. Vielmehr könnte es hilfreich sein, wenn sie sich wie ein roter Faden durch den gesamten Prozess hindurchzieht. Der Prozess erfordert in jeder Phase des Moderierens und Trainierens vom Verantwortlichen eine Reflexion über die Beziehung seines Handelns zur Gesamtsituation. Der Einwand, dass dies ein sehr anspruchsvoller Ansatz ist und ob Sie diesen Anforderungen gerecht werden können, ist berechtigt. Was können wir also tun, um diese reflexive Kompetenz zu erreichen?

Blicken wir kurz zurück. Sie haben das Ziel der Veranstaltung vorher gemeinsam mit dem Auftraggeber festgelegt. Der Kurs ist vorgegeben. Die Erwartungen der Teilnehmer haben Sie ebenfalls integriert.

Wenn Sie dies bis dahin umgesetzt haben, ist die Gefahr relativ gering eine Veranstaltung nach Schema F durchzuführen und in Routine zu verfallen.

Gut gerüstet sind Sie dann, wenn Sie Routine und Reflexion mit einer Leichtigkeit verbinden. Routine ist die Verselbständigung von zuvor bewusst gesteuerten, zielorientierten Handlungen. Routine haben Sie also dann, wenn Sie unbewusst das Richtige tun.

Wenn Sie nun Reflexion und Routinebildung miteinander verknüpfen, um die ziellos gewordenen Handlungsroutinen bewusst zu machen, dann schaffen Sie die Voraussetzungen für eine kreative Weiterentwicklung Ihres didaktischen Handlungsrepertoires.

Wir denken, am wertvollsten wäre es, ein routinierter Moderator und Trainer zu sein, ohne dabei routinierte Veranstaltungen durchzuführen. Damit meinen wir, das ein Moderator und Trainer prozessorientierte Veranstaltungen mit einer kongruenten und authentischen Sicherheit durchführt, die so viel Freiraum für Ideen und Werte von Teilnehmern ermöglichen, das zielorientiertes, reflexives und kreatives Handeln an die Stelle von Langeweile, Gleichförmigkeit und Einfältigkeit tritt.

Die Fähigkeit zur Reflexion alleine reicht jedoch noch nicht aus. Um zu reflektieren, brauchen Sie eine Orientierung. Sie benötigen Kriterien. Für diesen Prozess nutzen Sie ebenfalls das Pyramidenmodell mit seinen Elementen. Mit einem didaktischen Modell und dem von Ihnen entwickelten Konzept im Hinterkopf überprüfen Sie, wie stimmig Ihre Planung tatsächlich zu den Aktivitäten der Akteure im Moderations- und Trainingsprozess ist.

Für diesen Prozess der Reflexion und der Auswertung gibt es nun mehrere Möglichkeiten.

9.1 Reflexion aus verschiedenen Wahrnehmungspositionen

Der Moderator und Trainer reflektiert das Seminar aus **verschiedenen Wahrnehmungspositionen** unmittelbar im Seminarprozess. Das kann unterschiedlich erfolgen:

Jeweils sinnesspezifisch und analytisch

(1) In der selbst erlebten (assoziierten) Situation: „War mein Verhalten in dieser Situation angemessen. Wie habe ich diese Situation erlebt? Wie genau habe ich die Situation empfunden? (Kinästhetisch)

- Was habe ich beobachtet? (Visuell)
- Wie habe ich Worte und Aussagen wahrgenommen? (Auditiv)

anschließend lösungs- und zielorientiert: Was hätte ich noch tun können, um etwas zum Ziel beizutragen? Welches Verhalten wäre auch angemessen gewesen?

(2) Aus der neben sich stehenden (dissoziierten) Position: Die Fragen aus einer dissoziierten Wahrnehmungsperspektive, also mich von außen betrachtend, schließen den kinästhetischen Bereich aus.

- „Wie habe ich mich in dieser Situation von außen betrachtet verhalten?"
- „Was kann ich in dieser Situation von außen betrachtet an meinem Verhalten sehen und hören?"

anschließend lösungs- und zielorientiert: Was hätte ich noch tun können, um etwas zum Ziel beizutragen? Welches Verhalten wäre auch angemessen gewesen?

(3) Aus der beobachtenden ‚Vogel- oder Hubschrauberperspektive' (Meta-Position): Aus dieser Wahrnehmungsposition betrachte ich alle Akteure im Umgang miteinander. Ich beobachte von außen aber auch den Interaktionsprozess und somit das Gesamtgefüge der Handlungen. Der systemische Ansatz - wir erinnern uns: Das Ganze ist mehr als die Summe der Einzelteile - kann hier sehr schön zur Anwendung gebracht werden.

- Wie verhalten sich die Akteure untereinander?
- Was gibt es zu hören und zu sehen?
- Welche Positionen, Rollen und Funktionen haben sich verändert?

anschließend lösungs- und zielorientiert: Was hätte ich noch tun können, um etwas zum Ziel beizutragen? Welches Verhalten wäre auch angemessen gewesen? Wer hätte welches Verhalten zeigen können, um einen Beitrag zur Zielerreichung leisten zu können? Wer oder was könnte den einzelnen in der Gruppe oder mich unterstützen?

Handlungskompetenz, und dazu gehört eben auch die Reflexion, entsteht nicht, indem ich die Fragen auswendig lerne und sie zwanghaft anwende. Die Kunst besteht darin, mit einer Leichtigkeit und Gelassenheit diese Möglichkeiten immer wieder zu nutzen und sich so durch reflektierendes Handeln und Fragen, stufenweise, Schritt für Schritt, zu einem authentischen und kongruenten und somit handlungskompetenten Moderator und Trainer weiterzuentwickeln.

Reflexion, Auswertung und Bewertung am Schluss des Veranstaltungsprozesses

Als Moderator und Trainer bewerten Sie die Veranstaltung aus Ihrer Perspektive nach der Veranstaltung:

- Was war gut?
- Was war förderlich für den Verlauf der Veranstaltung?
- Was wäre nützlich(er) für den Prozess gewesen?
- Was hätte ich noch tun können?

Die unterschiedlichen Wahrnehmungspositionen können hier ebenfalls genutzt und integriert werden.

9.2 Blitzlicht und Feedback

Die Teilnehmer bewerten die Veranstaltung in mündlicher und schriftlicher Form. Ein wichtiger Aspekt gleich vorweg. Ein Blitzlicht und ein Feedback werden nicht kommentiert. Dies hätte eine „Bewertung" der Auswertung zur Folge und mündet grundsätzlich in einer Diskussion mit einzelnen oder allen Teilnehmern. Eine zeitgerechte Durchführung lässt sich somit nicht mehr gewährleisten.

Möglichkeiten eine Rückmeldung in Form eines Blitzlichtes zu gestalten:

Ein kurzes Blitzlicht:

- Wie war es für Sie?/Dich?/Euch?
- Was war heute **ganz besonders wichtig** für Sie?/Dich?/Euch?
- Was nehmen Sie aus der heutigen Veranstaltung mit?

Blitzlicht in Form einer Metapher: Bitte geben Sie ein Blitzlicht in Form einer Metapher: „Die Veranstaltung war für mich wie … ein Wasserfall…ein großer Werkzeugkoffer …, weil … .

Durch den Hinweis, die Metapher kurz zu erläutern, wird das Blitzlicht unwesentlich länger, aber es erfolgt eine individuelle Verstärkung bei dem im Moment Blitzlicht-Gebenden und es werden Impulse für die weiteren Teilnehmer gesetzt.

Beziehungsorientiertes Blitzlicht:
- Was möchte ich der Gruppe an dieser Stelle mitteilen?
- Welche Kompetenzen, Fähigkeiten, Potentiale habe ich heute in der Gruppe festgestellt ... **bitte ein kurzes Blitzlicht**?

Der Hinweis, ‚ein kurzes Blitzlicht' zu geben, ist wichtig, damit die Ausführungen nicht zu lang werden. Sehr oft ist es nach dem ersten und durchaus auch noch einmal beim zweiten Teilnehmer wichtig, die Kurzform der Rückmeldung zu unterstreichen. Dies kann in Form eines wertschätzenden „Danke schön" mit dem Hinweis auf ein „kurzes Blitzlicht" geschehen!

Die Bezeichnung des „beziehungsorientierten Blitzlichtes" dient hier der Strukturierung. Im Prozess ist die Forderung danach eher eine ungeeignete Form.

Integrierendes und prozessorientiertes Blitzlicht: Was war mir heute besonders (wichtig) und was werde ich morgen in den Gruppenprozess mit einbringen? Hier erfolgt eine persönliche Bewertung und gleichzeitig wird eine Verbindung zu dem weiteren Prozess hergestellt. Dieses individuelle „Wahrnehmen" ist sehr förderlich, um die eigene Bedeutung der Inhalte aus der Gegenwart in die Zukunft übertragen zu können.

Blitzlicht in Form eines Mind Map: Das Blitzlicht kann mit diesen und abgewandelten Fragestellungen auch durch die kreative Gestaltung von Bildern oder um insbesondere die Potentiale der rechten Gehirnhälfte „einzufordern", mit Hilfe eines Mind Map erstellt werden.

Mind Map (engl.), eine Gedächtnislandkarte, ist eine faszinierende Methode, die in einfacher Weise die geistigen Potentiale individuell, schnell und umfassend nutzt. Sprachliches und bildhaftes Denken werden dadurch zielorientiert verbunden und visualisiert zum Ausdruck gebracht.

Das Großhirn ist in zwei Hälften oder auch Hemisphären unterteilt. Verbunden sind die Hemisphären durch einen Strang aus ungefähr 400 Millionen Nervenfasern. Der linken Hemisphäre werden Sprache sowie logisches und analytisches Denken zugeordnet. Der rechten Gehirnhälfte werden Bilder, die Wahrnehmung und das Visualisieren von Farben sowie die Fähigkeit, Gefühle wahrzunehmen, zugeordnet.

In kreativen Phasen sind wir nicht immer in der Lage, Worte und Bilder gedanklich verständlich formuliert festzuhalten. Wir nutzen eher Stichworte und assoziieren in Bildern.

Ein Mind Map ermöglicht es uns, spontane Assoziationen, Details von Aufgabenstellungen, Inspirationen und zunächst anscheinend nicht zusammenhängende Ideen und Gedanken zu visualisieren.

Ein Mind Map kann in der Reflexion und der Bewertungsphase von Veranstaltungen genutzt werden, um

- Spontane, persönliche Überlegungen aus der Veranstaltung festzuhalten
- Impulse für einen Transfer mitzunehmen
- allein oder in der Kleingruppe zu reflektieren
- die Ergebnisse der Reflexion vor der Gruppe zu präsentieren

Das Blitzlicht in Form eines Bildes auf einer „Karte" pro Teilnehmer kann auch für einen bunten Abschluss auf einem Flip-Chart, das bereits vorbereitet wurde, genutzt werden. Teilnehmer stellen ihr Ergebnis vor der Gruppe vor und kleben oder heften es zu den anderen Ergebnissen an die Pinwand oder an das Flip-Chart.

Ein kleiner **Tipp**: Um Widerstände aus der Gruppe von vornherein so gering wie möglich zu halten, kann es sehr hilfreich sein, dass der Hintergrund der ausgewählten Form kommuniziert wird.

Ein Mind Map können Sie darüber hinaus für kleine Alltagsaufgaben und auch für komplexe Projekte nutzen:

- zur Analyse und Planung
- zur Konzeption, bei der es wichtig ist, die Komplexität zu erfassen
- zum Notieren bei Besprechungen und Vorträgen
- zum Präsentieren von Inhalten
- als Zusammenfassung von Texten
- zum Organisieren von Veranstaltungen

- um komplexe Zusammenhänge für kreative Prozesse festzuhalten
- zur Inspiration

Übung zum Mind Map

Probieren Sie es einmal aus. Vielleicht haben Sie eine Aufgabe, die Sie schon lange mal lösen wollten. Oder ein Konzept, das Sie erstellen wollen. Legen Sie nun ein Blatt Papier quer und schreiben Sie die Aufgabenstellung in die Mitte eines Blattes. Zeichnen Sie von der Mitte aus Äste und daran feinere Zweige, die sich wiederum in weitere Nebenzweige verästeln können.

Wenn Sie noch keine Lösungsansätze für dieses Problem haben, umso besser. Gerade dann werden Sie feststellen, wie effektiv diese Methode ist. Schreiben Sie nun alle Ideen, aber auch alle Gedanken, die Ihnen bei dem Lesen der Aufgabe einfallen auf. Es erzeugt sehr viel Energie, wenn Sie die Gedanken aufschreiben, die förderlich und nützlich für eine Lösung sind! Viel Spaß! Sie werden erstaunt über Ihr Ergebnis, vielleicht auch Zwischenergebnis, sein.

Strukturiertes Feedback

Ein strukturiertes Feedback ist gut eignet für die Abschlusssituation einer Veranstaltung. Dadurch geben Sie den Teilnehmern die Möglichkeit, die Veranstaltung anhand von Kriterien zu reflektieren. Wenn Sie eine solche Struktur nicht vorgeben, wissen Teilnehmer grundsätzlich nicht, was und wie viel sie in der Abschlussrunde erzählen sollen. Probieren Sie es einmal aus. Ermitteln Sie selbst den Unterschied zwischen einem strukturierten und einem offenen Feedback- „Zum Abschluss bitte von jedem ein Feedback!“ Sie werden sicherlich je nach Gruppe sehr überrascht sein.

Für ein strukturiertes Feedback können Sie die nachfolgende Struktur auf ein Flipchart schreiben. Während der Abschlussrunde ist die Struktur zur Unterstützung für jeden Teilnehmer sichtbar. Die Fragen sind deshalb so gewählt, weil sie ganz individuell den Prozess noch einmal reflektieren. Wird diese Struktur so nicht gewählt, haben wir es häufig erlebt, dass Teilnehmer sagen, „Ja ich schließe mich den Aussagen meines Vorredners an". Durch die Frage „Was war mir wichtig?", haben Sie dann die Möglichkeit nochmals nachzufragen „Einverstanden. Und was war Ihnen ganz besonders wichtig?" Hier betonen Sie besonders „Ihnen". Dann eröffnen Sie durch die Fragen nochmals eine neue Perspektive. So geschieht es immer wieder, dass sehr viel individuelle Impulse und Erkenntnisse am Schluss zusammengetragen werden.

Durch die Frage: „Was möchten Sie der Gruppe noch sagen?" setzen Sie den Rahmen für eine Würdigung innerhalb der Gruppe. Sehr häufig wird der Trainer an der Stelle mit einbezogen.

Wichtig ist es, sich für ein Feedback ausreichend Zeit zu nehmen. Genauso so entscheidend für den Gesamterfolg der Veranstaltung ist neben dem Einstieg auch die Schlusssituation. Der erste Eindruck ist entscheidend – der letzte Eindruck bleibt hängen. Variieren Sie, indem Sie einen sanften Hinweis an die Teilnehmer geben: „Sie können zu jedem Punkt etwas sagen, Sie müssen jedoch nicht." Diese Wahlfreiheit ist für Teilnehmer weniger zwanghaft und gewährleistet auch in der Schlussphase die Wertschätzung.

Ein strukturiertes Feedback, das durch eine Visualisierung unterstützt werden kann:

- Was war mir wichtig?
- Was möchte ich der Gruppe noch sagen?
- Was nehme ich mit nach Hause?
- Mit welchen Gefühlen verlasse ich den Raum?

Bewertung in schriftlicher Form

Die Veranstaltung wird von den Teilnehmern in schriftlicher Form bewertet. Die vorgedruckte Veranstaltungsbewertung ist mit einer entsprechenden Skalierung versehen und wird an die Teilnehmer ausgeteilt.

(1) Der Gesamteindruck vom Seminar
Waren Sie mit dem Seminar zufrieden?
(2) Der Inhalt des Seminars
- War der Stoffumfang zu wenig oder genau richtig?
- Wie schätzen Sie den Informationsgehalt der Veranstaltung ein?

- Wie hoch schätzen Sie die Praxisrelevanz ein?

(3) Die Arbeit im Seminar
- Wie brauchbar sind die Seminarunterlagen für Sie?
- Erfolgte eine aktive Einbeziehung der Teilnehmer?

(4) Bewertung des Moderators / Trainers
- Wie bewerten Sie die Fachkompetenz?
- Wie bewerten Sie die Art der Stoffvermittlung?
- Wurde auf die Erwartungen der Teilnehmer eingegangen? In welcher Form?

(5) Ihr persönlicher Nutzen
- Wurden Ihre Erwartungen erfüllt?
- Können Sie das Gelernte in der Praxis einsetzen?

9.3 Lerntransfer

Wie können die erarbeiteten Ergebnisse nun in die individuelle Lebenswelt der Teilnehmer mitgenommen werden und dort auch, wenn gewollt, zur Anwendung und Umsetzung kommen?

Eine unmittelbare Umsetzung der im Seminar erarbeiteten Lösungen und Interventionen in die tägliche Praxis wird von den meisten Seminarteilnehmern skeptisch bewertet. Dies liegt daran, dass selbst kleine Veränderungen zunächst schwer erscheinen. Verständlich. Wenn Sie zehn, zwanzig Jahre oder länger bestimmte Verhaltensweisen angewandt haben, wird es selbstverständlich nicht von heut auf morgen möglich sein, eingefahrenen Gleise zu verlassen. Warum auch? Genau an dieser Stelle wird es interessant. Sind Sie mit diesen Verhaltensweisen zufrieden, erscheint es wenig sinnvoll, etwas zu verändern. Sind Sie unzufrieden oder stellen Sie sich immer häufiger die Frage: Könnte es auch anders sein“? Dann könnte es an der Zeit sein etwas zu verändern. Vielleicht ist es durchaus angebracht, genau diesen Rahmen an einer bestimmten Stelle im Seminar zu setzen.

Future Pace (→ Glossar)

Wenn Sie nun etwas verändern möchten, und Sie wollen wirklich eine Veränderung, weil es für Sie aufgrund der Zielformulierung positiv, konkret und sehr attraktiv ist, dann haben Sie die Möglichkeiten dies auch zu tun. Erinnern wir uns an *Kästner*: Es gibt nichts Gutes, es sei denn man tut es?

Mit Hilfe der Technik des Future Pace (→ Glossar) kann der individuell erkannte Lösungsansatz und die erarbeitete Intervention in die tägliche Praxis des Teilnehmers transferiert werden.

Future Pace bezeichnen wir als Überbrücken in die Zukunft oder als Blick in die Zukunft.

Ein Future Pace ist am Ende des Seminars genauso möglich wie am Ende eines Lösungsprozesses innerhalb der Veranstaltung. Der Lösungsansatz wird in die „zukünftige Praxis" des Teilnehmers hinüber transferiert!

Folgendes **Beispiel** soll dies verdeutlichen:

- **Problem:** Innerhalb von Teambesprechungen kommt es zu Konflikten unter den Teammitgliedern A und B.
- **Lösungsansatz:** In der Veranstaltung wurden verschiedene Lösungsansätze erarbeitet.
- **Future Pace** (→ Glossar): Am Ende der Intervention wird die zukünftige Wahrnehmung von A über B befragt.
  - Wie stelle ich mir die nächste Teambesprechung vor?
  - Was gibt es da zu sehen, zu hören und zu fühlen?
  - Wie nehme ich mich wahr?
  - Wie werde ich mich verhalten?

Wenn das Ergebnis der aus den Fragen entwickelten Vorstellung eine positive Zukunftsvorstellung sein wird, kann das als Anzeichen dafür stehen, dass die gewünschte Veränderung auch automatisch eintreten kann.

Eine negative Vorstellung über das zukünftige Verhalten kann als Anzeichen dafür stehen, dass der Lösungsansatz oder die erarbeitete Intervention wenig oder keine Auswirkungen auf das tatsächliche Verhalten in der Zukunft haben wird.

Ist das Ergebnis der Intervention nun positiv oder förderlich, so wäre ein konkreter Transfer in den jeweiligen Kontext in dem dieses Verhalten angewandt werden soll, nützlich.

Sehr häufig ist das Ergebnis im Seminar zufriedenstellend und interessant. In der täglichen Praxis kehren wir aber sehr schnell wieder zu den uns gewohnten Strategien zurück. Wir erinnern uns im Alltag dann nicht an die erarbeiteten Lösungen.

Mit dem Future Pace kann sichergestellt werden, dass die erarbeitete Lösung nicht nur in der Seminarsituation, sondern auch in der täglichen Praxis zur Verfügung steht.

Konkrete Umsetzung: Wir Befragen den/die Teilnehmer, in welchen drei konkreten Situationen sie diese Verhaltensweisen und Fähigkeiten anwenden werden?

- In welcher zukünftigen Situation werden Sie dieses Verhalten … diese Fähigkeit anwenden?
- In welcher noch?
- Gibt es noch eine weitere Situation?

  Oder
- Wann werden Sie dieses Verhalten … diese Fähigkeit wo genau einsetzen/anwenden?
- Wo noch?

Future Pace und die logischen Ebenen

Die Integration der Technik des Future Pace (→ Glossar) mit der Technik der logischen Ebenen (→ Glossar) stellt eine weitere Möglichkeit dar, um erarbeitete Lösungsansätze und Interventionen in die Lebenswelt der Seminarteilnehmer zu transferieren.

Meine zukünftige Wahrnehmung über die gewünschte Vorstellung wird mit Hilfe der logischen Ebenen transferiert und integriert.

Betrachten wir diesen Prozess noch einmal am Beispiel der „Teambesprechung"!

Zunächst wir die Perspektive sehr unspezifisch auf die die Zukunft ausgerichtet.

- Wie stelle ich mir die nächste Teambesprechung vor?
- Was gibt es da zu sehen, zu hören und zu fühlen?
- Wie nehme ich mich wahr?

Im weiteren Verlauf wird die zukünftige Situation mit Hilfe der logischen Ebenen noch konkreter betrachtet.

Umwelt:
- Wo genau wird die nächste Teambesprechung stattfinden?
- Wann genau wird sie stattfinden?
- Welche Rahmenbedingungen werden sich verändert haben?

Verhalten:
- Wie werde ich mich in der nächsten Teambesprechung verhalten?
- Wie werde ich mich gegenüber X ... verhalten?

Fähigkeiten:
- Welche Fähigkeiten werde ich einsetzen?
- Welche Fähigkeiten werde ich zusätzlich noch einsetzen?
- Welche Fähigkeiten könnte ich noch gebrauchen?

Werte, Glaubenssätze:
- Was ist mir wichtig bei der nächsten Teambesprechung?
- Welche Einstellung ist förderlich für die nächste Teambesprechung?
- Was müsste ich glauben, damit die nächste Teambesprechung zu meiner Zufriedenheit verläuft! (Vorausgesetzt dies ist mein Ziel)

Identität:
- Wer bin ich dann in der nächsten Teambesprechung?
- Was hat sich bei mir verändert?

Zugehörigkeit:
- Zu welchem größeren Kreis gehören wir ... gehöre ich dann?

Je nach zeitlichem Ansatz können diese „Stufen" mit den gewonnenen Informationen noch einmal zurückgegangen werden!

Diese Form der Reflexion und des Transfers eignet sich insbesondere bei Veranstaltungen, die über mehrere Tage hinausgehen. Eine schriftliche Form unterstützt den individuellen Prozess und gewährleistet den Transfer als Erinnerung.

Als weitere Möglichkeiten stehen Ihnen zur Verfügung:

Systemische Bewertung durch eine Erlebnisreise

Sehr häufig ergeben sich erst Lösungsansätze als Ergebnis der in der Veranstaltung erlebten und beobachteten Prozesse. Reflektieren wir also den Gesamtprozess der Veranstaltung, ergeben sich aus der Betrachtung und Bewertung der einzelnen Seminarsequenzen vermutlich neue Perspektiven. Das Ganze ist mehr als die Summe der Einzelteile. Diesen Ansatz nennen wir die systemische Bewertung. Unterstützt werden kann diese Bewertung durch eine gedankliche Erlebnisreise. Wir sprechen hier auch von einer Trance. Durch den Trainer wird diese Trance mit Worten initiiert. Sie können auswählen, ob Sie die Trance mit entspannender und unterstützender Hintergrundmusik durchführen möchten.

Erlebnisreise oder Abschluss-Trance: Zum Abschluss unserer Veranstaltung lade ich Sie nun ein, um unseren gemeinsamen Prozess mit einer integrativen **Übung** abzuschließen.

Machen Sie es sich auf Ihrem Platz so bequem wie möglich … nehmen Sie eine entspannte Haltung ein … beginnen Sie nun Ihre Aufmerksamkeit nach innen zu richten … die Fußsohlen Ihrer Schuhe beider Füße verbinden sich mit dem Boden … und die Muskeln Ihrer Beine entspannen sich … die Muskulatur Ihres gesamten Körpers, insbesondere die Arme und Hände, des Nackens und des Gesichtes entspannen sich … genießen Sie dieses angenehme Gefühl … atmen Sie ruhig … gleichmäßig … entspannt … auf ganz natürliche Art … und Weise … weiter … Richten Sie Ihre Aufmerksamkeit nun nach innen … genießen Sie es, nun in völliger Ruhe, noch einmal auf den Verlauf der Veranstaltung zurückzublicken … und alles noch einmal … wie in einem Film … in einer Bildergalerie … vor Ihrem inneren Auge vorüberziehen zu lassen … alle für Sie wichtigen Inhalte, Ergebnisse und Erkenntnisse noch einmal … wie in einem Kino … zu betrachten … ablaufen zu lassen … und zu genießen … entscheiden Sie … was waren in dieser Veranstaltung die für Sie wichtigen Informationen? … Welche Erkenntnisse nehmen Sie für sich ganz persönlich mit? … Welche Veränderungen haben Sie sich vorgenommen … Was werden Sie konkret für sich umsetzen … Welche Veränderungen sehen Sie für Ihre berufliche Situation … Betrachten Sie all diese Erkenntnisse … nehmen Sie sich noch einmal die Zeit, die Sie brauchen, … um alles zu integrieren … so dass alle für Sie wichtigen Erkenntnisse … so wie Sie es wollen … in Zukunft auf eine ganz natürliche Art und Weise zur Verfügung stehen … und Sie immer dann … wenn Sie es wollen … diese Dinge weiterhin genießen können.

(Zeit lassen um zu genießen … Ganz langsam in Ihrem Tempo … richten Sie Ihre Aufmerksamkeit wieder nach außen … Kommen Sie nun auf Ihre ganz persönliche Art und Weise … zurück in diesen Raum … nehmen Sie ein paar tiefe Atemzüge … lassen Sie wieder Bewegung in die Finger … in die Arme und die Beine … kommen … lassen Sie die Bewegungen größer und größer werden … (immer lauter werden) … kommen

Sie in das Hier und Jetzt zurück ... recken und strecken Sie die Arme und Beine ... öffnen Sie die Augen ... und nehmen Sie wahr ... wie Sie sich jetzt fühlen ... seien Sie wieder ganz im Hier und Jetzt ... erholt und erfrischt nehmen Sie jetzt wieder am Prozess teil ...

Je nach Tageszeit und Situation beenden Sie die Trance.

Feedback des Trainers oder Moderators

Teilnehmer brauchen Feedback, denn Feedback bildet die Basis aller Lern- und Entwicklungsprozesse. Qualifiziertes Feedback geben zu können, gehört daher zu den wesentlichen Fähigkeiten eines Trainers oder Moderators.

> **Auf den Punkt gebracht:** Geben Sie Ihren Teilnehmern so viel qualifiziertes Feedback wie möglich!

Feedback geben will gelernt werden. Nicht jede Rückmeldung ist an sich schon förderlich. Im Gegenteil, schlecht formuliertes Feedback kann Leistung und Lernerfolg erheblich vermindern.

Was sollten Sie für qualifiziertes Feedback beachten?

- Lassen Sie nicht zu viel Zeit verstreichen zwischen dem Anlass und dem Feedback! Je kürzer der Abstand, umso größer ist der positive Effekt des Feedbacks. Es wirkt sich weit stärker auf den Lernerfolg bei Ihren Teilnehmern aus, als wenn Sie das Feedback auf einen späten Zeitpunkt hinausschieben.
- Geben Sie klares Feedback! Einer der häufigsten Feedbackschwächen ist, sehr verschwommenes oder gar kein kritisches Feedback zu geben. Meist wollen die Trainer ihren Teilnehmern nicht weh tun und scheuen daher die Konfrontation mit ihnen. Der große Irrtum dabei ist allerdings, dass sich dadurch Probleme vermeiden lassen. In der Regel fühlen sich alle schlechter, vom Trainer bis hin zum Teilnehmer. Fassen Sie sich daher ein Herz und trauen Sie sich, so schnell wie möglich auch kritische Punkte anzusprechen. Die daraus resultierende Klarheit tut allen gut!
- Achten Sie darauf, dass Ihre Beziehung zu den Teilnehmern kritisches Feedback verträgt. Wissen die Teilnehmer überhaupt, dass Sie sie als Person schätzen?

- Ist der Teilnehmer, dem Sie Feedback geben, zum jetzigen Zeitpunkt offen und aufnahmebereit für Feedback? Achten Sie auf die Körpersprache. Fragen Sie ihn: „Ich möchte Ihnen gerne Rückmeldung geben. Ist das ok für Sie?“
- Befindet sich der Teilnehmer in einem guten Zustand? Fühlt er sich gestresst und/oder leidet er an Selbstzweifeln, so verschieben Sie Ihr Feedback besser auf einen späteren Zeitpunkt.
- Rahmen Sie Feedback als grundsätzlich positiv: „Wenn ich glauben würde, dass es nutzlos ist, würde ich Ihnen gar kein Feedback geben. Gerade weil ich weiß, dass Sie die Fähigkeit besitzen, sich zu steigern, möchte ich Sie auf einige Punkte aufmerksam machen.“
- Grenzen Sie die Persönlichkeitsebene klar von der Verhaltensebene ab. Sprechen Sie daher konkrete Verhaltensweisen an! Feedback zum konkreten Tun liefert Hinweise, wie etwas besser getan werden kann. Bleibt die Rückmeldung vage und unkonkret, kann der Teilnehmer nur wenig Nutzen daraus ziehen.
- Führen Sie bei Interpretationen und Schlussfolgerungen stets konkrete Belege an. „Ich habe beobachtet, dass Sie in der Übung kaum Blickkontakt zu Ihrem Übungspartner hatten. Dies hinterließ bei mir den Eindruck, dass Sie sich nicht so recht auf die Übung einlassen wollten.“
- Sprechen Sie Veränderungswünsche und Ziele für die Zukunft an. Feedback wird dadurch zu einer positiven Anregung. Auch kritisches Feedback paart sich dann mit der positiven Grundhaltung: „Sie sind kein hoffnungsloser Fall. Sie können es, wenn Sie wollen und wenn Sie wissen, wie es zu tun ist.“
- Achten Sie während des Feedbacks darauf, dass der Empfänger Ihres Feedbacks in einem guten Zustand bleibt.

In der Regel geben sich auch die Teilnehmer gegenseitig Feedback, speziell, wenn sie in Kleingruppen miteinander üben. Bauen Sie unbedingt in Ihr Seminar eine Einheit zum Thema Feedback mit ein. Lassen Sie Ihre Teilnehmer üben, Feedback zu geben und zu empfangen. Geben Sie anschließend Feedback zum Feedback.

10. Ein eigenes Seminar planen

Selber Jonglieren – die eigene Planung

Jedes Seminar beginnt bereits lange vor dem offiziellen Start. Gute Planung ist eine wichtige Voraussetzung für Ihren Erfolg.

Bevor wir detaillierte Überlegungen anstellen, wie Sie

- Ihre Seminare noch effektiver planen können,
- mit Hilfe eines Modells ein konkretes Konzept und darüber hinaus auch konkrete Übungen für Ihre Veranstaltung entwickeln können, stellen wir Ihnen drei hilfreiche Planungsraster vor:
- Es handelt sich dabei um die schon etwas vertrauten logischen Ebenen (→ Glossar), und um
- die ebenfalls bereits erwähnten Wahrnehmungspositionen (→ Glossar) sowie um
- die Walt-Disney-Strategie (→ Glossar), der Sie hier das erste Mal begegnen.

Planungsraster

Stufen zum Planungserfolg – die logischen Ebenen: Die logischen Ebenen eignen sich hervorragend, die verschiedensten Fragen und Aspekte des Planens in einem übersichtlichen Schema einzugliedern und zu sortieren. Dies liefert Ihnen den großen Rahmen für Ihre Seminarplanung

Fragen Sie sich auf der

- Ebene Umwelt
  - Was wäre der geeignete zeitliche und räumliche Kontext?
  - Was steht tatsächlich zur Verfügung?
  - Was könnte daran verbessert werden? Usw.
- Ebene Verhalten
  - Was will ich konkret tun?
  - Welche Medien möchte ich einsetzen?
  - An welchen Verhaltenskriterien der Teilnehmer will ich festmachen, ob sie die vereinbarten Ziele erreicht haben? Usw.

- Ebene Fähigkeiten
  - Welche Fähigkeiten sollen erworben bzw. verbessert werden?
  - Welche Ressourcen und Kompetenzen benötige ich und muss ich aktivieren?
  - Welche Ressourcen kann ich bereits bei den Teilnehmern voraussetzen?
  - Welche Ressourcen stellt die Organisation/ der Auftrageber zur Verfügung?
- Ebene Glauben und Werte
  - Was ist die Kultur der Organisation und/oder der Gruppe?
  - Welche Werte sollen im Zusammenhang mit dem Ziel realisiert werden?
  - Welche Glaubenssätze stehen damit im Zusammenhang? Usw.
- Ebene Identität
  - Was ist mein Selbstverständnis als Trainer oder Moderator in Bezug auf diese Zielgruppe?
  - Verstehe ich mich als oder eher als Begleiter? Usw.
- Ebene Zugehörigkeit
  - In welchem Gesamtkontext ist das Training eingebettet?
  - Ist es ein Einzelseminar oder Bestandteil eines Projekts?
  - Wie ist die Nachbearbeitung?
  - Wie sollen die erworbenen Kompetenzen dauerhaft implementiert werden?

Planen unter verschiedenen Blickwinkeln – die Wahrnehmungspositionen

Um nicht an den Bedürfnissen und Anliegen der Teilnehmer und Auftraggeber völlig vorbeizuplanen, sollten Sie sich immer wieder in deren Position versetzen. Wechseln Sie während Ihrer Planung häufig Ihren Blickwinkel. Entwickeln Sie ein mehrdimensionales Bild des Seminars aus der eigenen Perspektive, der Teilnehmerperspektive und einer sachlich-objektiven Beobachterperspektive.

Gregory Bateson war überzeugt davon, dass wir umso weiser handeln können, umso mehr Perspektiven wir einzunehmen in der Lage sind. Dazu dürfen wir die Welt nicht ausschließlich aus den Grenzen der eigenen Haut heraus betrachten.

Manche Philosophen wie zum Beispiel *Helmuth Plessner* betrachten die Fähigkeit, zu sich selbst eine Beobachterposition einnehmen zu können, gar als entscheidendes Kriterium, uns Menschen von Tieren zu unterscheiden. (Inzwischen mehren sich Hinweise, dass einige Primatenarten ebenfalls dazu in der Lage sind.)

Seit jeher nehmen Menschen unterschiedliche Perspektiven ein. Sie betrachten die Welt aus der eigenen Perspektive (die erste Wahrnehmungsposition). Sodann schlüpfen Sie in die Haut eines anderen und erleben dieselbe Situation mit dessen Augen und Ohren (die zweite Wahrnehmungsposition).

Schließlich nehmen Sie eine komplette Außenperspektive ein und sehen und hören sich in Ihrer Interaktion mit anderen aus dem Blickwinkel eines Beobachters (die dritte Wahrnehmungsposition).

Lassen Sie sich mittels des folgenden Fragenkatalogs durch die drei Wahrnehmungspositionen führen. Tun Sie dies mehrmals während des gesamten Planungsprozesses.

- Nehmen Sie zunächst die erste Position ein:
  - Was sind Ihre Ziele?
  - Wie sehen Sie die Inhalte und die Themen?
  - Wie empfinden Sie aus dieser Perspektive die Teilnehmer und den Seminarrahmen?
  - Stellen Sie sich vor, Sie befinden sich im Seminar. Was benötigen Sie, um in einem guten Zustand zu sein? Was ist Ihnen wichtig?
- Schlüpfen Sie nun gleichermaßen aus Ihrer Haut und versetzen Sie sich in die Position des Teilnehmers:
  - Wie würden Sie die Inhalte aus deren Sicht erleben?
  - Sind die Präsentation, die Instruktionen, die Vergleiche wirklich verständlich?
  - Dient es den Zielen der Teilnehmer?
  - Ist der Nutzen aus dieser Perspektive ersichtlich?
  - Wie wirkt aus dieser Sicht der Trainer, wie er da vorne trainiert?
  - Was sind Ihre Bedürfnisse als Teilnehmer?
- Wechseln Sie erneut die Perspektive. Gehen Sie in eine neutrale Position, so als würden Sie das Training auf einem Video betrachten können. Was können Sie da bemerken?
  - Wir sehr liegen Trainer und Teilnehmer auf einer Wellenlänge?
  - Welche Muster der Interaktion lassen sich erkennen?
  - Welche Aufgaben und Ziele ergeben sich aus dieser Sichtweise?

Kreatives Planen – Die Walt-Disney-Strategie

Die Walt-Disney-Strategie ist ein „Werkzeug" für drei Phasen in einem kreativen Prozess.
(1) die Phase des Träumers
(2) die Phase des Realisten
(3) die Phase des Kritikers

In der **Phase des Träumers** entstehen neue Ideen. Hier gibt es kaum Einschränkungen und Grenzen des Denkens. Kreativität und Phantasie dienen hier nicht der unmittelbaren Umsetzung in die Tat. Der Träumer entwickelt in dieser Phase Ziele und Visionen.

In der **Phase des Realisten** wird der Fokus auf das gerichtet, was umsetzbar und was nicht umsetzbar ist. Der Realist konstruiert die Gegenwart und überlegt was realistisch sein könnte. In dieser Phase erstellt der Realist zur Umsetzung ein konkretes Konzept für die Ziele und Visionen des Träumers. Der Realist strukturiert den Plan zur Umsetzung logisch nachvollziehbar. Ziele werden operationalisiert und so gegliedert, dass konkrete Schritte und Aufgaben festgelegt werden.

Der **Kritiker** hat die Aufgabe aus einer Meta-Position das bisherige Konzept zu überprüfen. Er stellt fest, ob etwas vergessen wurde oder ob berechtigte Einwände von anderer Seite noch zu berücksichtigen wären.

Der Kritiker soll hier nicht als der Nörgler verstanden werden. Vielmehr ist er der wohlwollende, unterstützende und der konstruktive Kritiker.

Die Walt-Disney-Strategie beschreibt drei Phasen, bei denen innere Zustände und Haltungen berücksichtigt werden. Ressourcen die Menschen besitzen und mit denen es unabhängig voneinander möglich ist, Ziele zu finden und um diese Ziele zu verwirklichen, ein Konzept aufzustellen sowie die Kompetenz der Bewertung und Überprüfung einzusetzen. Es handelt sich also um Fähigkeiten, die wir Menschen besitzen. Aber werden diese Potentiale stets in dem ausreichenden Umfang unterstützend eingesetzt? Oder richtet sich der Fokus mehr oder weniger nur auf eine Phase und somit auf einen Zustand und eine innere Haltung? Könnten wir unsere Fähigkeiten nicht umfangreicher nutzen?

Möglichkeiten der kreativen Umsetzung: Die Walt-Disney-Strategie können Sie als Trainer für das Erarbeiten von Zielen und Visionen einsetzen. Überlegen Sie anhand der Phase des Träumers, welche Veranstaltungen nützlich sein könnten. Mit der Phase des Realisten werden Sie konkrete Konzepte zur Umsetzung erarbeiten. Der wohlwollende Kritiker wird Sie beraten, welche Ressourcen Sie zusätzlich noch gebrauchen könnten.

Die Walt-Disney Strategie bietet sich ebenfalls für die Arbeit mit Gruppen an. Teilnehmer wählen Ihre bevorzugten ‚Arbeitsphasen' aus und erarbeiten in der Kleingruppe Vorschläge für die jeweilige Phase.

Die Gruppe der „Träumer" ermittelt mit kreativen und phantasievollen Gedanken, Ziele und Visionen des Tätigwerdens.

Da die Realisten und Kritiker noch kein Ergebnis der Träumer zum Bearbeiten haben, sammeln Sie Kriterien für den gemeinsamen Umgang mit dem jeweils präsentierten Ergebnis. Vielleicht nutzen Sie diesen kleinen methodischen Exkurs und integrieren die Walt-Disney Strategie in Ihren ‚Werkzeugkoffer'.

Die Planung mit lösungsorientierten Fragen

Wie wir bereits festgestellt haben ist das Stellen von lösungsorientierten Fragen sehr hilfreich, nützlich und energiereich. Diesen Ansatz verbinden wir mit den am Trainingsprozess beteiligten Elementen. Die hier dargestellten Möglichkeiten können im jeweiligen Kontext weiterentwickelt werden.

Die didaktischen Elemente werden genutzt um Informationen und Lösungsansätze für die Planung der Veranstaltung zu erhalten. Methodisch erscheint es sinnvoll die einzelnen Elemente „fragend" zu betrachten.

Die Ergebnisse der Fragen zeigen deutlich, dass die Veränderung innerhalb eines didaktischen Elementes, auch Auswirkungen auf die anderen Elemente haben.

Die jeweiligen Antworten sind das Ergebnis für eine Seminarkonzeption.

Als Kontext der Überlegungen wählen wir folgenden Seminartitel aus: „Soziale Kompetenz im beruflichen Kontext analysieren, systemisch betrachten und weiterentwickeln“

Ziele
- Welche Ziele hat der Auftraggeber?
- Welche Ziele haben die Teilnehmer? Was ist den Teilnehmern wichtig? Wie kann ich ermitteln, was den Teilnehmern wichtig ist?
- Welche Ziele verfolge ich? Was ist mir wichtig?

Inhalt
- Welche Bedeutung hat der Inhalt in der Lebenswelt der Teilnehmer bisher gespielt?
- Welche Bedeutung hat der betreffende Inhalt für die Teilnehmer gegenwärtig?
- Welche Bedeutung wird der Inhalt für die Teilnehmer in Zukunft haben?
- In welchem größeren Zusammenhang steht der Inhalt?
- Welche Struktur hat der Inhalt?
- Welcher Sachverhalt und welches allgemeine Problem werden durch den betreffenden Inhalt gelöst?
- In welchem größeren Sinnzusammenhang stehen die Inhalte zueinander?
- Welcher Aspekt oder welches Phänomen des Inhaltes könnte für die Zugänglichkeit und die Erschließung besonders nützlich und förderlich sein?
- Welche Inhalte könnten die Teilnehmer unterstützen, um ihre Ziele zu erreichen?

Methoden
- Welche Methode wähle ich aus? Welche Methode ist mir aus welchem Grund wichtig?
- Welche Methode ist für den ausgewählten Inhalt am besten geeignet?
- Mit welcher Methode erreiche ich die „Darstellung“ für die Teilnehmer und mit den Teilnehmern am besten?
- Erreiche ich mit dieser Methode auch die formulierten Ziele?
- Welche Methode kann für die Erreichung der Ziele nützlich und förderlich sein?

Teilnehmer
- Kann ich die Teilnehmer mit dieser Methode „konfrontieren“?
- Wie „methodenfest“ und „methodengeübt“ sind die Teilnehmer“

- Wie seminarerfahren sind die Teilnehmer?
- Welche Methoden könnten für die Teilnehmer nützlich sein?
- Welche Rahmenbedingen könnten für die Teilnehmer nützlich sein?

Trainer
- Welche Einstellung könnte nützlich sein, um einen ressourcevollen Zustand zu erreichen?
- Welche Methode unterstützt mich bei der Erreichung meiner Ziele?
- Welche Methode beherrsche ich gut?
- Bei welcher Methode bin ich in einem guten Zustand?

Reflexion und Auswertung
- Welches Feedback kann die meisten/wichtigsten Informationen für meinen Reflexionsprozess zur Verfügung stellen?
- Welches Feedback ist für den weiteren Prozess bei den Teilnehmern am geeignetsten?
- Welche Form des Feedbacks ist für die Art des Seminars und somit für den Gruppenprozess geeignet?
- In welcher Form sollen die Inhalte in die zukünftige Lebenswelt der Teilnehmer transferiert werden?

Rahmenbedingungen
- Welche Rahmenbedingen können den Rapport (mit einzelnen Teilnehmern aber auch für den Gruppenrapport) unterstützen?
- Welche Rahmenbedingungen sind erforderlich, um die methodische Vorgehensweise zu ermöglichen oder zu unterstützen?
- Welche Medien benötige ich?
- Welche Unterstützung benötige ich noch?
- Welche Ressourcen habe ich noch?
- In welcher Umgebung findet die Veranstaltung statt?
- Welche Bedeutung haben die Rahmenbedingungen für die Teilnehmer?
- Welche Bedeutung haben die Rahmenbedingungen für mich?
- Welcher Veränderungen könnten nützlich sein, um die Teilnehmer in einen „förderlichen Lernzustand“ zu bringen?
- Welche Veränderungen könnten nützlich sein, um mich in einen „ressourcevollen Zustand“ zu versetzen?

Gesellschaftlicher Kontext
- Welche Auswirkungen hat die Veranstaltung auf das soziale Umfeld der Teilnehmer?
- In welchem Gesamtkontext findet die Veranstaltung statt?
- Gibt es einen umfassenden Rahmen, der für die Veranstaltung förderlich oder hinderlich sein könnte?

Planung mit den am Trainingsprozess
- beteiligten didaktischen Elementen,
- lösungsorientierten Fragen und
- der Walt-Disney-Strategie

Ein integrativer Ansatz

Bei den Fragen handelt es sich um eine Auswahl. Sie können mit den vorangestellten Gedanken auch verknüpft werden.

Sie haben bereits alle theoretischen Überlegungen kennen gelernt. Beginnen Sie also unmittelbar mit der Umsetzung. Wählen Sie Ihren Kontext – z. B. als Träumer, als Kritiker oder als Realist – und los geht's.

Didaktische Elemente und lösungsorientierte Fragen

- Was ist mein **Ziel**? Was will ich mit der/in der Veranstaltung erreichen?
- Was würde der **Inhalt** benötigen, um ‚sich' darzustellen?
- Welche **Methode** könnte
  - den Prozess
  - das Ziel
  - den Inhalt
  - die Teilnehmer
  - mich unterstützen?
- Welche Voraussetzungen bringen die **Teilnehmer** mit?
- Welche Vorkenntnisse sind vorhanden?
- Aus welcher „Praxis" kommen die Teilnehmer ?
- Was interessiert Sie gegenwärtig? Welche Methoden wären für die Teilnehmer unterstützend/hilfreich?
- Was benötige ich als **Trainer**, um in einen guten Zustand zu kommen bzw. zu bleiben?
- Was ist Ziel? Was ist mir wichtig?
- Welche Methoden kann ich bereits einsetzen?
- Welche Methodenkenntnis benötige ich noch,
  - um das Ziel zu erreichen?
  - um den Kernbereich des Inhalts darzustellen?
  - um den Inhalt für den gegenwärtigen Lebensweltbezug der Teilnehmer „erlebbar" zu initiieren?

- Welche **Rahmenbedingungen** sollten vorhanden sein, um
  - mein Ziel erreichen zu können?
  - das Ziel der Teilnehmer zu erreichen?
  - die Methoden zu unterstützen?
  - den „Inhalt" für die Teilnehmer mit der ausgewählten Methode „erlebbar initiieren zu können"
- Welche Bewertung ist hilfreich zur **Reflexion** für die Teilnehmer/für mich?
- Wann sollte die Reflexion genau erfolgen?
- Findet die Veranstaltung im privaten oder beruflichen **Kontext** statt?
- Welche Überlegungen sind noch nützlich?

Die Planung von Übungen in Seminaren

Didaktische Handlungskompetenz als Grundlage: Werden wir nun ganz konkret! Betrachten wir eine Situation die im Trainingsalltag immer wieder vorkommt. Eine Konzeption ist bereits erstellt. Sie wollen nun noch eine neue Übung in die Veranstaltung integrieren?

Wie entwickele ich eine neue Übung? Häufig kommt es jedoch vor, dass Sie auch spontan reagieren müssen oder dass aufgrund der Seminarsituation eine Übung zur Verstärkung des bisherigen Lernprozesses sinnvoll erscheint. Mit den folgenden Überlegungen wollen wir Ihnen eine Möglichkeit anbieten, auch kurzfristig in Situationen kompetent und professionell reagieren zu können. Mit dieser Handlungskompetenz ausgestattet werden Sie situativ und spontan Übungen planen, gestalten und durchführen können. **Handlungskompetenz** kommt dadurch zum Ausdruck in immer wieder neuen, nie genau vorhersehbaren Moderations- und Trainingssituationen Lernprozesse von Teilnehmern zielorientiert, methodisch abwechslungsreich und unter Berücksichtigung vorhandener Rahmenbedingungen, zu initiieren.

Betrachten Sie die didaktischen Elemente als Unterstützung für Ihre Überlegungen. Integrieren Sie all Ihre Vorerfahrungen und die Gedanken, die Sie haben. Kein Trainer wird mit einer solchen didaktischen Handlungskompetenz geboren. Sie entsteht vielmehr schrittweise durch praktische Tätigkeiten in Moderations- und Trainingssituationen, wird dadurch weiterentwickelt und hin und wieder auch aufgrund von einschneidenden Erfahrungen des Erfolgs und des Misserfolgs von Grund auf verändert. Der Aufbau einer solchen Handlungskompetenz für den täglichen Prozess bedeutet in der Analogie zur „kommunikativen Kompetenz", also zum Sprechen und sich verständigen können: Wenn ein Mensch, der einmal das Sprechen gelernt hat, mit dieser Kompetenz immer wieder neue Sinnzusammenhänge erfassen und selber herstellen kann, die den beim Lernen der Sprache zugrundeliegenden Sinnhorizont weit überschreitet, so kann auch ein Trainer, der eine moderations- und trainingsbezogene Handlungskompetenz erworben hat, völlig neue, bislang nicht geübte, vielleicht nicht einmal vorhergesehene Trainingssituationen gestalten.

Durch den schrittweisen Aufbau einer Handlungskompetenz haben Sie sich als Trainer eine Handlungs-Grammatik angeeignet, nach deren Satzbau-, Deklinations- und Konjugationsregeln Sie in Zukunft arbeiten können. Um diesen Vergleich wieder aufzulösen, sprechen wir anstatt von Handlungs-Grammatik in unserem Verständnis von dem Handlungsrepertoire, der didaktische Handlungskompetenz.

Diese didaktische Handlungskompetenz dient der Planung und Durchführung von Moderations- und Trainingsprozessen.

Allgemeine Überlegungen für die Planung von Übungen

Stellen Sie sich vor, Sie behandeln in Ihrer Veranstaltung mit Führungskräften das Thema „Soziale Kompetenz im beruflichen Kontext". Ein Baustein ist wiederum der „Umgang miteinander" und hier insbesondere der „Dialog als Grundlage für einen wertschätzenden Umgang". Inhaltlich haben Sie bereits einen Beitrag vorbereitet.

Soweit zu den Vorüberlegungen. Nun zur didaktischen Konstruktion:

Die erste Überlegung sollte sein

- Was ist mein Ziel?

- Was will ich erreichen?
- Was sollen die Teilnehmer lernen?

Die wichtigsten Führungsinstrumente der Gesprächsführung sind Fragen und Zuhören? In der Vorbereitung haben Sie bereits auf die Bedeutung des „Aktiven Zuhörens“ und den „Kontrollierten Dialog“ hingewiesen.

Um eine möglichst realistische Übungssituation herzustellen, entscheiden Sie sich, beide inhaltlichen Aspekte miteinander zu verbinden. Um es für die Teilnehmer verständlich und praxisnah zu vermitteln, haben Sie die inhaltliche Aussage des „Kontrollierten Dialogs“ auf die 3-K-Methode reduziert - kurz, knapp, konkret.

Wenn Sie nun eine Folie auflegen und die grundlegenden Aspekte zusammenfassend darstellen, würden Sie bei einer frontalen vielleicht inhaltlich kompetenten und perfekten Aussagen bleiben. Was aber ist konkret das Ziel?

Mein Ziel ist es, den zwölf Teilnehmern einen Rahmen zu geben, in dem sie den „kontrollierten Dialog“ üben und lernen können. Ein Teilnehmer soll das Formulieren von kurzen, knappen und konkreten Aussagen anhand eines vorgegebenen Themas üben. Dazu soll er drei Argumente finden und diese gegenüber seinem Gesprächspartner äußern. Dafür soll er fünf Minuten Zeit erhalten. Ein „Partner“ soll so Zuhören, dass er die Argumente, kurz und knapp und konkret wiedergeben kann. Dafür soll er ebenfalls fünf Minuten Zeit erhalten. Ein weiterer Partner soll diese Gesprächsführung kontrollieren. Jeder Partner soll jede Aufgabe einmal übernehmen.

Welche Methode wähle ich nun für die Umsetzung? Was wäre an dieser Stelle methodisch jetzt sinnvoll? Die Teilnehmer haben in den vergangenen 30 Minuten zu der angebotenen Darstellung Fragen gestellt, eigene Erfahrungen ausgetauscht und diskutiert. Ein methodischer Wechsel würde jetzt die Aufmerksamkeit weiter unterstützen.

Die Arbeit in kleinen Gruppen wäre jetzt hilfreich! Einteilung der Gruppe!!

Wie groß sollte eine Gruppe sein? Insgesamt sind es zwölf Teilnehmer. Für die Umsetzung benötige ich eine Person (A). A soll die Argumente kurz, knapp und konkret artikulieren. Eine weitere Person (B) soll zuhören und anschließend die drei Argumente genauso wiedergeben. Wer kontrolliert das Ergebnis? Können die beiden das selber tun? Damit sich A und B auf ihre Aufgabe voll und ganz konzentrieren können, wäre es hilfreich noch eine dritte Person (C) hinzuzunehmen. C kontrolliert dann den Prozess, insbesondere die kurze, knappe und konkrete Wiedergabe von B. Also benötige ich drei Personen. Bei einer Gruppengröße von zwölf Teilnehmern werde ich also vier Übungsgruppen haben. Wie gestalte ich es nun methodisch, das sich jeder Teilnehmer einmal in die Position A, B und C begibt. Daraus ergibt sich der größte Übungseffekt und das ganze wird zu einem Prozess? **Wie viel Zeit** wird für diesen Prozess benötigt? Für das Herausfinden und äußern der drei Argumente veranschlagen wir fünf Minuten. B wiederholt die Argumente. Ebenfalls fünf Minuten. C gibt B ein Feedback, ca. drei Minuten. An die Feedback-Regeln bei den inhaltlichen Voraussetzungen müssen wir also in der Vorbereitung noch denken! Rechnen wir die Zeit zusammen. Mit ein wenig Zeitreserve auch zum Wechseln der Rollen benötigen wir für einen Durchgang als 13 Minuten. Jeder der Teilnehmer soll einmal jede Rolle übernehmen und sich darin üben. Also benötigen wir drei Durchgänge. Insgesamt …? … 39 Minuten. Die Übung wird mit der Einteilung der Gruppen und dem Aufsuchen der Räumlichkeiten sowie dem Zurückkehren in den Seminarraum 45 Minuten dauern! Was ist mit der Auswertung? Also dafür benötigen wir auch noch mal 15 Minuten Zeit. Die gesamte Übung wird also insgesamt 60 Minuten dauern.

Wie teile ich nun die Gruppen ein? Wer sollte mit wem zusammenarbeiten? Sollte ich die Einteilung vornehmen oder finden sich die Kleingruppen selber? Durchaus eine Möglichkeit! Welche Kriterien sollte ich anlegen? Ich könnte sie abzählen lassen. 1-2-3 und dann wieder von vorn. Alle Einser bilden eine Gruppe, alle Zweier – nein – ein wenig spannender könnte es schon sein. Ein Blick in den Werkzeugkoffer ist nun hilfreich! Was haben wir da, ein Kartenspiel, mehrere Geldmünzen, Kunststofffiguren. Welche Assoziationen werden die Teilnehmer haben, wenn ich mich für welche Form der Gruppenbildung entscheide? Welche Methode habe ich bereits eingesetzt? **Was ist an der Stelle mein Ziel**? Mein Ziel ist es, schnell vier Kleingruppen zu bilden. Es soll die Aufmerksamkeit kurz auf die Methode und dann sofort darauf gerichtet sein, wer mit wem zusammenarbeitet. Die Entscheidung fällt an der Stelle auf das Kartenspiel. Bube, Dame und König in vierfacher Ausfertigung, Herz, Pik, Kreuz und Karo. Mischen. O.k.

Wie sieht es mit den Rahmenbedingungen aus? Wo soll die Übung stattfinden? Welche Räumlichkeiten habe ich zur Verfügung? Wie viel Platz benötige ich? Drei Personen, A, B und C, auf je einem Stuhl. Wenn jeweils eine Person spricht, sprechen insgesamt vier Personen. Von der Lautstärke wäre das in einem großen Raum erträglich und würde sogar praxisorientiert die Verhältnisse eines Großraumbüros widerspiegeln.

In der Übungssituation sollten sich die Teilnehmer jedoch auf die Aufgabenstellung konzentrieren. Ich habe zwei Gruppenarbeitsräume zur Verfügung. Zwischen dem Seminarraum und den Gruppenarbeitsräumen gibt es noch eine Sitzecke. Es ist also ausreichend Platz vorhanden. Ich werde die zur Verfügung stehenden Möglichkeiten nutzen.

Welche inhaltlichen Aspekte sind als Unterstützung für die Teilnehmer **noch wichtig?** Was benötigen Sie noch, um die Übung durchführen zu können?

Welche Informationen für einen Dialog hilfreich sind, wurden vorher ausreichend diskutiert. **Inhaltlich** sollten die Feedback-Regeln vorher noch besprochen werden. Das ist einerseits für den Prozess sehr hilfreich, denn C sollte inhaltliche Unterstützung erhalten. Andererseits sind die Feedback-Regeln auch für den täglichen Umgang miteinander und somit für das Gesamtthema interessant und von Bedeutung.

Die Teilnehmer benötigen auch noch drei Themen zu denen sie dann Argumente suchen. Thema 1: Stress – nur ein Phänomen unserer heutigen Zeit? Thema 2: Die Aufgaben einer Führungskraft. Thema 3: Winterurlaub versus Sommerurlaub? Moment. – Diese drei Themen könnte ich für die Gruppeneinteilung nutzen. Welche **methodische Variante** könnte ich hier noch einbauen, damit es für die Teilnehmer vielleicht noch interessanter wird und sie durch die Initiierung des Prozesses noch intensiver aufeinander zugehen müssen. Ich habe mich also für vier Gruppen entschieden. Für methodische Gestaltung benötige ich vier verschiedenfarbige Karten (DIN A6). Auf diese Karten schreibe ich jeweils deutlich lesbar die drei Themen. Ich lege die vier Karten nun übereinander und schneide sie in vier gleichgroße Teile. Mischen und losgeht es. Jeder der Teilnchmcr darf ein „Los" ziehen. Gewinnen wird jeder. Diese Initiierung hat zur Folge, dass zunächst Spannung aufgebaut wird. Jeder der Teilnehmer überlegt sich was nun folgen wird. Selbst wenn alte „Seminarhasen" die Gruppeneinteilung erahnen, wissen sie ja noch nicht, dass auf den Karten Ihre Themen stehen und was damit konkret erfolgen wird. Somit ist diese methodische Variante, ohne sie im Seminar besonders herauszuheben, stets interessant und wirkungsvoll.

Die farblich zusammengehörenden Personen gehen nun aufeinander zu, setzen die Karten in der Reihenfolge zusammen so dass der Text lesbar wird. Das erfordert einen Austausch untereinander. An der Stelle wird besonders deutlich, welche Möglichkeiten wir als Trainer haben, Prozesse zu initiieren und uns entbehrlich zu machen. Genau das macht einen professionellen Trainer mit einer individuellen Handlungskompetenz aus.

Es fehlt jetzt noch die konkrete Übungsanweisung. Wie werde ich diese Übungsanweisung umsetzten. **Was ist mein Ziel**? Die Teilnehmer sollen kurz, knapp und konkret die Übungsanweisung erhalten. Für den Wahrnehmungsprozess sollten möglichst viele Sinne angesprochen werden. Die Teilnehmer sollen die Anweisung sehen, hören, fühlen und selbst aktiv zum Handeln kommen. Daraus soll auch der aktive Übergang zur Übung hergestellt werden. Jeder Teilnehmer sollte jederzeit die Möglichkeit haben, die Anweisung ohne großen Aufwand nochmals nachzuvollziehen. Wie setze ich dieses Ziel nun konkret um?

Welche methodischen Überlegungen könnten unterstützend sein? Beginnen wir mit dem **visuellen Wahrnehmungskanal**. Ich werde die Übungsanweisung auf das Wesentliche reduziert und dann strukturiert auf einem Blatt des Flip-Charts aufschreiben, so dass sie von den Teilnehmern gesehen werden kann. Zusätzlich werden ich kleine Bilder ‚skizzieren'. Damit wird sowohl das Potential der linken Gehirnhälfte (strukturierter Text) als auch der rechten Gehirnhälfte (Bilder) angesprochen. Farbliche Unterstützung (max. rot, blau, schwarz und grün) könnte weiterhin hilfreich sein. Zu den Anweisungen, die verkürzt skizziert sind, werde ich mit eigenen Worten kurz, knapp und konkret ergänzen. Somit ist der **auditive Wahrnehmungskanal** auch bedient.

Jetzt werden Sie sicherlich fragen, auf welche Art und Weise wird nun der kinästhetische Teil des Zieles methodisch umgesetzt. Er wird durch das „Ziehen der Lose" erreicht. Nachdem die Übung am Flip-Chart ‚gezeigt' und ‚erklärt' wurde, „werden Sie sich jetzt sicherlich fragen, wer ‚arbeitet' mit wem zusammen. Dazu habe ich Ihnen Lose mitgebracht. Ziehen Sie und bestimmen es selber." In dem Moment, in dem die Teilnehmer die ‚zerschnittenen' Karteikarten ‚in die Hand nehmen', spüren und fühlen sie das Papier. Also ein höchst kinästhetischer Vorgang. Aber es geht noch weiter. Sie behalten die Karten weiterhin der Hand und ‚spüren' (**kinästhetisch**) unbewusst weiter. Zudem sehen sie die Karten beim Zusammensetzen, sie lesen (**visuell**) den Text und reden (**auditiv**) miteinander. Kleinigkeiten werden Sie sagen. Sie haben Recht. Aber genau diese Details mit der jeweiligen Wirkung durchdacht, werden dann wirkungsvoll, wenn sie auf eine wertschätzende und authentische Art zusammengefügt werden. Betrachten wir diese Details in dem Prozess aus systemischer Perspektive, dann ist das Ganze mehr als die Summe der Einzelteile.

Wenn Sie die inhaltliche Übungsanweisung an die Teilnehmer weitergegeben haben, geben Sie die Zeit für die Übung und die Gruppeneinteilung bekannt. Ein Hinweis auf eine anschließende gemeinsame **Auswertung** ist ebenfalls angebracht. Ein kurzes, direktes Feedback ist in der Kleingruppe ja bereist erfolgt. Eine weitere Reflexion der Übung ist wichtig, damit das in der Übung Erlebte durch die Reflexion zu neuen Erfahrungen werden kann. Die Auswertung leiten Sie mit Reflexionsfragen ein.

Die Überlegungen zu den **Teilnehmern** haben sich sicherlich wie ein roter Faden durch den gesamten Konzeptionsprozess hindurchgezogen. Was kann den Inhalt unterstützen, so dass die Teilnehmer ihn nicht nur sehen und hören, sondern aktiv in Form einer Handlung in ihre Persönlichkeit integrieren können? Wir haben uns für eine Übung entschieden. Was benötigen Teilnehmer, damit alle Sinne angesprochen werden? Was ist erforderlich, damit Teilnehmer mehr und mehr selbständig zum Handeln kommen? Betrachten Sie hier die methodische Auswahl als jeweilige Antwort.

Der **Trainer** hat die Aufgabe, die Übung mit allen Konsequenzen vorher in allen Details zu durchdenken, zu planen und dann zu initiieren. Das bedeutet, dass für die eigentliche Detailarbeit eine ziel- und teilnehmerorientierte didaktische Handlungskompetenz des Trainers erforderlich ist. Diese Arbeit findet nicht nur in der konkreten Handlungssituation, sondern vor der der eigentlichen Übung statt. Zu der Handlungskompetenz des Trainers gehört es dann auch, dass er sich während der eigentlichen Übung im Hintergrund aufhält und eine eher beobachtende Rolle einnimmt und sich an dieser Stelle entbehrlich macht.

Eine Möglichkeit also, um eine konkrete Übung zu durchdenken und zu erstellen. Es geht hier nicht darum, genau diese Übung als die unbedingt geeignete herauszustellen. Betrachten Sie diese Übung als eine exemplarische Darstellung, die die Komplexität des didaktischen Denkens und späteren Handelns, dass kommt situativ ja noch dazu, einmal deutlich herausstellt.

Nun werden Sie sicherlich sagen, wenn ich mir jedes Mal diese Gedanken für die didaktische Konstruktion einer Übung machen soll, dann ist das ja sehr aufwändig. Die genauen Überlegungen zum Ziel und zur methodischen Auswahl. Und die ganzen Wechselbeziehungen, die ich mit berücksichtigen muss. Es ist zu Beginn sicherlich sehr komplex. Das stimmt. Sich dieser Herausforderung zu stellen, ist jedoch lohnenswert. Indem die Elemente des Handlungsprozesses stets planend und reflektierend sowie die ständig entstehenden Wechselbeziehungen berücksichtigend im Moderations- und Trainingsalltag gelebt werden, entwickeln Sie eine individuelle didaktische Handlungskompetenz. So ist es jederzeit möglich, seine ganz spezielle individuelle didaktische Handlungskompetenz selbständig herzustellen, zu vertiefen, zu verfestigen und ständig zu üben, um zu einer Professionalität zu gelangen, bei der jeder für sich selber formuliert und entscheidet, welches Ausmaß und Umfang diese professionelle didaktische Handlungskompetenz haben soll. Fangen Sie an zu jonglieren.

Würden wir diese zugrundeliegenden Gedanken jedes Mal aufschreiben oder mit den Teilnehmern besprechen, wäre eine erfolgreiche Veranstaltung sicherlich nicht gewährleistet. Didaktisches Denken und damit didaktische Konstruktionen sind also Reduktionen der Komplexität. Und hierfür wiederum sind Modelle nützlich.

Reduzieren wir also die didaktischen Überlegungen, fassen wir mit Unterstützung der Elemente des Pyramidenmodells zusammen:

Das Ergebnis: Eine konkrete Übung in der Zusammenfassung – „Der Kontrollierte Dialog"

Ziel(e): Jeder Teilnehmer soll ein Gespräch in Form des „Kontrollierten Dialogs" üben. Dabei ist er als A einmal in der aktiven, argumentierenden Rolle. Als B ist er in der zurückmeldenden Rolle. Hier wiederholt er kurz, knapp und konkret (3-K Methode) die gehörten Argumente. Als C gibt er B ein Feedback. Für die Rollen A und B erhalten die Teilnehmer jeweils fünf Minuten, für die Rolle C, drei Minuten Zeit.

Methoden:

- Arbeit in Kleingruppen
- vier Gruppen à drei Personen (A, B, C)
- Gruppeneinteilung mit Spielkarten (möglich, aber nicht so angemessen)
- Gruppeneinteilung mit verschiedenfarbigen Karten, auf denen jeweils drei Themen lesbar stehen
- Verschiedenfarbige Karten werden in Anzahl der Gruppenmitglieder als „Lose" ausgeteilt
- Übungsanweisung wird auf dem Flipchart farblich in reduziert Form und mit kleinen Bildern „skizziert" dargestellt

Inhalt:
- Thema: Soziale Kompetenz im beruflichen Kontext
- Kontrollierter Dialog: 3-K-Methode (kurz, knapp und konkret)
- Feedback-Regeln
- drei Themen

Teilnehmer:
- zwölf Teilnehmer
- Führungskräfte
- Sollen selbständig und reflektierend die Übung durchführen

Trainer:
- Detaillierte didaktische Konstruktion der Übung vorher
- Während der Übung in der Beobachterrolle
- Nutzung des „methodischen Werkzeugkoffers“
- Einsatz und Umgang mit Reflexionsfragen

Rahmenbedingungen:
- Ein Seminarraum
- Zwei Gruppenarbeitsräume
- Sitzecke zwischen den Räumlichkeiten
- Flipchart mit Papier
- Verschiedenfarbige Karteikarten
- Farbstifte

Bewertung:
- Auswertung erfolgt unmittelbar in dem B von C ein Feedback erhält (drei Minuten)
- Anschließend 15 Minuten Reflexion mit allen Teilnehmern

Unsere Philosophie

Wenn Sie mit den hier erwähnten Werkzeugen jonglieren, werden Sie Ihre Moderations- und Trainingsveranstaltungen verändern.

Durch Reflexion unserer Arbeit bemerken wir, wie wichtig eine individuelle innere Haltung als Grundlage für die Tätigkeit als Trainer ist. Vielleicht entdecken Sie interessante Aspekte in unserer Philosophie. Es ist auch möglich, dass Sie sich sogar ein wenig mit diesen Gedanken anfreunden. „Menschen in ihren individuellen Prozessen so zu unterstützen, dass sich ihre Persönlichkeit zu einem selbständigen, authentischen und kongruenten Individuum weiterentwickeln kann“, ist für uns eine sehr hilfreiche Orientierung für das didaktisches Denken und Handeln in Moderations- und Trainingsprozessen.

Menschen haben seit Jahrhunderten große Anstrengungen für die Individuation der menschlichen Persönlichkeit aufgebracht. Freiheit war, ist und wird im menschlichen Leben das Ziel sein, das Menschen verfolgen und dafür die zur Verfügung stehenden Ressourcen einsetzen werden. Häufig sind diese persönlichen Ressourcen jedoch unentdeckt, eingefroren oder auch nur verstaubt. Es ist also einerseits etwas schwerer, andererseits aber auch relativ leicht, die eigenen Fähigkeiten zu erkennen und die Ressourcen zu entdecken.

Wir lernen also ständig dazu. Wir erleben immer wieder Situationen und verhalten uns in diesen Situationen. Es kommt also permanent zu Veränderungen der inneren Prozesse und unserem nach außen gerichteten Verhalten. Das wird uns meist jedoch nur dann bewusst, wenn uns andere Menschen darauf aufmerksam machen, sowohl im hinderlichen als auch im förderlichen Sinne. Lernen verstehen wir als einen lebenslangen Prozess, der neue Erlebnisse durch Reflexion zu neuen Erfahrungen werden lässt und diese in vorhandene Erfahrungen integriert. Lernprozesse erfolgen aber auch dadurch, dass getrennte

Erfahrungen miteinander verknüpft werden und so neue Perspektiven ermöglicht werden. Häufig geschieht dies unbewusst und wir sind plötzlich erstaunt welche Möglichkeiten wir haben. Durch die Anwendung der NLP Werkzeuge ist die Wahrscheinlichkeit relativ groß, Menschen durch Moderations- und Trainingsprozesse individuell in ihren persönlichen Lernprozessen so zu unterstützen, dass diese Prozesse ziel- und ressourcenorientiert von jedem Menschen selbst bewusst gesteuert werden können.

Warum wird dieser individuelle Prozess in Zukunft von immenser Bedeutung sein?

Aufgrund der Individualisierung in unserer Gesellschaft wird es immer wichtiger, für den einzelnen Menschen herauszufinden was für ihn in der jeweiligen Situation wichtig erscheint.

Werte werden nicht mehr automatisch aufgrund von gesellschaftlichen Prozessen tradiert. Menschen benötigen einen Rahmen für das, was sie erleben und wie sie sich verhalten. Sie benötigen eine Orientierung. Wenn diese Orientierung durch das Brüchigwerden lebensweltlicher Kategorien wie Klasse und Stand, Geschlechtsrollen, Familie und Nachbarschaft jedoch nicht mehr gegeben ist, suchen Menschen nach Möglichkeiten, diese Orientierung für sich selbst herauszufinden. Dabei benötigen sie Unterstützung, die wertschätzend den individuellen Prozess berücksichtigt und die subjektiven Erfahrungen zur Grundlage von Veränderungsprozessen nutzt.

Systemisch-konstruktivistische Überlegungen

Weiterbildungsveranstaltungen, in denen Personalentwicklungsprozesse im Vordergrund stehen, sind eng verbunden mit gesellschaftlichen Prozessen, die von der Individualisierung der Menschen geprägt sind. Um diese Individualisierungsprozesse zu berücksichtigen, ist für uns der zentrale Ausgangspunkt unseres didaktischen Denkens und Handelns die Wertschätzung gegenüber den beteiligten Menschen in unseren Weiterbildungsveranstaltungen.

Gleichzeitig bildet die wertschätzende Haltung auch das ethische Fundament unserer systemisch-konstruktivistischen Sichtweise.

Systemisch deshalb, weil wir davon ausgehen, dass Moderations- und Trainingsveranstaltungen ein zusammengesetzes Ganzes sind, zusammengesetzt aus den beteiligten Elementen. Es handelt sich somit um ein System. Ein zusammengesetztes Ganzes, das mehr ist als die Summe seiner Einzelteile. Dieses Mehr besteht in den gegenseitigen Wechselwirkungen zwischen den Elementen, die wechselseitig so aufeinander bezogen sind, dass die Veränderungen eines Elements unmittelbar zur Veränderung aller anderen Elemente im gesamten System führen.

Konstruktivistisch deshalb, weil wir davon ausgehen, dass es die vermutlich angenommene Objektivität unserer Außenwelt nicht gibt. Vielmehr gehen wir von der Vorstellung aus, dass wir Menschen uns unsere jeweilige Realität aufgrund bisheriger Erfahrungen konstruieren.

Die Wirklichkeiten, die wir wahrnehmen und auf die wir reagieren, einschließlich der auftretenden Probleme und Störungen, sind das Ergebnis der Wechselwirkung zwischen dem Wahrnehmungsstandpunkt, den wir einnehmen, den Mitteln, die wir verwenden, und der Sprache, die wir benutzen, um diese Wirklichkeiten mitzuteilen. Von daher gibt es keine „wahre" Wirklichkeit, sondern nur so viele mögliche Wirklichkeiten, wie es mögliche Wechselwirkungen zwischen Subjekt(en) und Wirklichkeit gibt (*Watzlawick* 1999).

Diese Art und Weise des didaktischen Denkens und Handelns verbinden wir mit den Werkzeugen des NLP.

Erinnern Sie sich noch?

- **N** steht für **Neuro** und bezieht sich auf die Ergebnisse aus der Gehirnforschung, über die Art und Weise wie Menschen wahrnehmen, denken, fühlen und wie das Gehirn innere und äußere Reize verarbeitet.
- **L** steht für **Linguistik** und bezieht sich auf die Sprachforschung. Menschen speichern mit Hilfe der Sprache inneres Erleben und teilen es nach außen anderen Menschen mit. Mit Hilfe der Wahrnehmung erstellen Menschen die „Landkarte

ihrer Realität" und präsentieren sie anderen Menschen über die Sprache.
- **P** steht für **Programmieren** und bezieht sich auf die Fähigkeit, wenn wir es wollen, Wahrnehmung, Gedanken und Gefühle und somit auch Verhaltensweisen so zu verändern, dass sie für unsere individuellen Persönlichkeitsprozesse nützlich sind.

Die pragmatisch ausgerichteten Handlungsmodelle des NLP dienen einer Verbesserung der zwischenmenschlichen Kommunikation sowie der persönlichen Entfaltung.

NLP beschreibt – ausgehend von Erkenntnissen der modernen Systemtheorie, Linguistik, Neurophysiologie und Psychologie – die wesentlichen Prozesse, wie Menschen
- sich selbst und ihre Umwelt wahrnehmen,
- diese Informationen auf ihre eigene Weise verarbeiten
- auf dieser Grundlage handeln,
- miteinander kommunizieren,
- lernen
- und sich verändern

Wir Menschen unterscheiden uns in der Art und Weise, wie wir bestimmte Situationen, uns selbst, andere Menschen, unsere Beziehungen, die beruflichen Tätigkeiten und das Leben allgemein erleben. Je nachdem wie wir zu einem bestimmten Zeitpunkt uns selbst und unsere Umwelt wahrnehmen, wie wir denken, welche Überzeugungen wir haben, wie wir fühlen und wie wir diese Gefühle bewerten, kann ein und dieselbe Situation angenehm und wohltuend oder als schwierig und belastend erlebt werden.

Hier sehen wir den Ansatzpunkt zu den bereits erwähnten und sich weiterentwickelnden gesellschaftlichen Individualisierungsprozessen. NLP erscheint uns neben anderen Ausrichtungen als ein geeignetes Werkzeug, um in der heutigen Zeit, aber auch für die Zukunft Personalentwicklungsprozesse individuell und wertschätzend begleiten zu können sein.

Wir verstehen NLP auch als **N**atürliche **L**ebens **P**rozesse. Dieses Verständnis ermöglicht es uns, unabhängig von der inhaltlichen Ausrichtung

- das eigene Verständnis für zwischenmenschliche Kommunikationsprozesse zu verfeinern
- sich – unabhängig von der methodischen und inhaltlichen Ausrichtung der eigenen Arbeit – noch leichter auf die individuelle „Realität“ des Gegenübers einzustellen
- die eigene Flexibilität im Umgang mit Menschen unterschiedlichster Herkunft beachtlich zu erweitern sowie
- sich flexibel den Herausforderungen einer sich ständig wandelnden Welt zu stellen.

Glossar

Die kursiv geschriebenen Wörter werden im Glossar ebenfalls erwähnt.

Assoziieren

Sich zu assoziieren beschreibt den Prozess des bewussten Erlebens und des sich Hineinsteigerns in eine gewählte Situation. Wenn Menschen sich in einem assoziierten Zustand befinden, sind sie stark auf etwas konzentriert.

Analog markieren

Wir heben mit einem Textmarker bewusst Stellen in einem Text hervor. Bezogen auf Trainingsprozesse heben wir durch Körpersprache bewusst wichtige Überlegungen und interessante Aspekte hervor. Wir ‚unterstreichen' mit der Körpersprache.

Anker

Anker sind Impulse oder Reize auf die wir Menschen jeweils auf eine bestimmte Art und Weise reagieren. Anker sind externe Auslöser, die eine individuelle innere Wirkung hervorrufen. Anker können → *sinnesspezifisch* bewusst gesetzt oder auch unbewusst erlebt werden. Denken wir z. B. an Musik die uns an ein bestimmtes Ereignis erinnert. Sie aktiviert, beruhigt oder löst individuell andere Assoziationen aus. Betrachten wir die Werbung als eine Möglichkeit Anker einzusetzen. In der Werbung werden → *sinnesspezifische* Reize bewusst eingesetzt. Bilder (visuell) von sympathischen Personen, markante Stimmen (auditiv), einprägend Sätze, wie ‚das fühlt sich gut an' (kinästhetisch) werden genutzt um positive Assoziationen hervorzurufen. Durch Wiederholung und Verbindung mit einem Logo kommt es zu einem ankern der hinter dem Logo stehenden sinnesspezifischen Reize. Bei der Wahrnehmung des Logos werden unbewusst die dahinter befindlichen Reize ausgelöst.

Änderungstechniken

Damit ist die Gesamtheit der NLP-→ *Interventionen* gemeint, bei denen Probleme oder Störungen nachhaltig verändert werden sollen.

Blitzlicht

Eine kurze Rückmeldung (Feedback) zu einer Seminareinheit. Das Blitzlicht kann während oder am Ende einer Veranstaltung eingesetzt werden. Ein Blitzlicht wird nicht kommentiert.

Dissoziieren

Dissoziieren wird im NLP als Gegenteil von → *assoziieren* (erleben) verstanden. Es bedeutet die Trennung oder ein bewusstes Abstand nehmen von dem eigenen intensiven Erleben (= → *assoziieren*). Sich von einem eigenen Erlebnis (z. B. eine Achterbahnfahrt) zu dissoziieren bedeutet, diese Situation von außen zu betrachten (von außen zu sehen und zu hören).

Du-Position

Die → *Du-Position* ist die Wahrnehmung einer Situation aus der Perspektive einer anderen Person. Wir sprechen hier auch von der zweiten Position der → *Wahrnehmungspositionen*. Ich begebe mich in die Haut eines anderen Menschen und erlebe die Situation aus der Perspektive dieser Person. Ich sehe mit den Augen, höre mit den Ohren und fühle wie diese Person Ich stelle mir vor, wie es wäre, wenn ich die Situation von dieser Perspektive aus wahrnehmen würde.

4-Mat-Modell („Format"-Modell)

Das 4-Mat-Modell ist ein sehr klares und nützliches Frageraster zur Vorbereitung und zum Start von Seminaren. Es besteht aus vier Fragen, die ein großes Spektrum an Teilnehmererwartungen und -bedürfnisse abdecken, so dass ihnen der Zugang zum Seminar und dessen Themen erheblich erleichtert wird. Solange die Teilnehmer noch nicht wissen, was sie im Seminar erwartet, wie es ablaufen wird und was sie konkret davon haben, lassen sie sich in der Regel noch nicht wirklich auf das Seminar ein.

Die Fragen im Einzelnen sind:

- **Was** werden wir lernen? Der Trainer gibt einen kurzen Überblick über die Inhalte und wichtigsten Daten des Seminars.
- **Warum** lernen wir dies? **Worauf** bauen wir auf? Der Trainer verknüpft die Seminarinhalte mit dem Vorwissen der Teilnehmer und mit allgemeinem, auch theoretischen Hintergrundwissen.
- **Wie** werden wir lernen? Der Trainer skizziert Ablauf und Gestaltung des Seminars sowie das konkrete Vorgehen.
- **Wozu** lernen wir das? **Was** können wir damit anfangen? Für viele Teilnehmer sind dies die wichtigsten Fragen. Der Trainer umreißt, was die Teilnehmer mit den Seminarinhalten konkret in der Praxis anfangen können, wie sie sie umsetzen können und welchen Gewinn sie sich davon erwarten können.

Future Pace

Das Überbrücken in die Zukunft. Future Pace ist eine Verfahrensweise des NLP jeweils am Ende von Interventionen (→ *Änderungstechniken*)

Beispiel: Ausgangssituation: Ich will mein Verhalten in einer Teambesprechung gegenüber einer Kollegin verändern. Nach einer NLP-→ *Intervention* wird mein zukünftiges Verhalten gegenüber der Person in der jeweiligen Situation befragt:

Wie stelle ich mir die nächste Teambesprechung vor? Was gibt es in dieser Situation zu sehen, zu hören, zu fühlen *(→ VAKOG)*? Wie nehme ich mich von außen wahr (*dissoziiert*)? Wie werde ich mich verhalten, was werde ich tun?

Das Ergebnis ist gleichzeitig der Test für die Qualität und Intensität der erfolgten → *Intervention*. Eine positive zukünftige Vorstellung nach einer Intervention ist ein Zeichen dafür, dass die gewünschten Verhaltensveränderungen natürlich und automatisch eintreten können. Negative zukünftige Vorstellungen sind ein Zeichen dafür, dass die → *Intervention* wenig oder kaum Auswirkung auf das tatsächliche Verhalten in der Zukunft haben wird.

Ich-Position

Die → *Ich-Position* ermittelt das Erleben aus der eigenen Perspektive. Wir sprechen auch von der ersten Position der → *Wahrnehmungspositionen.* Die äußere Welt wird selbst wahrgenommen *(→ VAKOG)*. Ich sehe, höre, fühle, rieche und schmecke in der jeweiligen erlebten oder konstruierten Situation. Es handelt sich hier um das eigene, unmittelbare und ungefilterte Erleben. Mein ganz individueller Standpunkt.

Interventionen

Der Begriff für alle Maßnahmen und Prozesse im NLP, die Menschen mit sich selbst oder anderen bewusst unternehmen, um innere oder äußere Wirkungen zu erreichen.

Kalibrieren

Einen Menschen zu kalibrieren bedeutet, sich auf ihn fein abzustimmen. Kalibrieren beschreibt den Prozess, mit dem wir uns auf die körpersprachlichen Signale des anderen einstimmen und der beim anderen Menschen einen ganz bestimmten Zustand anzeigt. Beim Kalibrieren wird die Fähigkeit gefordert, nonverbale Signale genau wahrzunehmen und die Physiologie der inneren Zustände des Menschen den äußeren Signalen zuordnen.

Während des Kalibrierens konzentriert sich ein geschulter Beobachter auf bestimmte Verhaltensweisen einer Person. Beispielsweise werden Körperbewegungen detailliert beobachtet. Gleichzeitig wird in Erfahrung gebracht, was er gerade denkt oder wie er sich fühlt. Externe Signale und interne Aspekte werden „festgehalten". Kalibrieren gehört zu den Basis-Techniken (→ *Rapport,* → *Pacing,* → *Leading*) im NLP.

Leading

Innerhalb von Kommunikationsprozessen bedeutet Leading – Führen. NLP als Werkzeug für Moderatoren und Trainer ist zielorientiert. Sie kommunizieren auf ein Ziel hin. Sie führen das Gespräch, indem Sie gezielt Fragen stellen, gezielt Hypothesen entwickeln und gezielt → *Interventionen* anbieten und durchführen.

Logische Ebenen

Der Ausdruck der logischen Ebenen bezeichnet im NLP ein Modell das in Anlehnung an das Lerntypenmodell *(Bateson)* von *Robert Dilts* entwickelt wurde. *Dilts* behauptet, dass unser Gehirn wie jedes biologische oder soziale System in Form von Ebenen organisiert ist. In der Literatur wird auch oft von den neurologischen Ebenen gesprochen. Die verschiedenen Ebenen setzen ein Engagement auf der nächsten höheren Ebene voraus. Im Ansatz von *Dilts* handelt es sich um fünf Ebenen: (1) die Umwelt (2) das Verhalten (3) die Fähigkeiten (4) die Werte und Überzeugungen (5). Das Modell wird in der Literatur um die Ebene der Zugehörigkeit (6) erweitert.

Die Logischen Ebenen im Einzelnen:

(1) Umwelt: Erlebnisse erfolgen in einer bestimmten Umwelt. Räumliche und zeitliche Umstände sind äußere Auslöser für Verhaltensweisen von Menschen.

Der Bereich der Umwelt kann mit den Fragen „Wo?“ und „Wann?“ in Erfahrung gebracht werden.

(2) Verhalten: Damit sind Aktionen und Reaktionen von Menschen gemeint, die von außen durch andere Personen wahrnehmbar sind. Das Verhalten ist von außen im Handeln, den Worten, der Bewegung und der Atmung wahrnehmbar. Fragen nach dem „Was für ein Verhalten wird gezeigt?“ oder „Was wird genau getan?“ werden gestellt.

(3) Fähigkeiten: Damit ein bestimmtes Verhalten gezeigt werden kann, sind kognitive und emotionale Prozesse notwendig. Unser Verhalten wird vom Denken und unseren Gefühlen beeinflusst. Welches Denken und welche Gefühle veranlassen uns bestimmte Tätigkeiten auszuüben? Fähigkeiten sind innere Prozesse die ablaufen und von außen nicht unmittelbar wahrnehmbar sind. Sie werden durch die Fragen „Welche Fähigkeiten setzen Sie dann ein?“ ermittelt.

(4) Werte und Überzeugungen: Auf dieser Ebene werden die Glaubenssätze, die Überzeugungen und die Werte in der jeweiligen Situation ermittelt. Sie liegen unserem Handeln zugrunde und bilden die Grundlage für unsere Motivation. Menschen setzen ihre Fähigkeiten, die sie besitzen nur dann ein, wenn Glaubenssätze und Überzeugungen vorhanden sind, die den Einsatz dieser Fähigkeiten auch zulassen. Glaubenssätze sind Interpretationen aus früheren Erlebnissen. Es handelt sich um persönliche Überlegungen, warum etwas so und nicht anders ist. Um dies in individuell in Erfahrung zu bringen, werden Fragen nach dem „Warum ist das wichtig?" oder „Was ist wichtig?" gestellt.

(5) Identität: Menschen haben von sich, ihrem Verhalten und ihren Fähigkeiten bestimmte Vorstellungen. Verbunden mit den Glaubenssätzen und den Überzeugungen konstruieren sich Menschen ihr „Selbst-Bild". Die Frage dazu lautet: „Wer bin ich (wenn ich an dem Ort, zu der Zeit, mit dem Verhalten, den Fähigkeiten und den Überzeugungen lebe)?"

(6) Zugehörigkeit: Hier geht es um die Zugehörigkeit zu etwas Größerem oder Höherem. Fragen nach der Vision, dem Sinn des Lebens, einer Mission oder den Lebensaufgaben werden gestellt: „Zu welchem größeren Kreis gehöre ich dann?"

Metaplankarte

Karton-Karten in unterschiedlichen Größen und Farben zur Visualisierung von Inhalten. Sie werden auch zur methodischen Gestaltung von Prozessen eingesetzt.

Metaposition

Die Meta-Position beinhaltet die Wahrnehmung einer Person, die von außen, ohne Gefühle, wahrnimmt. Wir sprechen hier auch von der dritten Position der → *Wahrnehmungspositionen*. Bildhaft nennen wir sie auch die Vogel - oder Hubschrauberperspektive. Es handelt sich hier um die Sichtweise zu der ersten und der zweiten Position. Von hier aus können Interaktionen zwischen anderen Personen und Positionen ohne direkte eigene Beteiligung erfolgen.

Modellieren

Im Verständnis von NLP handelt es sich um den Prozess des Ab- und Nachbildens menschlicher Leistungen. Im Jahre 1972 begannen *Grinder* und *Bandler* erfolgreiche Menschen wie *Fritz Perls*, *Virginia Satir* oder *Milton Erickson* zu modellieren. Fragen, um nur zwei zu nennen, „Was sind die Muster dieser erfolgreichen Personen?" und „Welche inneren Prozesse laufen dabei ab?" wurde nachgegangen und führten dazu, dass NLP entstand.

Öko-Check

Bei der Formulierung der individuellen Ziele und der beabsichtigten Verhaltensänderungen erscheint die Überprüfung der Auswirkungen auf andere Systeme, wie z. B. das soziale Umfeld, insbesondere Familie, Freunde und den Arbeitsbereich, sinnvoll. Einwände sollten berücksichtigt werden. Es geht darum, ob die Konsequenzen der Veränderungen sinnvoll erscheinen und auch wirklich gewollt sind. Diese Überprüfung nennt man im NLP den „Öko-Check"

Pacing

Im NLP beschreibt Pacing den Prozess des sich Angleichens oder wie aus dem Englischen von to pace übersetzt, im gleichen Schritt gehen. Die Kommunikation von anderen Menschen wird gespiegelt. Das Spiegeln umfasst verbale und nonverbale Aspekte. Der Zweck des Pacing ist, die Welt des anderen Menschen auf eine wertschätzende Art und Weise zu betreten und damit → *Rapport* herzustellen. Pacing gehört zu den Basis-Techniken *(→ Rapport, → Kalibrieren, → Leading)* im NLP.

Physiologie

Im Gegensatz zur Medizin ist die Physiologie im NLP der körperliche Gesamteindruck, der sich auf einen bestimmten inneren Zustand bezieht.

Im NLP wird alles das mit Physiologie bezeichnet, was mit dem physischen Körper im Unterschied zum psychischen Geschehen zu tun hat. Alles was von außen durch genaues Wahrnehmen beobachtet werden kann. Das sind u.a. alle Zugangshinweise wie die Körperhaltung, die Atmung, die Augenbewegungen oder auch die Muskelspannungen. Die Physiologie einer Person hat einen unmittelbaren Einfluss auf seine inneren Prozesse und somit auf den inneren Zustand. Bereits kleine Veränderungen in der Körperhaltung können einen Einfluss auf das innere Befinden ausüben.

Positionswechsel

Der Wechsel zwischen den Wahrnehmungspositionen *(→ Ich-Position, → Du-Position, → Meta-Position)* ist hier gemeint.

Preframe

Die jeweilige Bedeutung eines Erlebnisses wird von einem bestimmten Rahmen (frame) umgeben. Das Ereignis hängt vom jeweiligen Kontext ab. Frame ist der Rahmen. Wir diesem Kontext ein neuer Rahmen gegeben, also ein neuer Rahmen konstruiert, sprechen wir vom Reframing. Geben wir einen Rahmen in bestimmten Situation vor, sprechen wir von Preframes.

Rapport

Rapport ist die Fähigkeit, in die mentale Welt des anderen Menschen überzugehen und sie zu betreten. Dies ist verbunden mit dem Gefühl einander zu verstehen und die persönlichen Erfahrungen mit der jeweiligen Bedeutung und Wertigkeit zu würdigen. Rapport ist insbesondere dann vorhanden, wenn von den beteiligten Personen das situative Verhalten als kongruent und authentisch erlebt wird. Rapport basiert auf Verständnis und Vertrauen und ist dann erreicht, wenn ein Gefühl der gegenseitigen Wertschätzung der Bedeutung und Komplexität individueller Erfahrungen vorhanden ist.

Ressourcen

Damit ist im NLP alles gemeint, was zur Erreichung der formulierten Ziele förderlich erscheint. Ressourcen können äußere und innere Aspekte umfassen. Äußere Ressourcen können andere Menschen oder materielle Dinge sein. Innere Ressourcen sind alle Eigenschaften, Fähigkeiten, und Verhaltensweisen einer Person. Im NLP gibt es viele Techniken, um nicht-ressourcevolle Zustände, dann sprechen wir von → *stuck states*, in ressourcevolle Zustände zu verwandeln.

Sinnesspezifische Wahrnehmung

Für die sinnesspezifische Wahrnehmung wird im NLP auch die Kurzformel → *VAKOG* genutzt.

Stuck state

Übersetzt bedeutet es festgefahrener oder festgezurrter Zustand. Stuck states sind Problemzustände, in denen Menschen feststecken und sich nicht gerade wohl fühlen. Ein stuck state zeigt eine besondere Physiologie. Häufig wird dieser Problemzustand mit einer Art Starre und wenig Flexibilität begleitet. → *Interventionen* beabsichtigen stuck states zielorientiert und ressourcevoll zum Positiven hin zu verändern.

VAKOG

Es handelt sich hier um die Kurzformel für die → *sinnesspezifische Wahrnehmung.*

V = visuell = sehen
A = auditiv = hören
K = kinästhetisch = fühlen
O = olfaktorisch = riechen
G = gustatorisch = schmecken

Wahrnehmungspositionen

Die eingenommene Perspektive aus der eine Situation erlebt wird. Sie kann bewusst oder unbewusst eingenommen werden. Im NLP unterscheiden wir zwischen der ersten Position *(→ Ich-Position)*, der zweiten Position *(→ Du-Position)* und der dritten Position *(→ Meta-Position)*.

Erste Position: Die → *Ich-Position* ermittelt das Erleben aus der eigenen Perspektive. Die äußere Welt wird selbst wahrgenommen *(→ VAKOG)*. Ich sehe, höre, fühle, rieche und schmecke in der jeweiligen erlebten oder konstruierten Situation. Es handelt sich hier um das eigene, unmittelbare und ungefilterte Erleben. Mein ganz individueller Standpunkt.

Zweite Position: Die → *Du-Position* ist die Wahrnehmung einer Situation aus der Perspektive einer anderen Person. Ich begebe mich in die Haut eines anderen Menschen und erlebe die Situation aus der Perspektive dieser Person. Ich sehe mit den Augen, höre mit den Ohren und fühle wie diese Person Ich stelle mir vor, wie es wäre, wenn ich die Situation von dieser Perspektive aus wahrnehmen würde.

Dritte Position: Die Meta-Position beinhaltet die Wahrnehmung einer Person, die von außen, ohne Gefühle, wahrnimmt. Bildhaft nennen wir sie auch die Vogel- oder Hubschrauberperspektive. Diese Position ist auch die Meta-Position zu der ersten und der zweiten Position. Von hier aus können Interaktionen zwischen anderen Personen und Positionen ohne direkte eigene Beteiligung erfolgen.

Walt-Disney-Strategie

Eine Kreativitäts-Strategie die durch das Modellieren von Walt Disney entstanden ist. Es handelt sich um ein Modell für einen kreativen Prozess. Dazu werden drei Fähigkeiten genutzt: (1) die Fähigkeit des Träumers (2) die Fähigkeit des Realisten (3) und die Fähigkeit des Kritikers.

Yes-Set

Die Aufmerksamkeit wird durch die Worte des Trainers oder Moderators auf etwas Bestimmtes gerichtet. Der Teilnehmer entwickelt eine Ja-Haltung zu diesen Worten. Bei der Wortwahl werden sinnlich wahrnehmbare Tatbestände nacheinander aufgezählt. Anschließend werden sie mit entsprechenden Suggestionen verbunden. Dieser Prozess lenkt die Aufmerksamkeit von der Außen-Welt nach und nach auf die Innen-Welt des Teilnehmers.

Literaturverzeichnis

Andreas, S. u. Faulkner, Ch. (Hrsg.) (1997): Praxiskurs NLP. Paderborn: Junfermann

Bandler, R. u. Grinder, J. (2001): Neue Wege der Kurzzeit-Therapie. Neurolinguistische Programme. Paderborn: Junfermann

Bandler, R. u. Grinder, J. (2001): Kommunikation und Veränderung. Die Struktur der Magie II. Paderborn: Junfermann

Bandler, R. u. Grinder, J. (1998): Metasprache und Psychotherapie. Die Struktur der Magie I. Paderborn: Junfermann

Beck, U. (Hrsg.) (1997): Kinder der Freiheit. Frankfurt a. M.: Suhrkamp

Beck, U. u. Beck-Gernsheim, E. (Hrsg.) (1994): Riskante Freiheiten. Individualisierung in modernen Gesellschaften. Frankfurt a. M.: Suhrkamp

Beck, U. (1986): Risikogesellschaft. Auf dem Weg in eine andere Moderne. Frankfurt a. M.: Suhrkamp

Berger, P. L. u. Luckmann, Th. (1999): Die gesellschaftliche Konstruktion der Wirklichkeit. Frankfurt a. M.: Fischer

Böhme, G. (1994): Weltweisheit, Lebensform, Wissenschaft. Eine Einführung in die Philosophie. Frankfurt a. M.: Suhrkamp

Burow, O.-A. (1999): Die Individualisierungsfalle. Kreativität gibt es nur im Plural. Stuttgart: Klett-Cotta

Calvin, W. H. (2000): Die Sprache des Gehirns. Wie in unserem Bewusstsein Gedanken entstehen. München u. Wien: Hanser

Doppler, K. u. Lauterburg, Ch. (2000): Change-Management. Den Unternehmenswandel gestalten. Frankfurt a. M.: Campus

Edelmann, W. (1986): Lernpsychologie. Eine Einführung. München u. Weinheim: Psychologie Verlags Union

Elflein, P. (2000): Sportpädagogik und Sportdidaktik. Hohengehren

Ferber, R. (1998): Philosophische Grundbegriffe. Eine Einführung. München: C. H. Beck.

Foerster, H. von u. Pörksen, B. (1998): Wahrheit ist die Erfindung eines Lügners. Gespräche für Skeptiker. Heidelberg: Carl-Auer-Systeme

Foerster, H. von u. Glaserfeld, E. von (1999): Wie wir uns erfinden. Heidelberg: Carl-Auer-Systeme

Gardner, H. (2002): Kreative Intelligenz. München: Piper

Goleman, D., Kaufmann, P. u. Ray, M. (1997): Kreativität entdecken. München u. Wien: Hanser

Habermas, J. (1991): Erkenntnis und Interesse. Frankfurt a. M.: Suhrkamp

Habermas, J. (1996): Die neue Unübersichtlichkeit. Frankfurt a. M.: Suhrkamp

Haberzettl, M. (2001): Kommunikation und Motivation. Top-Tools für die Gesprächsführung. München: Financial Times Prentice Hall Pearson Education Deutschland

Henrich, D. (1999): Bewusstes Leben. Stuttgart: Reclam

Hentig, H. von (2000): Bildung. München u. Wien: Carl Hanser

Hilmer, J., mit Beiträgen v. Peter Elflein (1995): Studien zur bildungsorientierten Didaktik von Bewegung-Spiel-Sport. Hohengehren

Hoffmann, K., Schneider, M. u. Haberzettl, M. (1996): Body Mind Management in Action. Paderborn: Junfermann

Horx, M. (2002): Die acht Sphären der Zukunft. Ein Wegweiser in die Kultur des 21. Jahrhunderts. München: Signum

Isert, B. u. Rentel, K. (2000): Wurzeln der Zukunft. Lebensweg-Arbeit, Aufstellungen und systemische Veränderungen. Paderborn: Junfermann

James, T. u. Shephard, D. (2002): Die Magie gekonnter Präsentation. Wie Sie mit Hilfe von NLP Ihr Auftreten optimieren können. Ein Handbuch. Paderborn: Junfermann

Jank, W. u. Meyer, H. (1995): Didaktische Modelle. Frankfurt a. M.: Cornelsen Scriptor

Luhmann, N. u. Schorr, E. (1988): Reflexionsprobleme im Erziehungssystem. Frankfurt a. M.: Suhrkamp

Luhmann, N. u. Schorr, E. (Hrsg.) (1996): Zwischen System und Umwelt. Fragen an die Pädagogik. Frankfurt a. M.: Suhrkamp

Maturana, H. u. Varela, F. (1987): Der Baum der Erkenntnis. Die biologischen Wurzeln des menschlichen Erkennens. Bern: Scherz

Meueler, E. (1993): Die Türen des Käfigs. Wege zum Subjekt in der Erwachsenenbildung. Stuttgart: Klett-Cotta

Müller, G. u. Hoffmann, K. (2002): Systemisches Coaching. Handbuch für die Beraterpraxis. Heidelberg: Carl-Auer-Systeme

Ötsch, W. u. Stahl, Th. (1997): Das Wörterbuch des NLP. Das NLP-Enzyklopädie-Projekt. Paderborn: Junfermann

Peseschkian, N. (1993): Der Kaufmann und der Papagei. Orientalische Geschichten in der Positiven Psychotherapie. Frankfurt a. M.: Fischer

Sattelberger, T. (1994): Die lernende Organisation. Konzepte für eine neue Qualität der Unternehmensführung. Wiesbaden: Gabler

Schmid, W. (1999): Philosophie der Lebenskunst. Eine Grundlegung. Frankfurt a. M.: Suhrkamp

Schmidt, S. J. (Hrsg.) (1992): Der Diskurs des Radikalen Konstruktivismus. Frankfurt a. M.: Suhrkamp

Senge, P. M. (1999): Die Fünfte Disziplin. Kunst und Praxis der lernenden Organisation. Stuttgart: Klett-Cotta

Seifert, J. W. (1999): Moderation & Kommunikation. Offenbach: Gabal

Siebert, H. (2000): Didaktisches Handeln in der Erwachsenenbildung. Didaktik aus konstruktivistischer Sicht. Kriftel: Luchterhand

Siebert, H. (1999): Pädagogischer Konstruktivismus. Eine Bilanz der Konstruktivismusdiskussion für die Bildungspraxis. Kriftel: Luchterhand

Tränkle, B. (2000): Das Ha-Handbuch der Psychotherapie. Heidelberg: Carl-Auer-Systeme

Watzlawick, P., Beavin, H. u. Jackson D. D. (1969): Menschliche Kommunikation. Formen, Störungen, Paradoxien. Bern u. a.: Huber

Watzlawick, P. u. Nardone, G. (Hrsg.) (1999): Kurzzeittherapie und Wirklichkeit. München: Piper

Weinert, A. B. (1998): Organisationspsychologie. Ein Lehrbuch. Weinheim: Psychologie Verlags Union

Sachverzeichnis